21世纪中小学教师培训读本

仇国政　主编

（下）

辽宁少年儿童出版社

五十、专家型教师与新教师的差异表现是什么？ 如何缩小差异？

（一）课时计划的差异

与新教师相比，专家型教师的课时计划简洁、灵活，以学生为中心并具有预见性。

专家型教师的课时计划只是突出了课的主要步骤和教学内容，并未涉及一些细节。相反，新教师却把大量时间用在课时计划的一些细节上，如怎样呈现教学内容、针对具体问题设计方法、仔细安排某些课堂活动等。同时，专家型教师的课时计划修改所需的时间都是在正式计划的时间之外，自然地在一天中的某个时候发生。而新教师要在临上课之前针对课时计划做一下演练。在两个平行班教同样的课时，新教师往往利用课间来修改课时计划。

专家型教师在制定课时计划时，能根据学生的先前知识来安排教学进度。他们认为，实施计划是要靠自己去发挥的，因此，他们的课时计划就有很大的灵活性。而新教师仅仅按照课时计划去做，并想办法去完成它，却不会随着课堂情境的变化来修正他们的计划。

在备课时，专家型教师表现出一定的预见性。他们会在头脑中形成包括教学目标在内的课堂教学表象和心理表征，并且能预测执行计划时的情况。而新教师往往则认为自己不能预测计划执行时的情况，因为他们往往更多地想到自己做什么，而不知道学生将要做什么。

（二）课堂过程的差异

1. 课堂规则的制定与执行：专家型教师制定的课堂规则明确，并能坚持执行，而新教师的课堂规则较为含糊，不能坚持执行下去。

2. 吸引学生注意力：专家型教师有一套完善的维持学生注意力的方法，新教师则相对缺乏这些方法。有研究表明，专家型教师采用下述方法吸引学生注意：在课堂教学中运用不同的技巧来吸引学生的注意力，如声音、动作及步伐的调节；预先计划每天的工作任务，使学生一上课就开始注意和立刻参与所要求的活动；在一个活动转移到另外一个活动时，或有重要的信息时，能提醒学生注意。而新教师的表现是：往往在没有任何暗示前提下，就要变换课堂活动；遇到突发的事情，如有课堂活动之外的事情干扰，就会自己停下课来，但却希望学生忽略这些干扰。

3. 教材的呈现：专家型教师在教学时注重回顾先前知识，并能根据教学内容选择适当的教学方法，而新教师则不能。一般说来，在回顾先前知识方面，专家型教师都能够意识到回顾先前知识的重要性，因此专家型教师在上课之前往往说："记得我们已经学过……"而新教师则说："今天我们开始讲……"在教学内容的呈现上，专家型教师通常是用导入式方法，从几个实例出发，慢慢地引入要讲的教学内容。其课堂中新材料的呈现基本上通过言语表达或演示实验。而新教师一上课就开始讲一些较难的和使人迷惑的教学内容，而不注意此时学生实际上还未进入课堂学习状态。

4. 课堂练习：专家型教师将课堂练习看作检查学生学习的手段，新教师仅仅把它当做必经的步骤。专家型教师往往是这样做的：提醒学生在规定的时间内做完练习时，帮助他们把握做作业的速度，在课堂上来回走动，以便检查学生的作业情况；对练习情况提供系统的反馈；关心学生是否学得了刚才教的知识，而不是纪律问题。而新教师则是这样做的：对课堂练习的时间把握不准，往往延时；只照顾自己关心的学生，不顾其他学生；对练习无系统的反馈；要求学生做作业时要安静，并把这看做是课堂中最重要的事情。

5. 家庭作业的检查：专家教师具有一套检查学生家庭作业的规范化、自动化的常规程序，而新教师却不能做到。

6. 教学策略的运用：专家型教师具有丰富的教学策略，并能灵活应用，新教师或者缺乏或者不会运用教学策略。

在提问策略与反馈策略上，专家型教师与新教师存在着许多不同的地方。首先，专家型教师比新教师提的问题更多，从而学生获得反馈的机会就多；其次，在学生正确回答后，专家型教师比新教师更多地再提另外一个问题，这样可促使学生进一步思考。再次，对于学生错误的回答，专家型教师较之新教师更易针对同一学生提出另一个问题，或者是给出指导性反馈。最后，专家型教师比新教师在学生自发的讨论中更可能提出反馈。

在对学生发出的非言语线索上，专家型教师常利用这种线索来判断和调整教学，而新教师往往只注意课堂中的细节，也难以解释他们看到的事物间的联系。

（三）课后评价的差异

新教师的课后评价要比专家教师更多地关注课堂中发生的细节。他们多谈及自己是否解释清楚，如板书情况、对学生问题的反应能力和学生在课堂中的参与情况等。而专家型教师则更多谈论学生对新材料的理解情况和他认为课堂中值得注意的活动，很少谈论课堂关注问题和自己的教学是否成功。

如何缩小新教师与专家型教师之间的差异？

缩小专家型教师与新教师之间差异的一个最直接的办法，就是将专家所具有的知识教给新手。

第一，教给他们专家型教师所具有的教学常规和教学策略。

第二，对教学经验的反思。又称反思性实践或反思性教学。心理学家波斯纳提出了一个教师成长公式：经验＋反思＝成长。教师可以采取如下方法对教学经验进行反思：

1. 写反思日记；

2. 观摩与分析即教师相互观摩彼此的课并交换意见；

3. 职业发展：即让不同的教师提出课堂上发生的问题，然后共同谈论解决办法，最终形成的解决办法为所有教师所共享；

4. 行动研究：就是教师对他们在课堂上所遇到的问题进行调查研究。

第三，外部支持。对新教师而言，其外部支持主要来自两个方面：合作教师和大学指导教师。将新教师安置在那些经验丰富而又肯于指导的合作教师的班上，可使新教师得到支持、指导与反馈。为促进新教师专业知识的发展，合作教师可解释他们所使用的教学常规与策略，并与新教师共同解决教学法方面的一些问题，他们也可以通过示范自己的思维，向新教师介绍采用何种形式能使特定的教学内容为学生接受。如果说合作教师是在实践的层面上关注新教师，大学指导教师则从理论角度提出问题，帮助新教师将他们的教学实践与他们的各种知识基础（教学法知识、课程知识、学习心理学知识）联系起来。合作教师运用他们的教学经验，大学指导教师运用他们的教育理论，共同帮助新教师分析当时的教学情境，以形成关于教学的认知图式。

五十一、作为一名合格的教师，应具备什么样的素质?

教师的素质从其结构上分析，至少应包括以下成分：职业理想、知识水平、教育观念、教学监控能力以及教学行为与策略。

（一）教师的职业理想

是教师献身于教育工作的根本动力。教师要干好教育工作，首先要有强烈而持久的教育动机，有很高的工作积极性。这种事业心、责任感和积极性被称之为教师的职业理想，即师德，其核心是对学生的爱，它是师魂，在一定程度上，热爱学生就是热爱教育事业。

（二）教师的知识水平

它是教师从事教育工作的前提条件。教师的知识可以分为三个方面，即教师的本体性知识、实践性知识和条件性知识。教师的本体性知识是指教师所具有的特定的学科知识；教师的实践性知识是指教师所具有的课堂情景知识以及与之相关的知识，这种知识是教师教学经验的积累；教师的条件性知识是指教师所具有的教育学与心理学知识，包括：一是关于学生身心发展的知识，二是关于教与学的知识，三是关于学生成绩评价的知识。

（三）教师的教育观念

1. 教学效能感：是指教师对于自己影响学生学习活动和学习结果的能力的一种主观判断，包括一般效能感和个人效能感。前者是指教师对教与学的关系，对教育在学生发展中的作用等问题的一般看法与判断；后者是指教师对自己的教学效果的认识和评价。

2. 教师控制点：是指教师将学生的好或坏的学业表现归因为外部的或内部的原因的倾向。

3. 对学生的控制：优秀的教师趋向于和学生建立民主友好的关系。

4. 与工作压力有关的信念：教师压力过大时，将会表现出工作迟缓、旷工、烦躁以及对人缺少关注等。教师职业的众多冲突、社会对教师角色的期望的不同、教师工作成效的潜在性等，都可能引发压力与紧张。

（四）教师的教学监控能力

它是指教师为了保证教学的成功，实现预期的教学目标，在教学的全过程中将教学活动本身作为意识的对象，不断地对其进行积极主动的计划、检查、评价、反馈、控制和调节的能力，是教师从事教育教学活动的核心能力之一，是教师的反省思维或思维的批判性在其教育教学活动中的具体体现，这种能力又分为三大方面：一是教师对自己教学活动的事先计划和安排；二是教师对自己实际教学活动进行有意识的监察、评价和反馈；三是教师对自己的教学活动进行调节、校正和有意识的自我控制。根据教师在教学过程不同阶段的表现形式的不同，研究者认为，教师教学监控能力可以包括以下方面：计划与准备、课堂的组织与管理、教材的呈现、言语与非言语的沟通、评估学生的进步、反省与评价。

（五）教师的教学行为

教师的教学行为是教师素质的外化形式。可以从以下五个方面来衡量：

1. 教师的教学行为是否明确；

2. 教师的教学方法是否灵活多样，调动学生学习积极性的手段是否有效；

3. 教师在课堂上的所有活动是否围绕着教学任务来进行的；

4. 在课堂教学中，学生是否都积极地参与到教学活动中去；

5. 教师能否及时掌握学生的学习状况和课堂中出现的问题，并能据此调整自己的教学节奏和教学行为。

五十二、教师的心理素质有哪些？

（一）教师的情感特征

1. 师爱为核心的积极情感特征。这是教师的重要心理素质，主要表现为教师对教育事业、对学生、对所教学科的热爱。

2. 教师应有的情操。

（1）教师的道德感：主要表现在对祖国、人民的热爱与忠诚，对集体事业、对社会的义务感和责任感等；对他人行为及处理人际关系的道德感，如对真挚友情的赞赏，对同事、领导、学生、朋友、家人的关心、谅解、爱护、相互支持中表现出来的情感等等。

（2）教师的理智感：主要表现在教师在教育教学中能去追求真理、热爱真理，抛弃偏见和迷信。

（3）教师的美感：主要表现在教师在教育、教学工作以及日常生活中，有对美的心灵、美的行为、美的语言、美的环境、美的仪容的向往和追求之情；教师对引导学生鉴赏美、创造美、持积极的态度；教师既有对自己人格美的执著追求，又有对他人人格美的赞赏、钦佩之情。

3.教师的责任感

（1）对社会的责任感：教师的言行不仅代表个人，而且代表社会，应对社会负责。

（2）对学生的责任感：教师是学生的引路人，学生的成长和教师的教育密切相关。因此，教师应对每一个学生的成长与发展负责。

（二）教师的意志品质

1.教师应明确教育、教学的目的性并有实现目的的坚定意向。

2.教师应具有处理问题的果断性和坚定性。

3.教师应具有解决矛盾时的沉着、自制、耐心和坚持性。

4.有充沛的精力和顽强的毅力。

（三）教师的职业兴趣

1.教师的中心兴趣：对学生心理发展的兴趣、对所教学科和教学方法探究的兴趣是教师的中心兴趣。

2.教师应有多方面的兴趣。

3.教师应乐于参与学生感兴趣的活动。

（四）教师的智力与教育能力

1.教师的智力：教师应有敏锐的观察力、准确的记忆力、丰富的想象力、优良的思维品质、善于分配的注意力。

2.教师的教育能力：教师应具有全面掌握与科学设计教学内容的能力、良好的言语表达能力、多方面的和良好的组织管理能力、善于因材施教的能力、教学监控能力、自我鉴定和自我评价及自我教育的能力、教育科研能力及教育机智。

（五）成熟的自我意识

1.从自我认知的纬度来看，成熟的教师一般能在客观的自我观察的基础上，进行实事求是的自我分析，作出恰当的自我评价。

2. 从自我体验纬度来看，成熟的教师一般都能通过积极的自我感受，形成适度的自爱、自尊、自信、自强等心理品质，对自己献身的职业充满自豪感和荣誉感。

3. 从自我控制的纬度来看，成熟的教师的自我控制能力是很强的，能自觉抵制各种不利因素的刺激和影响，善于进行自我批评和自我调节。

（六）教师的人格特征

1. 崇高的品德和正确的人生价值观：教师应具有求实精神、献身精神和人梯精神。

2. 富有创新精神：具体来说，教学应表现出以下特征：教学思想的开放性；教学设计灵活多样，富有弹性；教学信息传输的经济、迅捷性；重视发散思维和直觉思维的训练；在教学活动中，善于将学生掌握的知识转化为创造力；不失时机地运用教学反馈信息，机智地进行教学调控。

3. 好的性格：表现为公正无私、诚实谦虚、热情开朗、独立善断、自律自制。

（七）教师的教育信念

1. 教学效能感一般是教师对于自己影响学生的学习活动和学习结果的能力的一种主观判断。

教师的教学效能感包括一般效能感和个人效能感。

教师教学效能感主要从三个方面影响教师行为：第一，影响教师在工作中的努力程度。效能感高的教师相信自己的教学活动能使学生成才，会投入很大的精力来工作。第二，影响教师在工作中的经验总结和进一步学习。第三，影响教师在工作中的情绪。

2. 对学生学业表现的归因倾向。研究表明，倾向于内部归因的教师会更主动地调整自己的教学行为，积极地影响学生的学习，通过自己的努力促进学生的发展；倾向于外部归因的教师则更可能怨天尤人，听之任之，视学生发展与自己无关。实践表明，优秀教师一般都倾向于内部与外部结合的归因，而不是单方面的归因。

3. 对学生控制的态度。家长式的教师，往往对学生采取高压控制，习惯运用惩罚措施。民主型的教师主张既严格要求又充分尊重学生，重视与学生建立民主友好的关系。

五十三、中小学生心理健康的标准是什么?

心理健康是指个人能够充分发挥自己的最大潜能，以及妥善地处理和适应人与人之间、人与社会环境之间的相互关系。具体来说，心理健康应包括两层含义：其一是无心理疾病；其二是具有一种积极发展的心理状态。

中小学生心理健康的标准是：

（一）智力发展正常：即智商≥90。

（二）认知功能良好：即有良好的感知能力、注意力、记忆力、想象力和思维能力。

（三）情绪稳定乐观：这是心理健康的主要标志。

（四）意志品质健全：行动目的明确，独立性强，有较强的心理承受能力，自制力好。

（五）自我意识正确：能了解自己、接受自己，客观地评价自己。

（六）人际关系协调：乐于与人交往，在交往中能保持独立而完整的人格，不卑不亢，能客观地评价别人，在交往中能用尊重、信任、友爱、宽容和理解的态度与人友好相处，能与他人合作，并乐于助人。

（七）人格独立完整：心理健康教育的最终目标是使人保持人格的独立完整性，培养健全的人格。其重要标志是人格结构的各个要素都不存在明显缺陷与偏差，并有积极的人生态度。

（八）行为协调适度：行为方式与年龄相一致、与社会角色相一致，行为反应与刺激强度相一致，行为的一贯和统一。

（九）活动与年龄相符。

（十）社会适应能力良好。

五十四、中小学心理健康教育的目标是什么?

中小学心理健康教育的总目标是：提高全体学生的心理素质，充分开发他们的潜能，培养学生乐观、向上的心理品质，促进学生人格的健全发展。

心理健康教育的具体目标是：

（一）使学生不断正确地认识自我，增强调控自我、承受挫折、适应环境的能力；

（二）培养学生健全的人格和良好的个性心理品质；

（三）对少数有心理困扰或心理障碍的学生，给予科学有效的心理咨询和辅导，使他们尽快摆脱障碍，调节自我，提高心理健康水平，增强自我教育能力。

五十五、中小学心理健康教育的主要内容是什么？

心理健康教育的主要内容包括：普及心理健康基本知识，树立心理健康意识，了解简单的心理调节方法，认识心理异常现象，以及初步掌握心理保健常识，其重点是学会学习、人际交往、升学择业以及生活和社会适应等方面的常识。

分阶段的具体教育内容：

（一）小学低年级

1. 帮助学生适应新的环境、新的集体、新的学习生活与感受学习知识的乐趣；

2. 乐于与老师、同学交往，在谦让、友善的交往中体验友情。

（二）小学中、高年级

1. 帮助学生在学习生活中品尝解决困难的快乐，调整学习心态，提高学习兴趣与自信心，正确对待自己的学习成绩，克服厌学心理，体验学习成功的乐趣，培养面临毕业升学的进取态度；

2. 培养集体意识，在班级活动中，善于与更多的同学交往，健全开朗、合群、乐学、自立的健康人格，培养自主自动参与活动的能力。

（三）初中年级

1. 帮助学生适应中学的学习环境和学习要求，培养正确的学习观念，发展其学习能力，改善学习方法；

2. 把握升学选择的方向；

3. 了解自己，学会克服青春期的烦恼，逐步学会调节和控制自己的情绪，抑制自己的冲动行为；

4. 加强自我认识，客观地评价自己，积极与同学、老师和家长进行有效的沟通；

5. 逐步适应生活和社会的各种变化，培养对挫折的耐受能力。

（四）高中年级

1. 帮助学生具有适应高中学习环境的能力，发展创造性思维，充分开发学习的潜能，在克服困难取得成绩的学习生活中获得情感检验；

2. 在了解自己的能力、特长、兴趣和社会就业条件的基础上，确立自己的职业方向，进行职业的选择和准备；

3. 正确认识自己的人际关系的状况，正确对待与异性伙伴的交往，建立对他人的积极情感反映和体验，提高承受挫折和应对挫折的能力，形成良好的意志品质。

五十六、中小学心理健康教育的途径和方法有哪些？

（一）心理健康教育的形式在小学可以以游戏和活动为主，营造乐学、合群的良好氛围；初中以活动和体验为主，在做好心理品质教育的同时，突出品格修养的教育；高中以体验和调适为主，并提倡课内与课外、教育与指导、咨询与服务的紧密配合。

（二）开设心理健康选修课、活动课或专题讲座。包括心理训练、问题辨析、情境设计、角色扮演、游戏辅导、心理知识讲座等。要注意防止心理健康教育学科化的倾向。

（三）个别咨询与辅导。开设心理咨询室（或心理辅导室），进行个别辅导是教师通过一对一的沟通方式，对学生在学习和生活中出现的问题给予直接的指导，排除心理困扰，并对有关的心理行为问题进行诊断、矫治的有效途径。

（四）要把心理健康教育贯穿在学校教育教学活动之中。注重发挥教师在教育教学中人格魅力和为人师表的作用。

（五）积极开通学校与家庭同步实施心理健康教育的渠道。学校要指导家长转变教子观念，了解和掌握心理健康教育的方法，营造家庭心理健康教育的环境，以家长的理想、追求、品格和行为影响孩子。

五十七、学前儿童、中小学生常见的心理健康问题有哪些？

（一）学前儿童的心理健康问题

学前儿童的心理健康问题主要有习惯行为问题和特殊行为问题。

1. 习惯行为问题

（1）情绪问题

①羞怯、胆小：羞怯、胆小的儿童总是被其他孩子指挥、摆布，他们往往显得被动、无助；当一群人尤其是陌生人来看他的时候，羞怯、胆小的孩子总是拒绝走出房间。

②焦虑：当儿童烦躁不安、担心害怕、好哭、无故生气并伴有食欲不振、夜惊多梦、尿床、心悸、腹痛等躯体症状时，他可能正处于焦虑的情绪体验中。儿童以分离性角落较为常见，尤其与母亲分离时会出现明显的焦虑不安，不愿离家、害怕单独睡觉和独自留在家中。

③依恋替代：对于某个儿童个体而言，普遍的依赖物可能是一块已磨得发白的毯子，是一个旧的玩具熊，或者是一个满身污垢的洋娃娃。它是孩子特别喜爱的东西，因为它给孩子以安全感、舒适感，缓解了孩子的紧张和焦虑情绪。

（2）睡眠问题

学前儿童常发生各种睡眠问题，诸如睡眠不安、入睡困难、梦魇、夜惊、梦游等。其原因可能是中枢神经系统发育不成熟、皮肤过敏、躯体疾病或疼痛，也可能是心理因素导致精神负担过重、教育方式不当、受惊吓等。此外，环境中的噪音、空气污浊、闷热或寒冷等也可能是原因。

（3）进食问题

厌食、偏食、贪食是学前儿童较常见的进食问题。导致进食问题的主要原因是教养方式不当。厌食、偏食、贪食都导致严重影响学前儿童的生长发育。

（4）咬指甲

传统的儿童病理学家把咬指甲视为一类严重的精神疾病，认为是儿童社会性退缩、焦虑不安、孤僻自卑的象征，而现在的观念则认为：咬指甲是一种偶然获得、被家长和教师不正确强化（如过分关注、强行制止）等得到巩固的行为，认为随着孩子年龄的增长，其咬指甲行为会自然而然地得到缓解。

咬指甲与吮吸手指并存，但两者有区别。吮吸手指显得较从容，不慌不忙；咬指甲则动作比较快，似乎有些神经质和具有攻击性。吮吸手指一般在睡觉前、寂寞无聊时发生；而咬指甲一般是在十分紧张，如遭到严厉斥责时出现。儿童咬指甲是较为常见的行为问题，一般发生在情绪紧张或者抑郁的情况下。当孩子情感不能充分表达出来或者精神焦虑、过度紧张、家庭不和睦、心情矛盾冲突、适应困难时，就会产生咬指甲的行为；也有的咬指甲行为是通过模仿习得的。

（5）吮吸手指

吮吸手指一般是婴儿期的一种正常现象，但如果长大以后（一般是两岁以后）依然存在，就是不良习惯，应当积极地予以纠正。

（6）口吃

口吃对儿童心理发展极其不利，因为口吃，他们常常害怕在众人面前说话，上课时怕被老师提问，怕被同学讥笑。他们时常焦虑不安、恐惧，故容易形成害羞、退缩、自卑等个性特征。

（7）遗尿

5岁以后的儿童能控制夜尿，倘若在5岁以后一直不能有效地控制自己，则会出现遗尿问题。

（8）虐待和自虐行为

（9）心理身体疾病

心理身体疾病是指心理因素导致的躯体疾病。如哮喘、呕吐、腹泻等，其中，哮喘被认为是典型的心身疾病。

2. 特殊行为问题

（1）儿童恐怖症：主要有动物恐怖、社会恐怖、对自然事物和现象的恐怖。

（2）儿童多动症：是儿童常见的一种以注意力缺陷和活动过度为主要特征的行为障碍综合征。

多动症诊断标准：

A. （满足以下八项症状，并且持续时间在六个月以上）

①经常手足无措或坐卧不宁；

②在需要静坐的场合难以静坐；

③容易被外部干扰所吸引；

④难以及时把注意力转移到团体活动的状态上；

⑤经常冒冒失失、不假思索地回答问题；

⑥经常难以跟随他人的指令（不是由于对抗或理解障碍所致），如不能做简单的家务；

⑦难以在需要保持注意的时候或在游戏中保持注意；

⑧经常在一件事情没有做完便又转移到另一件事情上去了；

⑨难于安静地玩耍；

⑩经常说个没完；

⑪经常干扰别人，如突然闯进其他孩子正在进行的游戏中；

⑫经常显得心不在焉；

⑬经常把在学校或在家中必须用的物品（如玩具、铅笔、书本）遗忘掉；

⑭经常不顾后果做一些危险的活动，如不看四周便直冲上去。

B. 发病年龄在七岁以前。

C. 不属于其他与发展有关的精神障碍。

此外，在诊断时，还要审慎区别出多动和好动儿童的差异。

多动儿童	好动儿童
1. 活动杂乱、无目的	1. 活动有时盲目，有时有序
2. 在各种活动中都表现出多动、注意力不集中	2. 只能在某一个活动或某一个场合有多动表现
3. 多动不分场合，一些举动难为人们所理解	3. 即使特别淘气，其举动也小离奇，能为人们所理解
4. 不能专注某一项活动，没有什么活动内容能使他们安静下来	4. 对感兴趣的行动如玩玩具、看儿童动画片则能安静地玩很久或看完电视

（3）好斗、惹事——攻击性行为：它是指个体对他人进行言语或身体的攻击。男孩比女孩表现更明显。

判断儿童的攻击性行为可以根据以下特征：

①言语较多，喜欢与人争执，好胜心强，遇事往往非争不可，并时常讲粗话、骂人；

②情绪不稳定、脾气暴躁，任性执拗，喜欢生气，时常乱发脾气，稍不如意就可能出现强烈的情绪反应，如哭闹、叫喊、扔东西或以头撞墙等；

③经常向同伴发起身体攻击，如打人、咬人、踢人等，强占抢夺别的孩子的玩具和物品。

鉴别时，只要满足上述特征中的一项，且行为出现的时间在半年以上又经常发生，就可鉴别。

（4）儿童孤独症：又叫儿童自闭症，是发生在儿童早期的全面发育障碍，是一种比较严重的儿童精神疾病。发病率在1%～2%，一般起病于2岁半以前，男孩多于女孩。

识别孤独症儿童，可从以下方面进行：

①与人交往和沟通困难；

②言语和语言障碍，这是孤独症儿童的一个突出症状；

③兴趣狭窄，行为刻板，适应环境困难。

（二）中小学儿童常见的心理健康问题

中小学儿童常见的心理健康问题有发展性心理问题和心理障碍。

1. 发展性心理问题

（1）入学适应不良问题。这是中小学生常见的发展性心理问题，可见于各级各类学校新生入学、老生转学过程中，但尤其以小学儿童初入学时最为普遍、突出，从小学升入初中一年级、从初三升入高中一年级的学生也存在适应问题。入学适应不良主要表现为：产生情绪障碍，出现焦虑、恐惧、抑郁、孤独等不良情绪；自我评价下降，产生自卑心理；注意力不集中、学习兴趣丧失，学习成绩不良；出现行为问题，经常违反校纪校规，出现攻击或退缩行为等。

（2）与学习有关的心理问题。与学习有关的问题有：学习疲劳、学业困难、厌学、考试焦虑等。

（3）人际关系失调问题。可表现为人际冲突，包括亲子关系紧张、师生关系紧张、同学间的矛盾冲突等，也包括社交退缩、孤独等。

（4）青春期性发展中的心理问题。主要有性发展带来的困惑、手淫、早恋。

（5）不良人格问题。主要有：偏激、狭隘、嫉妒、敌对、暴躁、依赖、孤僻、自卑、神经质等。

（6）问题行为。是指扰乱他人或给个人身心健康发展造成障碍的行为。分为攻击型和退缩型。前者是指发泄、对立、反抗、迁怒等攻击性行为；后者是指逃避、消极、自暴自弃等行为。教师要格外注意后者对学生心理产生的不良影响。

2. 心理障碍

（1）儿童多动症；

（2）遗尿症；

（3）口吃；

（4）学习困难综合征；

（5）品行障碍；

（6）抽动障碍；

（7）吮手指、咬指甲；

（8）神经症：主要包括神经衰弱、焦虑症、神经性抑郁；

（9）人格障碍：主要有反社会人格障碍、分裂型人格障碍、冲动型人格障碍、偏执型人格障碍、依赖型人格障碍、回避型人格障碍、自恋型人格障碍。

五十八、教师心理健康的标准是什么？

教师的心理健康标准既包含一般心理健康标准，又要体现教师职业的特殊性，因此，应包含以下几点：

（一）对教师角色的认同，勤于教育工作，热爱教育工作。

（二）有了和谐的人际关系。具体体现在：

1. 交往中能了解彼此的权利和义务，将关系建立在互惠的基础上，其个人思想、目标、行为能与社会要求相互协调；

2. 能客观地了解和评价别人，不以貌取人，也不以偏概全；

3. 与人相处时，尊重、信任、赞美、喜悦等正面态度多于仇恨、嫉妒、厌恶等反面态度；

4. 积极与他人真诚沟通；

5. 师生关系融洽。

（三）能正确地了解自我、体验自我和控制自我。在教育教学活动中表现为：

1. 能根据自身的实际情况确定工作目标和个人抱负；

2. 具有较高的个人教育效能感；

3. 能在教学活动中进行自我监控，并据此调整自己的教育观念，完善自己的知识结构，作出适当的教学行为；

4. 能通过他人认识自己，学生、同事的评价与自我评价较为一致；

5. 在教育活动中具有自我控制、自我调适的能力。

（四）具有教育独创性。在教学活动中不断学习，不断进步，不断创造。能根据学生的生理、心理和社会性特点富有创造性地理解教材，选择教学方法，设计教学环节，使用语言、布置作业等。

（五）在教育教学活动和日常生活中均能真实地感受情绪并恰如其分地控制情绪。具体表现在：

1. 保持乐观积极的心态；

2. 不将生活中不愉快的情绪带入课堂，不迁怒于学生；

3. 能冷静地处理课堂环境中的不良事件；

4. 克制偏爱情绪，一视同仁地对待学生；

5. 不将工作中的不良情绪带入家庭。

五十九、教师心理健康问题的类型和成因

（一）教师心理健康问题的类型

1. 与教师职业有关问题

已有的研究表明，相当数量的教师在职业中感受到了情绪衰竭和职业倦怠。无论是情绪衰竭还是职业倦怠，都是因教师职业而引发的心理健康

问题。具体体现在几个方面：一是怨职情绪。即不热爱本职工作，对教学工作缺乏热情。二是生理——心理症状。如抑郁、焦虑以及各种伴随着心理行为问题而出现的躯体化症状，如呼吸不畅、心动过速等等。三是缺乏爱心和耐心。因成绩不好就埋怨学生不好好学习，体罚、打骂学生或者进行口头羞辱，夸大学生的问题，处理问题简单粗暴。四是职业倦怠。其主要特点上对教育和教学工作退缩、不负责任；情感和身体的衰竭，易激怒、焦虑、悲伤和自尊心降低。表现为情绪衰竭如疲劳、烦躁、易怒、过敏、紧张；人格解体如对学生和教学工作态度消极、冷淡和缺乏感情反应；个人成就感降低，难以从工作中体验到积极情绪。

2. 与教师人际关系有关的问题

教师这个职业决定了教师在校内与学生打交道的时间多，除工作关系外，与他人进行交往的机会较少，但是教师在工作中所经受的压力和由此产生的情绪失调，如果不能在与他人交往中及时得到宣泄，积攒下来就会对教师的身心健康造成危害。另一方面，由于教师的人际关系网络较小，因此其所获得的情感支持就可能使教师得不到满足。当情绪和压力无法宣泄时，教师就会产生认知偏差，从而影响人际关系，造成恶性循环。现实生活中，我们可以发现在人际关系中表现出不良的教师，一旦有了与他人进行交流的机会，很少有耐心听取他人的意见，往往倾诉自己的不满，表现出攻击性行为，如打骂学生、体罚学生，对家庭成员发脾气、把家长当出气筒，或者是表现为交往退缩，对家庭事务缺乏热情，对教学工作也缺乏热情等。

3. 与教师自我意识和人格特征有关的问题

教师职业的特殊性决定了其角色的模糊性与冲突性，以及角色的多重性，特别是社会对教师的期望与教师的自我期望不一致时，给予教师很大的压力。已有研究表明，在与人打交道的工作中，教师的职业压力高于平均水平，这与教师的自我意识有密切的关系，最终表现为各种职业行为问题和职业倦怠。

教师的人格特征也与心理健康问题有密切关系。有的教师常常以自我为中心、自私自利、目中无人、虚荣心强；也有的教师情绪不稳定，性格反复无常，对学生的管理方式不一致，从而使自己也无所适从。特别是有的教师心胸狭窄、意志脆弱、过于争强好胜、自我封闭等，这样的个性特征在处理各种问题时就会困难重重，引发心理健康"危机"。

4. 与教师社会适应有关的问题

研究表明，大部分教师都面临着适应性问题，在职业中能体会到极度的压力，从而产生适应不良和强烈的心理失衡，并因此诱发不良情绪，如嫉妒、自卑、愤懑、抑郁等，有的还会出现思维不灵活、反应迟钝、记忆力衰退等心理机能的失调，严重影响正常的教育教学工作。

（二）从个体角度分析教师心理健康问题产生的原因

1. 教师的压力：教师所体验到的压力比其他职业的人高得多，主要有时间需要、办公室事务、与学生交往困难、对学生的控制和激励不当、课堂人数太多、经济压力、缺乏教育支持等等。

2. 教师的态度：教师的态度包括（1）教师的工作的满意感。影响工作满意感的因素叫激励因素，包括成就感、晋升机会、工作挑战性、担负重要责任、受人赏识，这些因素不足会导致个体得不到满意的体验，但是不会导致对工作的不满意。影响工作不满意的因素叫保健因素，包括工资、工作条件、工作地位与安全、人际关系等，这些因素不足会导致个体产生不满意。（2）教师的士气。它与工作满意感有关，如较低的士气会让教师的工作满意感降低，工作满意感高的环境下教师的士气也高。（3）教师的动机。它是指教师在工作情境中想得到工作满意的期望。大多数教师的工作满意感来自于工作中的成就感、成长或自尊的需要以及接纳感的满足。

3. 教师的信念：教师的基本信念有四种。（1）教师的效能感。它是指教师对自己是否能够影响学生的学习行为和学习成绩的主观判断，即使这些学生是学习困难学生或缺乏学习动机的学生。教师的效能感决定了教师的教学效果、教学监控水平、对待学生的态度、处理课堂行为问题的方式。教师的效能感信念与以下方面有密切关系：学生成就与动机、学生的自尊与亲社会态度、学习效率对教育改革的适应、教师的课堂管理策略、教师的压力、教师缺课等。（2）教师的归因风格。教师的归因风格对其教学活动及学生的成绩有显著影响，一般地倾向于内归因的教师，将学生学业或行为的好坏归因于自身因素，这样的教师会更主动地调整自己的发展；倾向于外归因的教师，将学生的表现归因于环境的因素，认为是自己无法控制和把握的，这样的教师更可能在学生出现问题时不闻不问，或者对学生和家长进行指责，对学生的发展造成阻碍。（3）教师对学生的控制。它是教师管理学生维持课堂秩序的必要手段，但是持不同教育观的教师对学生的控制手段是不同的。（4）教师与工作压力有关的信念。课堂上有问题学生和学习困难的学生是教师最大的压力源之一。如何对学生的问题行为和学习困难进行归因，会影响教师解决课堂和学生冲突问题的策略选择，进而决定教师对学生的控制方式。将学生的行为问题和学习困难归因于其家庭和环境是属于外部归因方式，归因于教师相关知识的缺乏、课堂管理不善、学校有关制度不符合实际情况等属于内部方式。教师的外部归因，导致他会更多地采取惩罚的方式来进行控制，而内部归因的教师，则对学生更多地采取民主宽容的控制方式。教师不同的归因形成了不同的教育方式，而不同的教育方式则反映了教师不同的心理健康状态。

4. 教师的人格：研究发现，不能客观地认识自我和现实，目标不切实际，理想和现实差距太大的教师，或者是有过于强烈的自我实现和自尊需求的教师，更容易出现心理健康问题。

六十、教师的心理健康教育的能力构成

（一）教师对学生心理特征的知觉与判断

教师对学生进行心理健康教育，必须以对学生的心理特征的了解为基础。教师对学生心理特征的准确判断是其有效实施心理健康教育的前提。首先，教师要把握所教学生的整体，即了解和掌握某年龄阶段的学生的生理、心理特征。另外，还要了解和掌握不同性格、不同发展水平的每一个学生的心理特点，了解每个学生的学习情况、理想志向、兴趣爱好、气质性格。此外，教师还应能正确预测学生的行为。教师了解学生的心理特征可以通过日常学习、活动和交往，有目的地观察，也可以通过访谈、问卷、查阅资料等进行调查，还可以根据学生的活动产品（试卷、作文、日记）的分析以及心理测试的结果来获得对学生心理特征的知觉判断。

（二）教师对学生心理健康标准的正确认识

在学校心理健康教育中，教师正确地理解和掌握心理健康的标准是进行心理健康教育的第一步。但是，实际上，教师在对学生心理健康标准的判断方面存在问题，具体表现在：

1. 对学生交往及良好的人际关系的重要性认识不足；

2. 把一些道德的标准、学校规章制度的要求与心理健康标准相混淆。具体表现为：重视学生中打架、偷盗、说谎、性犯罪等品行问题，忽视焦虑、孤独、沮丧、抑郁、自杀等心理异常行为；重视行为问题，如逃学、打架、不合群、破坏公物等，忽视人格问题，如自卑、敏感、依赖等；只看到家庭、班级、同伴等对学生的影响，忽视了学生个性特点、认知风格和个人需要等内在因素对学生心理问题的影响；有的教师在对学生的不良行为上所反映出来的思想问题、道德问题和心理问题，认识比较模糊。教师对学生心理健康标准的认识决定其能够采取恰当的方法、策略来对待学生的心理健康问题。但当前教师对于心理健康标准的认识还仍然不尽如人意，因此，联系实际地加强对教师心理健康标准的认识，是提高教师心理健康教育能力不可缺少的一环。

（三）教师解决学生心理健康问题应采取的策略

1. 言语疏导型。对学生的心理健康问题主要借助谈话、劝说等方式从认知上施加影响。如在考试焦虑情境中教师提出"教育他正确对待考试"，"让他不要担心考试结果"；在厌学情境中教师借助谈话，做思想工作，讲道理；在自我中心情境中，教师"教育他学会换位思考，从别人的角度考虑问题"等。

2. 责任转移型。把学生心理健康问题转交给重要的他人，或借助空间环境的迁移以改善学生现状。如在厌学、退缩行为、自我中心和攻击行为等情境中，教师都提出"与家长联系，叫家长管他"，"向班主任反映，由班主任教育"，此外还有"交政教处处理"，"让他转学换环境"等。

3. 惩罚约束型。对学生心理健康问题以规章制度制裁，或进行情境性批评、惩罚，或限制条件阻止其滋长，如在厌学情境中教师提出"采取严厉手段"，包括罚站、吼骂、留教室等；在自我中心情境中教师提出"让他碰点钉子，让他感受自己行为的影响等"。

4. 行为疏导型。对学生心理健康问题侧重从行为上加以影响，或对行为进行强化，或对其行为改善创造条件。如在厌学情境中提出"学习上降低要求，区别对待"，"着重纠正不良学习习惯，从简单行为做起，严格要求"；在退缩行为情境中，教师提出"老师有意接近他，和他交谈"，"平时上课多提问他"；在自我中心情境中教师提出"让他与具有某方面特长的同学共事，认识自己的不足"；在攻击行为情境中教师提出"低起点要求，让他逐步改正不良行为"等。

5. 拒绝忽视型。对学生的心理健康问题没有教育行为上的反应，或不以为然或拒绝施加教育影响。如在厌学情境中，教师提出"他不愿学就不要管他了"；在退缩情境行为中，教师提出"他没有什么问题，不需怎么教育"；在攻击行为情境中，教师提出"管他也没用，干脆不管"。

6. 情感关爱型。对学生的心理健康问题侧重给予情感上的关心理解，或给予情绪上的照顾。如在厌学情境中教师提出"关心他，用感情打动他"；在退缩行为情境中教师提出"关心他的生活小事"，"在班上给他过生日"；在攻击行为情境中教师提出"理解他，真诚地关心、帮助他，消除敌意，取得信任"。

其中，言语疏导型强调言传，实际上就是教师通过和学生谈话，用令人信服的语言说服他们，使他们认识到自己的问题，并勇于改掉问题，走上健康发展的道路；行为疏导型强调身教，主要通过创设一定的条件，引导学生改正不良行为并强化他们的良好行为；情感关爱型强调教师用自己的情感投入去感化学生，用自己的爱心去拥抱失落的学生，用自己的人格魅力引导他们健康发展；惩罚约束型主张按规章制度处罚学生，以达到教育的目的；拒绝忽视型主要指教师对学生抱有一种事不关己，高高挂起的态度，漠视学生的心理问题；责任转移型强调教师不愿对学生的心理问题直接过问，总是把学生的问题推给班主任或家长处理。以上六种中，言语疏导型、行为疏导型、情感关爱型和惩罚约束型属于积极策略，而拒绝忽视型和责任转移型属于消极策略。此外，积极策略又可以分为积极正向策略和积极负向策略。言语疏导型、行为疏导型和情感关爱型属于积极正向策略，惩罚约束型属于消极策略型。

六十一、教师心理健康对学生心理健康的影响是什么？

教师的心理健康水平会直接决定学生的心理健康水平。具体表现在以下几个方面：

（一）教师的心理健康有助于为学生营造良好心理成长的环境

心理健康的教师是影响学生心理发展的一种教育资源，其言谈举止和良好心境构成整个教育环境的组成部分，潜移默化地影响着学生，为学生营造良好的心理成长环境。

（二）教师的心理健康有助于协调师生关系

心理健康的教师往往能够尊重、理解学生，平等地对待学生，建立民主、和谐的师生关系和开放、宽松的学习气氛，促进学生生理、心理和行为全面协调地发展。

（三）教师的心理健康给学生提供了观察模仿的良好榜样

儿童、青少年都具有模仿性强、好奇心盛、可塑性大的心理特点，心理健康教师可通过随时随地地为其展示社会行为的修养范例、心理健康的样板，潜移默化地促进其发展，起到理论教育所起不到的作用。

（四）教师心理健康有助于提高工作效率

心理健康水平较高的教师，在智力、情感、意志和个性等方面都得到了正常的、健康的发展，形成了健全的人格，并能自如地运用自己的智慧去应付客观环境，使个体的心理倾向和行为与社会现实的要求之间关系协调，使个体与环境取得积极的平衡，这样，便会有利于个体的学习和工作，才能提高工作效率。

六十二、如何维护和促进教师的心理健康？

维护和促进教师的心理健康要从多层面进行，具体包括社会体制层面、社区层面、学校层面和个人层面。我们仅就学校层面和个人层面来加以论述。

1. 学校层面。学校要为教师创造良好的工作条件和工作环境，即学校应该为教师提供更多的社会支持、更多的晋升机会以满足教师的成就动机，降低学生和教师数的比率，缩短工作时间，提高行政管理人员对教师的压力源及其他问题的敏感性，提高群体支持，给予教师更多的工作灵活度和自主权，提供更多的职前和职中训练等。要从根本上减少教师的心理压力源，必须把教师的需要与学生的需要放到同等重要的位置上。具体来说，可以增加教师和学生交流的机会，使教师得到更多直接来自教学过程的内在奖励，学校的组织管理要做到使教师有获得社会支持的心理感受。另外，学校领导者尤其是校长的支持与关心能有效地减轻教师的心理压力，减少心理健康问题的发生。

2. 个人层面。以个人层面为切入点促进教师心理健康的主要措施是提高教师的压力应对技术。较为常用的提高教师压力应对技术的方法有放松训练、时间管理技巧、认知重建策略。放松训练是降低教师心理压力的最常用的方法，包括各种身体的锻炼、户外活动、培养业余爱好等来舒缓紧张的神经，使身心得到调节；时间管理技巧可使生活、工作更有效率，避免过度负荷，具体包括对时间进行组织和预算，将目标按优先次序进行区分、限定目标，建立一个现实可行的时间表，每天留出一定的时间给自己等；认知重建策略包括自己对压力源的认识和态度作出心理调整，如学会避免某些自挫性的认知（如"我必须公平地爱每个学生并且使每个学生都成功"），经常进行自我表扬（如"至少部分学生学到了很多东西"）；学会制定现实可行的、具有灵活性的课堂目标，为取得的部分成功表扬自己。

六十三、心理学家若干实验对学校教育的启示

"软糖实验"：美国心理学家把一些4岁左右的孩子带到一间房子，然后给这些孩子每人一颗非常好吃的软糖，同时告诉他们可以吃软糖，如果马上吃，只能吃一颗软糖；如果等他回来之后再吃，可以再奖励一颗软糖，也就是说可以吃两颗软糖。有些孩子急不可待，马上把软糖吃掉了。有些孩子则能耐心等待暂时不吃软糖，他们为了使自己耐住性子，或闭上眼睛不看软糖，或头枕双臂自言自语……结果这些孩子终于吃到了两颗软糖。心理学家继续跟踪参加这个实验的孩子们，一直到他们高中毕业。跟踪研究的结果显示：那些等待并吃到两颗软糖的孩子们，到了青少年时期，他们有较强的社会竞争性，有较强的自信心，能较好地应付生活中的挫折，在压力之下，没有手足无措和退缩，也没有惶恐不安，他们仍能勇敢地迎接挑战，他们做事积极主动，积极参加各种活动，他们在追求目标时仍能抵制即刻满足的诱惑，等待机遇而不急于求成，而那些经不起诱惑

只吃了一颗软糖的孩子，到了青少年时期，他们在社交中，羞怯退缩，固执且优柔寡断，一遇挫折，就心烦意乱，把自己想得很差劲或一钱不值，遇到压力不知所措，他们疑心重而且好嫉妒，脾气暴躁，动辄与人争吵、斗殴。他们仍像以前一样，经不起诱惑，不愿推迟眼前的满足。在高中毕业测试成绩上，在4岁就能耐心等待的孩子的学业成绩远远高于好冲动的孩子。

这个实验告诉我们，人的自控能力大小与人的成功与否有密切的关系。自控能力是人的情感智力的重要组成部分。教师在教育教学过程中不仅要加强自己情感智力的培养，而且要加强学生情感智力的培养。

"跳蚤实验"：心理学家将一只跳蚤放进没有盖子的杯子内，结果跳蚤轻而易举地跳出了杯子。紧接着，心理学家用一块玻璃盖住杯子，于是，跳蚤每次往上跳时，都因撞到这块玻璃而跳不出去。过了一些时候，心理学家把这块玻璃拿掉，结果跳蚤再也不愿意跳了，自然也就没有跳出杯子。

这个"跳蚤实验"对教师有很大的启示。其实，在很多情况下，学生也和跳蚤一样有类似之处：当学生经过一段时间的努力而没有达到预定学习目标时，便灰心丧气，认为自己不是学习的"材料"，永远达不到预定学习目标，于是忽视自身潜能的激发和外界条件的改变，并放弃实现预定学习目标的努力，久而久之，将自己套在失败的经验中爬不出来，以致最终一事无成。在教育过程中，教师要通过各种方式使学生懂得这个道理：成功的人之所以成功，就是不屈不挠地去实现预定目标，即使遇到再大的困难也从不放弃。

"青蛙实验"：心理学家把一只青蛙投入热水锅里，青蛙受到强烈的热刺激后，猛地跳出来。然后又将这只青蛙放在慢慢加热的冷水锅里，开始青蛙显得若无其事，甚至自得其乐，紧接着，出乎人们意料的事情发生了：尽管心理学家并没有在慢慢加温的冷水锅上面加上盖子一类的东西阻止青蛙跳出，可是这只青蛙却不肯跳出，最后被活活煮死。

为什么会出现这种情况呢？生物学家的解释是：青蛙体内感应生存危机的器官只能适应感应环境中强烈的变化，而无法感应环境中缓慢渐进的变化。因此，青蛙对缓慢渐进的危机降临无动于衷，最终成了心理学家实验的牺牲品。

舒适使人松懈，安逸使人忘忧。"青蛙实验"告诉我们：对一个人而言，最可怕的是缓慢渐进的危机降临，而不是突然的危机降临。因为突然的危机降临可以使人动员自身全部的潜能，并迅速地作出各种应变反应以摆脱危机；缓慢渐进的危机降临往往使人无法反应。这个实验告诉我们，在充满改革和竞争的年代里，每所学校和每个教师都要有危机意识，要自觉克服知足和懒惰的天性，通过不断地奋发进取，使学校和教师个人都能更好地生存下去。

"破窗实验"：心理学家将一辆完好无损的汽车摆放在某社区，几天后发现这辆汽车仍然完好无损。于是，心理学家将这辆汽车的一个窗户打破，结果没过多久，这辆汽车的其余几个窗户也被打破了，又过没多久，这辆汽车被人偷走了。

针对这一现象，包括心理学家在内的有关专家提出了一个"破窗理论"：如果有人打破了一个建筑物的窗户，而这扇窗户的破玻璃又得不到及时的更换或维修，别人就可能受到某些暗示性的纵容去打破更多的窗户玻璃。久而久之，这些破窗户就给人造成一种杂乱无序的感觉，结果在这种公众麻木不仁的氛围中，犯罪就会滋生蔓延。

这个实验对学校教育的启示是：一个校长（教师）对于教师（学生）的小过错有时不妨以"小题大做"的方式去处理，只要处理的出发点是为了爱护教师（学生）和处理方法得当，就能使教师（学生）口服心服，就能防止不仅这个教师（学生）而且所有的教师（学生）今后不再犯类似的小过错，更不会犯类似的大过错。

六十四、心理效应在教育中的应用

(一) 皮格马利翁效应，也称之为罗森塔尔效应

塞浦路斯国王皮格马利翁也是一位著名的雕塑家，他曾用象牙雕塑了一尊美丽的少女像，这像倾注了他全部的身心希望，希望她复活成为他的妻子。他的深情和期望感动了爱神，赋予了少女生命，国王的愿望得以实现。美国教育心理学家罗森塔尔根据这个故事，把与之相似的教师的期望所产生的效应称为"皮格马利翁效应"。这个著名的效应就是说"教师期望学生好，学生就真的去努力，实现教师的希望。"

美国心理学家罗森塔尔和雅各布什在 1968 年研究了教师的期望对学生智力测验成绩的影响。他们调查了教师认为能取得好成绩的学生是否比别的学生取得更好的成绩。实验中所有的学生都参加了测试,测试后他们随机抽取了其中 20% 的学生并告诉班主任这些学生很有潜力,但要班主任不要告诉学生。于是在平时的教育教学中,老师对这些学生表现出高期望的信息,一个学期后这些学生确实比别的学生产生了更大的收获。这个实验告诉我们教育工作者:教师对学生怀有真诚的期望,为每个学生提供成功的机会,就会增强学生的自信心,达到预期的教育效果。

（二）蔡克尼克效应

心理学家蔡克尼克以一群十几岁的孩子为被试进行实验,要他们完成二十几项任务,其中十项任务允许完成,另十项任务则用种种借口阻止其完成。实验结束后,他让孩子们写出任务的名称。结果发现他们普遍写出未完成的任务名称,而且在记忆中保持未完成任务的记忆量相当于完成任务记忆量的两倍。于是他指出,人们在完成一项任务后,很容易把它忘掉,在没有完成某任务时,却能在记忆中保持很长的时间。原因在于人们对所从事的任务有一种心理紧张,如果任务没有完成,心理紧张无法解除。根据这个原理,教师如果布置一些在课堂上不能全部完成的有趣味的习题等,这种希望完成任务的心理倾向将使学生课后积极主动地进行学习,并且能很好地记住所学的内容。

（三）超限效应

著名作家马克·吐温有一次在教堂里听牧师演讲,最初,他觉得牧师讲得很好,就准备捐款,并掏出自己所有的钱。过了十分钟,牧师还没有讲完,他就有些不耐烦了,决定只捐一些零钱。又过了十分钟,牧师还没有讲完,他于是决定一分钱也不捐。到牧师终于结束了长篇演讲开始募捐时,马克·吐温由于气愤,不仅一分钱未捐,还从盘子里偷了两元钱。这个故事告诉我们,刺激过多、过强、或作用时间过久,会引起极不耐烦或逆反的心理现象,心理学上成之为"超限效应"。它告诉我们,在批评或表扬学生时,应掌握一个度。"不及"固然达不到既定的目标,但过度又会产生超限效应,非但起不到应有的效果,甚至会出现一些反作用。

（四）空白效应

心理学实验表明,在演讲的过程中,适当地留一些空白,会取得良好的演讲效果，这就是空白效应。它给我们的启示是，教师在教育教学过程中，不妨先不说出自己的观点，让学生去想、去说，给学生思考分析的机会，让学生独立地判断和面对，让学生有表达自己意见的机会，学生的分析能力就会逐渐提高。

六十五、教师管理中的三种心理效应及对学校管理的启示

（一）鲇鱼效应

挪威的渔民们捕捉了沙丁鱼后就急忙赶到市场出售，但由于沙丁鱼喜群集、生性不好动，往往窒息而死。惟有一老渔民每次都能卖出活蹦乱跳的鲜鱼。其奥妙是在沙丁鱼中放几尾生性好动的鲇鱼。鲇鱼在沙丁鱼中穿来穿去，沙丁鱼受到影响也摇头摆尾，促进了空气的流通，增强了自身的活力。在学校管理中，如果在教师群体中引进德才兼备、工作负责、要强的人才，也会产生良好的"鲇鱼效应"。为此，应考虑以下几个问题。

1. 什么样的人才能增强教师群体的活力？

从学校管理学的角度来看，教师中的人才应当是学校领导管理者适时确立的包含精神利益和物质利益的价值目标的体现者。这一价值目标对人具有吸引力或产生一定的压力，它调动起人的心理因素并使其处于活跃状态，使人产生接近目标的心理动力，在工作中表现出高质量、高效能的行为效果。要使教师群体出现高质量、高效能的行为效果，学校管理者一方面要使人才教师充分发挥"领头雁"的示范功能和传、帮、带的辐射的作用，另一方面应不断总结升华人才教师的先进思想、教学经验，及时转化为教育工作效益，使点上的经验能迅速在面上开花。

2. 怎样设置人才席位？学校领导者应综合考虑本校的物质条件、师资水平、老师群体心理、行为习惯及人际关系等方面的情况，采取异地引进、学校选拔或虚席以待等形式，定期公开选拔人才。

（二）门槛效应

心理学家的一项研究证明，让人们先接受较低层次的要求后，逐渐引

导，能促使其逐渐接受较高层次的要求，这就是"门槛效应"。在学校管理中，应当帮助教师从个人实际出发建立起切实可行的目标阶梯，即为达到最终目标所形成的有层次的子目标和阶段性目标。在教师的工作和学习接近某一子目标时，及时提出新的目标以引发新的行动，使之始终处在目标导向行动的过程中。

在青年教师的培养过程中，更应重视门槛效应。

（三）赫洛克效应

心理学家赫洛克提出：及时对工作结果进行评价，能强化工作动机，对工作起促进作用。适当表扬的效果明显优于批评，而批评的效果比不予任何评价的好。

目前，在不少学校中，领导对教师的评价存在这样一些问题：一是"马太效应"。即对已有声望的名教师继续给予很好的评价与很高的荣誉，而对普通教师个体作出的成绩不能给予应有的重视和及时的评价，使相当一部分教师处于被忽视的状态。二是"中央趋势"误差。由于教师所在学校、处、组的领导未能及时掌握教师的工作及成就的足够信息，或抱有"大家彼此彼此"的主观态度，因而不能或不愿对教师作出客观、公正的评价，致使教师的工作难分优劣。三是形式化倾向。一些学校的领导只是在学期或学年结束时，按照惯例对教师作个笼统的评价或给予简单的总评价等级，而平时疏于诊断和发现教师自身的发展和改进教育教学工作提供具体的反馈信息。四是分数化倾向。一些学校领导仍将学生的考试分数作为评价教师的惟一依据。评价上的误导致使教师产生急功近利的心理，结果学生的学业负担始终不轻，教师的教研意识难以提高，影响了学生的全面发展及教师综合素质的提高。要解决这些问题，可以采取以下有效的策略和方法：

1. 尽可能全面地掌握教师个体的工作信息；

2. 评选优秀教师的比例应达到教师总数的70%，改变100%的评选比例；

3. 定期管理与及时评价相结合；

4. 合理给予报酬。

六十六、学校管理活动中常用的激励方式有哪些？

（一）政策激励：学校领导要学会运用党的政策调动教职工的工作积极性。

（二）目标激励：学校领导要将学校的目标分解为每个人的目标，即把教职工的切身利益与学校的奋斗目标结合起来。

（三）情感激励：学校领导要尊重、信任和关心教职工，用自己的情感力量征服教职工的情感，使上下级之间形成和谐的心理氛围。

（四）支持激励：学校领导对教职工的合理化建议要积极支持，保护他们的积极性。

（五）民主激励：学校领导者要充分发挥民主，教职工参与民主管理的程度越高，就越有利于调动他们的工作积极性。因此，学校领导者要集思广益。

（六）强化激励：学校领导要注意将正强化（物质奖励和精神奖励）和负强化（批评和惩罚）结合起来，以正强化为主。

（七）榜样激励：学校领导在教职工中要树立真实、可学的榜样，激励其工作积极性。

（八）荣誉激励：学校领导者要重视个人荣誉激励，也要重视集体荣誉激励。

（九）领导行为激励：学校领导者应特别注意通过自己的示范行为去激发教职工的积极性，给他们以信心和力量。

六十七、学校领导者如何提高威信？

学校领导者的威信是指领导者在被领导者心理上所受到的赞扬、尊敬与信任感。它是群体对领导者的客观评价。

学校领导者的最大成就之处，就是他在其他人的心目中所取得的威信性地位。领导者的威信愈高，那么他与被领导者的心理距离愈短，领导者的影响力也愈强，威信性高的领导者对群众具有强大的吸引力、向心力，这是领导者有效性与成败的关键。

（一）学校领导者的威信

学校领导者的威信主要有：政治威信、道德威信、职业威信。

1. 政治威信。表现为学校教职工对领导者政治上的信任，任何一个领导者如果滥用权力，就会损害领导者的形象，破坏其政治威信。

2. 道德威信。表现为群众对领导者的道德纯洁性的信任。一旦群众对某领导的道德纯洁性产生怀疑时，也就破坏了他的威信。因此，学校领导者应能处事公正。

3. 职业威信。表现为群众对领导者的职业信任程度。一个学校领导者在采取重大决策之前应征求教职工的意见，如果群众了解到，领导者的决策已经征求了专家们的意见，就会对他产生职业上的信任感。

政治威信、道德威信和职业威信是学校领导者威信的三根台柱，是缺一不可的。

学校领导者可能有真正的威信，也可能有虚假的威信。下列情况下形成的是虚假威信：

1. 压服威信。是指领导者惯用权力压服下属来取得威信，这必然会引起群众不满，群众处于敢怒而不敢言的境地。在这种情况下形成的威信是假威信。

2. 夸夸其谈的威信。有的领导者认为，对群众进行言之无物的说教，可以扩大对群众的影响，在群众中取得威信。其实，威信的建立并不是靠夸夸其谈的说教，而是靠踏踏实实的工作，夸夸其谈所得到的威信只能是假威信。

3. 妄自尊大的威信。学校领导者在群众面前装出自高自大、盛气凌人的气势，以为下属就会买他的账，从而建立起威信来。事实上群众慑于领导者的权势，表面上装作信任与信赖感极强的样子；但事实上，该领导者一旦失去职位，立刻会遭到群众的唾骂，其威信也就一落千丈。所以，靠妄自尊大树立起来的威信，其本质上也是虚假威信。

4. 收买威信。领导者拿国家、集体的利益行善，以此取得下属的信任，这就是一种收买威信。有的领导者信奉"我说了算"的原则，将个人与下属的工作关系，看成是一种忠诚于某位领导者的行为。显然，对下属的奖惩不是某一位领导者可以擅自决定的，而是有政策规定的。为此，这种个人交易式的收买威信是一种靠不住的、虚假的威信。

5. 距离威信。领导者试图依靠与群众保持一定的距离的做法，以提高自己的身份，保持自己高高在上的威信。事实上，领导者与下属的建立，要根据下属的情况而定，根据其不同情况采取不同接触方法的领导者才能真正做到保持与巩固威信。

威信有一个显著的特点：丧失容易保持难。威信的脆弱性、敏感性，促使领导者务必要用符合社会要求的道德标准、国家的法律、党的政策来检验自己的每一句话、每一个行动，这样才能在群众中赢得真正的威信。

（二）树立领导者威信的途径

1. 正确对待权力与威信的关系。权力与威信的关系有以下几种可能性：有权有威信、有权无威信、无权有威信，领导者虽然有了权力，但不一定就有威信。威信的形成，并不仅仅依靠权力性影响力，在很大程度上是依靠非权力性影响其中的诸多要素，如品格、感情、知识、能力等因素形成的，所以每一个领导者要善于剖析自己，经常要问：自己在群众中威信树立起来了没有，是依靠什么来树立的？树立威信的关键是领导者的心目中要有群众。

2. 领导者应正确对待与群众的水平距与感情距的关系。

领导者的威信＝领导与群众间的水平距/领导与群众间的感情距。其中"水平距"是指领导者的个人品质，如在知识、才能、决策、意志等的水平上要高于群众；"感情距"是指领导者在感情上要接近、关心、融于群众，与群众打成一片。

从上述关系中可见，领导者的威信与领导和群众之间的水平距的大小成正比，与领导和群众之间的感情距的大小成反比。即"水平距"最大化和"感情距"最小化才能取得威信。因此，要拉大与群众的"水平距"，缩小与群众的"感情距"。

在拉大水平距时，要注意"真实性"与"艰苦性"。真实性是指领导者要有真才实学，艰苦性是指要靠自己艰苦的磨炼、学习。

在缩小感情距时，要注意原则性和平衡性；感情距的缩小，不能丧失原则，对群众不能搞亲亲疏疏。

可见，领导者威信的建立与维护，与领导者手中有没有真理有关，与领导者是否率先垂范有关，与领导者本人有无非权力性影响力有关，与领导者能否扩大水平距、缩小感情距有关。

心理学案例分析与思考：

一、实话实说

一位青年教师讲秦牧的散文《土地》。文中有这样两句话："骑着思想的野马奔驰到很远的地方"，"收起缰绳，回到眼前灿烂的现实"。突然，有一位学生问道："既是野马，何来缰绳？"毫无准备的教师张口结舌。最后老师很不耐烦地说："如果少钻牛角尖儿，你的学习成绩还会好些吧！"老师的回答使这位学生非常难堪，学习兴趣全无。

分析与思考题：请用师生关系理论分析说明教师应当具有的教师观和学生观。

二、面对学生的发问

于老师在讲《宇宙里有些什么》时，课文中有这样一句话："宇宙里有千千万万颗星。"这时，一名同学突然提出了问题："老师，万万等于多少？"这时，大家都笑了起来，一个同学说："万万不等于亿吗？"在大家的笑声中，提问的同学灰溜溜地坐下了。于老师觉得他的积极性受到了打击，于是她问："既然万万等于亿，但这里为什么不说宇宙里有亿颗星呢？"这一问，同学们都哑了。过了一会儿，一名学生站起来说："不用'亿'用'万万'，有两个好处。第一，用'万万'听起来响亮，'亿'却听不清楚。第二，'万万'好像比'亿'多。"这时同学们又笑了。其实这名同学的回答是正确的。于是于老师当即给予肯定，并表扬说："你实际上发现了汉语修辞中的一个规律：字的重叠产生两个效果：一是听得清楚，二是强调数量多。"这时，同学们都用钦佩的眼光看着那名同学。而于老师却说："大家可以想一想，我们今天学到了这个新知识，是谁给我们的呢？"这时大家才将目光集中到第一个同学身上。这个同学十分高兴，从此以后，他更大胆地提问了。

分析与思考题：请用师生关系理论分析说明教师应当具有的教师观和学生观。

三、人生的价值

罗杰·罗尔斯是美国纽约州的第一任黑人州长，他出生在纽约州的一个贫民窟，这里的孩子逃学、打架成风，有的还偷窃、吸毒，非常难管，长大了也难以找到体面的工作。记者问起罗尔斯，怎么会在这样的环境中成长并做了州长。他说是因为他的小学校长皮尔·保罗。这位校长初到这个贫民窟中的小学校，事事一筹莫展，他想尽办法，劝孩子们回到课堂，劝他们不要打架，劝他们有理想，但都无济于事。最后他想到了给孩子们"看手相"。当罗杰斯伸出小手走向讲台时，皮尔·保罗展开他的小手，说："我一看你修长的小手，就知道，将来你会是纽约州的州长。"这在罗尔斯幼小的心灵里发生了一次大爆炸，因为从小到大，只有奶奶让他振奋过一次。有一天，奶奶说他可以成为一艘五吨重的船的船长。

从此后，罗尔斯记下了这句话，并坚信它。他的衣服不再沾满泥土，他不再说污言秽语，他总是挺直腰板走路，他成了班长。在以后的四十年里，他没有一天不是按照州长的规范要求自己。五十一岁时，他真的成了州长。

分析与思考题：是不是我们就该相信算命之类的把戏？请你分析这位校长做法的成功之处。对你有何启示？

四、学会附耳细说

在一个班级里，班中的"后进生"都被班主任老师集中在教室的后排，这些学生上课时也能多次举手，但这位老师就是视而不见。一天，在上观摩课时，在做课堂练习过程中，老师起身看后排学生做题的情况，他对一位听课老师说："这是某某某，是本班成绩最差的学生，每次测验都只得几分。"

分析与思考题：这位老师在大庭广众、众目睽睽之下这样评价自己的学生的做法是否恰当？为什么？请你说明理由。

五、我应该辞职吗？

我学习成绩一般，性格比较内向，是班上的劳动委员。我工作认真，每次的劳动任务，我都努力按照班主任的要求，订出计划，但每次都会有同学对安排不满。为了满足他们的要求，我总是一改再改，如果我不改，他们就说我的坏话，说我的能力差，不配做劳动委员。我的好朋友也劝我说："吃力不讨好，干脆辞职算了。"老师却鼓励我继续做下去，我应该辞职吗？

分析思考题：请你分析这名学生的心理，如果你是他的老师，你将如何对他进行心理辅导？

六、我的烦恼

刚上初中时，我觉得很愉快，但很快我周围的同学都俩俩地成为好朋友，几次尝试和他们一起玩，却总觉得话不投机，过了一段时间，我好不容易找到了一位有共同语言的朋友——雪。我和她无所不谈，互相帮助。有一次，我看到她和几位与我关系紧张的同学一起有说有笑，我走过去想和她们打招呼，但她们反应冷淡，连雪对我也爱理不理的，我莫名其妙，后来我们之间的关系开始转淡，现在也很少在一起了。但我看见她和别的同学有说有笑时，很不高兴，甚至有点妒忌，这使我很烦恼。我想恢复以前的友谊。

分析与思考题：这位同学的心理问题是什么，如何调适？

七、让每一颗种子都感受到春天

第一次担任班主任，我最大的烦恼是不知怎样走进学生的心灵世界。一次，我给学生批改作业，一不小心把钢笔尖按进了笔管里，我使劲拔了几次，都没有拔出来。于是我把钢笔递给身边的一个小男孩："来，你试试！"只见他接过钢笔，把它贴在桌子的边缘，用笔套压住露在外面的一小段笔尖，笔管轻轻一抽，笔尖很容易便拔出来了。没想到这个平时寡言少语的孩子这么灵巧，我不禁夸了他一句："你可真行！"他羞涩地笑了，显得很高兴。从此，我惊奇地发现这个男孩变了：课堂上他抢着回答我的提问，思维活跃；打扫卫生时，他争着干活，而且把我当成他最可信任的知心朋友。这个原来怯懦、拘谨的孩子开始变得乐观、自信、积极起来。

分析与思考题：请你分析这位教师做法的心理学原理是什么？

八、您的学生意识

一位教师在上《蝙蝠和雷达》一课时，他点一名学生按照课文内容将"嘴巴"、"超声波"、"障碍物"、"耳朵"四张纸卡贴在黑板上，并且用箭头表示。这名学生将前三张卡片一字排开，并且正顺着排列第四张。这时教师一把抢过学生手中的卡片，径直贴在"超声波"的下面，在"障碍物"与"耳朵"之间加上箭头。这位教师的这种做法的原因是怕学生出错。

分析思考题：请你分析这位教师的做法。

九、您伤害过学生吗？

在上《加了一句话》一课时，老师问："中午，老妇人在街头乞讨什么也没有得到，晚上过往行人纷纷给她铜币。这么大的变化说明了什么？"我看到全班举手发言的同学不多，于是我主动站起来回答老师的问题。这时，老师微微地看了我一眼，说："还有哪位同学比他说得更好些？"我一听，顿时泄气了，这不是明摆着不承认我的回答吗？

分析与思考题：请你分析这位教师的做法。

十、学会负责

1920 年，一个 11 岁的男孩儿在踢球时不小心踢碎了邻居家的玻璃。一块玻璃的价格是 12.5 美元，对男孩儿来说，当时那可是一笔不小的开支。闯祸的男孩儿鼓足勇气向父亲认错，父亲却让他自己负责解决。男孩儿为难地说："我没有钱赔偿人家。"父亲想了想说："这样吧，我先借给你，但你一年后要还给我。"此后，每逢周末和假日，男孩儿都去打工挣钱，终于在半年后把钱还给了父亲。这个男孩儿就是后来的美国总统里根。当他回忆起这件事时说："用自己的劳动承担过失，使我懂得了什么叫'负责'。"

分析与思考题：这个故事对你有什么启示？你在教育教学中是如何做的？

第四编　学校管理

一、对21世纪领导者最基本要求是什么?

办好学校,要有好校长。21世纪的学校领导者要有前瞻性、敏感性和创新性,这是最基本的要求。过去以及现在的学校管理理论虽然都是教育史上的宝贵财富,为教育事业的发展也曾作出了很大的贡献,但是,它们却都是在特定历史条件下的产物,由于环境、条件的变化,它们在许多方面不能适应变化着的未来。有一种观点认为,"未来并非过去的继续,而是一系列的不连续事件"的撞击而形成的。所以,学校领导者一定要有前瞻性,要能敏锐地探究到一切正在发生变化的事件和现象,大胆地创造新的管理理念、管理模式和管理方法。学校领导者是能够设计学校未来的人,是能够释放教师群体的智慧、勇气和责任感的人,也是能够超越自我、完善自我的人。

二、研究21世纪的学校管理需要解决三个层次的问题

一是教育的宏观管理问题,它是我们研究教育管理的时代背景和前提,其中包括世界形势的变化与国家综合国力的提高、国家创新系统与教育、教育的现代化与信息化、人民对高层次教育的需求与国家经济实力不适应的矛盾等;二是学校管理的功能、结构和模式的变化,其中包括学校如何成为学习型组织、学校管理体制的变化、构建学校的特殊环境、互联网的发展与学校管理的关系、如何确立学生在学习过程中的主体地位和各种教育力量之间的合作等;三是学校管理者的智能结构如何适应未来发展的要求。

三、教育管理现代化

教育管理现代化包括三个方面的内容:

1. 教育管理体制现代化。包括办学体制现代化,即实行以政府办学为

259

主，社会各界共同办学的体制；管理体制现代化，即由原来的政府的行政直接干预，改变为运用多种手段宏观管理，社会多渠道参与调节教育运行。

2. 管理思想现代化。由过去的"家长制"、"一言堂"变为开放的管理，员工参与管理，提高决策的理智性和正确性。另外，不再惟个人意志行事，而逐渐转向依法治教。

3. 管理手段与方法现代化，即能够运用现代管理技术提高管理的科学性及效率，特别是信息技术的推广与普及，更为教育管理提供了方便。

四、学校基本建设的硬件和软件包括哪些内容？

学校的基本建设可分为硬件建设和软件建设两大部分。硬件建设就是指校舍建设（包括教学设备、实验室、图书馆、校园网）、师资队伍建设、管理手段现代化建设，在高等学校还包括教材建设等；软件建设包括教育观念、校风、学风、信息环境的建设以及规章制度、传统习惯的建设。在信息时代，软管理比硬管理更为重要。软管理就是指观念的管理、信息的管理和关系的管理。学校管理就要把软管理渗透到学校的各个实体之中。

五、"大教育"理念

20世纪的最后30年，教育界就流行着有关"大教育"的说法。大教育就是全民性的终身教育，它把幼儿教育、中小学阶段的基础教育、职业教育、成人教育、高等教育、老年教育、休闲教育都包容在一个大要领里，打破了传统意义上教育的时间观念和空间观念。人的一生不再划分为受教育阶段和劳动就业阶段。人的一生都要受教育，要不断更新自己的智能结构以适应未来社会的需要，于是就有了终身教育的理念和制度。人受教育也不一定仅仅局限在学校里，因为整个社会都已成为学习化的社会，社会各个组织都具有学习的功能，否则这个组织就不能生存下去。时间和空间都不再是束缚和限制人类学习的条件。21世纪，就是要把"大教育"

的理念变成现实。

　　人类对生活空间的认识也在不断扩大，学习的空间也在不断扩大，由家庭教育到学校教育，未来人类学习的空间并不局限于传统意义的"学校"。学校将与纪念馆、博物馆、展览馆、图书馆、科技馆融为一体，通过远程教育、互联网把各种学习场所联结在一起，使各种教育资源发挥出最大的效能。

六、21 世纪前 20 年我国全面建设小康社会，教育的中心任务是什么？

　　全面贯彻党的教育方针，形成比较完善的现代国民教育体系，"坚持教育创新，深化教育改革，优化教育结构，合理配置教育资源，提高教育质量和管理水平，全面推进素质教育，造就数以亿计的高素质劳动者、数以千万计的专门人才和一大批拔尖创新人才。"

七、全面建设小康社会中国教育的奋斗目标是什么？

　　"全民族的思想道德素质、科学文化素质和健康素质明显提高，形成比较完善的现代国民教育体系、科技和文化创新体系、全民健身医疗卫生体系。人民享有接受良好教育的机会，基本普及高中阶段教育，消除文盲。形成全民学习、终身学习的学习型社会，促进人的全面发展。"

八、中小学组织机构包括哪些要素？

　　中小学管理者在设计学校组织机构时，必须着重考虑六个方面的因素，这就是：工作专门化、部门化、指挥系统、控制幅度、集权与分权、正规化。下表可以说明为什么要考虑这六个方面的因素：

在设置学校组织机构时需回答的六个关键问题。

关 键 问 题	答案提供
把教育任务分解成各自独立的工作应细化到什么程度	工作专门化
对教育工作进行分组的基础是什么	部门化
教职员工各向谁汇报工作	指挥系统
每一位学校管理者可以有效领导多少教职工	管理幅度
决策权应该放在哪一级	集权与分权
应在多大程度上利用规章制度来指导所有学校成员的行为	规范化

（一）工作专门化

工作专门化指的是组织把工作任务划分成若干步骤来完成的细化程度，这是从纵向来对组织机构进行划分的，其实质是：一个人不是承担一项工作的全部，而只是完成某一步骤或某一环节。学校工作千头万绪、纷繁复杂，有人把它概括为"德智体美劳、党政工团队、吃喝拉撒睡、生老病死退"。任何人都无法独自承担学校的所有工作，所以必须对学校工作进行分工和专门化。我们可以将学校工作分为教学工作和后勤服务两部分，教学工作又可分为不同年级、不同领域的教学课程，每一门课程再安排不同的专任教师去教。专门化能使学校每一个教学人员成为自己领域的专家，能提高其教学质量和工作效率，同时学校也可以根据教职工的专业化程度衡量其工作业绩和能力。

（二）部门化

通过工作专门化完成任务细分之后，还需要按照类别对它们进行分组，这个教程称为部门化的标准，通常包括工作性质和职能、学校规模、学校类型（如公办还是民办）等，其中工作性质和职能是最常见的标准。

（三）指挥系统

指挥系统是一种不间断的权力等级体系，从学校最高层扩展到最基层，解决谁向谁报告工作的问题。如校长直接领导教导处的工作，教导处领导年级组的工作，年级组对本组教师负有管辖权。

（四）管理幅度

学校组织机构设置的另一个重要因素是管理幅度，一个管理者能够有效管理多少人数。管理幅度决定着一所学校要设置多少管理层次，配备多少管理人员。一般而言，管理幅度越宽，组织层次越少，信息沟通相应就越畅通，效率也越高。

（五）集权与分权

这主要指管理权力在各部门的配置程度。一般来说，组织规模较小，则管理权力可相对集中些，体现一种集权式管理；组织规模较大，则管理权力可适当分散些，形成分权式管理。

（六）规范化

这是指对学校中的工作实行标准化、制度化的程度。如果一种工作的规范化程度较高，就意味着从事这项工作的人在工作内容、时间以及手段等方面有更多的自主权；规范化程度较低的工作，相对来说工作者及日程的安排就不那么僵硬，员工对自己工作的处理权限就比较宽。

九、学校组织结构有哪些职能？

（一）实现目标

学校组织机构是为实现特定目标服务的，这个目标就是培养人、教育人。凡与此目标相符的，说明机构设置就合理，反之就不合理。

（二）组织资源

学校的生存和发展，离不开人力、物力、财力等资源，因此对资源的谋划、筹集、掌握、分配和运用，就成了学校组织机构的基本工作内容。

（三）指导工作

机构的设置是为指导工作服务的，如校长办公室、教导处、总务处、团委等，都义不容辞地负有指导工作的使命。

（四）沟通信息

促进信息沟通，是管理机构的职责之一，对管理的成效影响极大。学校机构之间应相互沟通，并及时把有关信息传达给教职员工；同时也要注意搜集来自下面的信息，了解教职员工的心理状态和需要，以便于及时反馈和作出调整。

（五）协调关系

学校中存在着各种关系，如领导与被领导的关系、教师与教师的关系、师生关系、教学人员与后勤人员的关系等等，学校机构应努力在学校中创建一种相互信任、支持的和睦关系。从而保证学校教育教学工作的顺利进行。

（六）激励员工

机构设置得合理与否，检验标准之一是看其激励还是压抑了师生员工的工作积极性。

十、校本管理的原则与特点

（一）校本管理的原则

1. 差异管理原则。达到目标的多样化，强调灵活性。

2. 分权原则。出现问题时应在发生地及时解决，寻求效率和问题解决。

3. 自我管理原则。自我管理，积极探索，应负责任。

4. 人本原则。开发人的内在资源，学校成员的广泛参与。

（二）校本管理的基本特点

1. 学校是决策的主体。决策应在学校范围内作出，学校在财政和管理上的自主权应该加强，游离于学校之外的行政组织的作用应当减弱。

2. 学校是改革的主体。有效的学校改革不仅依赖于外在程序，更为重要的是依赖于参与者分享决策的制定。与外在控制管理理论相比较，校本管理的特点是对学校的任务、管理策略、资源利用、学校成员的作用、成员间的相互关系、管理质量、绩效指标等都进行了精心设计。

十一、怎样理解校本管理中的领导风格

领导者的作用是提高学校的绩效和促进不断地发展。但基于不同的领导理念就会形成不同的领导理论及领导风格。基于传统的领导理论，人们认为领导是影响组织群体达成已经设置好的组织目标的活动过程。在传统的领导理论，只关注的是领导的管理技能和处理人与人之间关系的技巧，在这种理念的支撑下，领导的重要的职能被设想为调整他们的行为以适应环境的变化，而不是质疑组织的发展目标，他们不期望他们的下属的绩效超过通常的极限，也不期望环境的改变和改变其下属的信念、价值、态度、动机及自信。

传统的领导理论的缺陷在于没有关注领导的改变作用。在校本管理中。人们从另一个视角提出了对领导的理解，认为领导者不仅要调整他的行为以适应环境，而更为重要的是改变环境。作为领导，不同于一般的管理者，他应该是未来组织目标的筹划者，他塑造着组织成员的信念、价值和态度，发展他们未来的选择能力。而作为一个管理者，他仅仅需要围绕组织目标，运用具体的管理手段来激励下属。

从根本上讲，在校本管理中，作为学校领导的主要作用是把一种价值观念由开始的灌入到最终融入到一个组织中，决不能仅仅停留于一种管理技术的运用。也就是说，作为领导，他是建筑在组织成员需要的基础之上来创建组织目标。因此，作为一个有效的领导者，在某种程度上他更是一个教育者，他需要有阐释组织的作用和特点、领导和发展人们的思想和行为模式；寻求循循教诲组织中大多数而不是少数成员的交流方式的能力。因此，作为领导的重要作用是塑造组织的文化和确定组织的任务，从本质上讲，领导应是一个改革式的领导和一个文化型的领导。作为构成领导的最基本的两个要素是：关注影响下属和其他人的过程与关注目标的开发和获取。

在传统的领导理论中，人们认为组织目标是静止的、已被界定好的，所以，领导的主要作用仅仅是关注影响组织成员达成预定目标的。作为领导其激励下属和其他人的手段不可避免地依赖于成本—利润的交换，在领导过程中，讨价还价和对话不可避免。

在校本管理中，关注影响下属和其他人的过程与关注目标开发和获取这两个作为构成领导的最基本的要素，是一个动态的过程。作为组织的目标和任务常常是模糊的、随着情景变化的，而不是事先计划好的。即使有一些被组织权威赋予的常规目标和特定任务，也不是所有的组织成员都能够理解和接受的。所以领导不得不清理目标的模糊和不确定的地方，以开发组织的目标和任务，同时组织目标和任务的清理过程也就是影响组织成员塑造组织文化，改变他们的需要、信念和价值的过程。

十二、校本管理机制应有的特点

（一）坚持校本管理的基本原则

校本管理强调差异性原则、权力下放原则、自我管理原则、人的创新原则，这些原则是校本管理的基石。

（二）学校形象的设计

在校本管理的运行机制中，学校的形象是被学校的任务、活动特点、管理策略、资源使用、人际关系、学校管理者的质量以及评价指标所赋予的。

（三）进行战略管理

校本管理极力主张建立基于学校层面的战略管理。学校层面的战略管理包括环境分析、系统的计划和组织构造、组织成员的合理发展和指导、积极的监控和评价、领导艺术等。

（四）多层面的自我管理

在学校中，进行多层面的自我管理将有助于在个体、群体和整个学校层面上的持续的学习、改进和发展。

（五）追求动态的有效性

追求动态的有效性将有助于帮助学校适应内外环境的变化，使学校不同层面、不同领域的有效性达到最优化。

（六）建立层面的管理模式

在这种机制中，管理的单元是学校过程矩阵中的层面而不是分离的组织细胞，从而能够提供一个更为综合的管理单元来管理有机的和动态的学校过程。

（七）整合性原则

确保学校内部整合性的获得，是使学校内部有效性得以提高的关键。基于整合性原则，行政管理者层面和学校层面将会被作为确保获取不同层面间和同一层面的整合性的推动力。

十三、学校管理制度的作用与特征

学校管理制度，从广义上说，包括一个国家对各级各类学校及其他教育机构的教育教学及其配套相关活动的管理所颁发的法律、法规、规章及政策等规范性文件的总称，它是协调和控制政府、社会组织和个人涉及教育机构对教育教学及其相关配套活动所制定的各种规章、规定、条例及实施细则等的总称，它是调节与控制学校内部各种关系和部门及个人行为的规范。

（一）学校管理制度的作用

1. 维持正常的学校工作秩序。从学校自身来说，它是一个正常的管理组织，它所制定的各项规章制度能调控师生员工的行为规范，学校的各个部门和师生员工只有遵守这些规章制度，学校的教育教学活动才能正常进行下去。

2. 提高学校管理效率。由于学校内部各个组织机构担负着各不相同的工作任务，赋有各自的管理职能，容易从本部门的利益出发考虑问题，因此在工作中不可避免地会出现矛盾摩擦甚至相互扯皮推诿的现象。为保证各机构之间在管理活动中的协调配合，就需要依靠科学而合理的制度来进行调节。

3. 保证学校内外各项工作协调统一。现代学校教育教学活动日趋复杂，学校与社会以及社区的关系日益密切，客观上需要有一些规章制度来调节学校内外各部门及各工作之间的关系。

4. 调节学校各种利益关系。学校实行劳动人事分配制度改革以来，运用利益调动部门和教职工劳动积极性的作用日益明显。为了破除平均主义的分配方式，使学校内部的劳动与报酬紧密挂钩，真正实行按劳分配、多劳多得、优质优酬的分配原则，就需要建立和实施能充分调动教职工工作积极性及责任感的课时津贴制度、职务津贴制度和岗位津贴制度等。

（二）学校管理制度的特征

1. 制度建立的目的性。尽管学校的规模大小不同，但每一所中学或小学都是由不同层次、多个部门构成的有机整体。各个层次、部门的管理职能、权限与任务不尽相同，如果它们各自突出强调自己的管理目标，并依此建立以适应自身的工作特点为主的规章制度，学校的各项工作之间便不可避免地会发生矛盾与摩擦。不同的规章制度反映各自的工作特点与管理职能是正常的，但是所有这些规章制度的建立，都必须围绕着学校这一教育教学机构所承担的教书育人的职责来进行，着眼于如何有利于青少年学生的学习和成长，有利于师生员工的工作和学习来安排。规章制度的各种规范及其实施都应体现学校管理的总目标，从而使学校的各项工作得到有效的调节和控制，使其协调、稳定、有序地进行。

2. 制度操作的规范性。学校管理制度本身是一个多种类、多层次、多职能的完整体系，是调节和控制学校各个部门与师生员工行为的统一准则。不同层次和类别的管理制度具有不同的管理权限和职能，但它们之间决不能相互矛盾和抵触。在落实学校管理制度时，一般应遵循下列几点原则：

（1）学校自身的内部管理制度服从于国家和政府对学校的管理制度，校内部门制度服从全校性制度；（2）在制度的执行上，对各个部门或师生员工个人应持同一尺度进行裁决；（3）在执行过程中应保持裁量的前后一致性；（4）在涉及些重要事宜的决定与问题处理上，应严格遵循制度预先所设定的操作程序。

3. 制度实施的强制性。学校管理制度是对学校各个部门和师生员工的学习、工作、生活等行为活动提出的带有指令性的准则和规范。为协调教职工的力量，实现学校管理目标的共同行为规范、学校管理制度与学校舆论、师生员工应遵循的道德所不同的是，它是一种硬性的管理手段。制度设定的各种准则与规范是根据国家的教育法律法规、政策，按照教育教学规律和学校的工作实际，运用科学的原则和方法，按照一定程序而确立的，它可以同时运用教育、行政、经济等手段强行保证实施。因此，管理制度是维护学校正常的教育教学秩序和其他各项工作顺利开展的基本保证，对师生员工的行为具有强制性的控制作用。

4. 制度施行的稳定性。学校各项工作有着长期性、延续性和内在的规律性，各个层次和部门的工作任务与管理职能也有其一致性和稳定性。因此，保持管理制度的连续性和稳定性便显得十分重要。管理制度作为组织协调师生员工的力量，实现学校预期目标的手段，一方面它对学校成员行为有着强制性的控制作用；但另一方面，它对师生员工的心理也具有明显的调适作用，随着规章制度的推进，它将逐渐深化为人们的行为习惯。因此，学校各种管理制度一旦建立，一般不宜轻易变更，朝令夕改势必会给师生员工的思想造成混乱，使其行为无所适从，甚至会导致学校的各项工作陷入无序状态。

5. 制度变迁与特色。学校管理制度须保持稳定性，并不是说制度一经确立便绝对不得更改。随着社会的发展和进步，特别是处在改革开放日益深入的今天，现有的学校制度也面临着如何适应新情况、迎接新挑战的问题。所以学校管理制度的变迁也是制度建设中的重要环节之一。这也是对每一个学校管理者的新挑战，它要求我们的校长要考虑如何准确地把握时代的特征，改革现存不适应全面推进素质教育的各种陈规陋习，从学校自身的办学条件出发，设计和建立以培养学生创新精神和实践能力为重点；与社会主义市场经济体制和教育内在规律相适应的并能显示自身办学特色的学校管理制度。

十四、学校管理制度建设的基本要求

（一）合法性

学校管理制度的合法性，是指学校的各种规章制度必须符合国家教育法律法规和行政规章的各种规定，具体规章制度所设立的各种条文不得与之相抵触。

（二）政策性

学校管理制度的政策性，是指学校各项规章制度的建立，必须体现党和国家的教育方针政策和其他有关政策，学校的社会主义办学方向，加强和完善政府对学校工作的宏观管理。

（三）科学性

学校管理制度的科学性，是指管理制度必须符合学校教育教学工作的内在规律和青少年学生身心发展规律。

（四）适度性

是指学校的各种规章制度的制定，要从本校师生员工以及学校所处的社区环境、办学条件和工作任务等具体实际出发，实事求是，合理制定。

十五、学校管理制度的制定程序

一般来说，学校的各项规章制度的制定应遵循"三下二上"的操作规程。首先，学校管理者要将国家有关的教育法律法规的规定要求、上级行政机关的指示精神和政策以及学校发展的目标与规划等，原原本本地传达给师生员工，并让师生员工对其他学校有关制度方面改革的成效也有所了解，从而使师生员工与管理者在如何"治校"方面取得共识，激发起师生员工作为学校主人翁的意识，此为"一下"；在此基础上，调动师生员工的主动性、积极性和创造性，为建立健全学校的各项规章制度献计献策，在规章制度的具体条文规定的拟订方面，可责成有关部门、组织机构提出草案，交由学校管理层讨论，此为"一上"；学校管理层通过广泛征求意见和建议，对照和比较他人的制度以及本校原有的制度特点，经过认真的研究，提出修改补充意见，将形成的规章制度的初步方案下发至相关部门、组织机构，扩大参与讨论的范围，此为"二下"；有关的部门、组织机构的人员对下发的初步方案，结合自身的具体实际工作的性质、职能、任务和特点，对条文规定逐条加以对照、检查和考核，实事求是地提出修改、补充和完善的意见与建议，再次上报学校管理层，此为"二上"；学校管理层对再次上报的方案进行认真细致的推敲、斟酌和修订，将基本完善了的规章制度交由学校教职工代表大会或学校行政会议审议通过，由校长颁布实施，此为"三下"。

十六、学校管理过程的基本环节

关于管理过程的基本环节，学术界有不同的方法。一种是所谓"三要素说"，指管理过程由控制单元（即决策机构）、执行单元（即各职能部门）、取样单元（即统计和监察部门）等三个基本要素构成。另一种是所谓"四要素说"，指管理过程是筹划、配备和安排、调整和处置、掌管等四环节的运动过程。

戴明环理论在教育管理过程中的应用。美国管理学家戴明环提出，一切有过程的活动都是由计划、实施、检查和评价、总结和处理四个环节组成的。它们就像一个不断旋转的圆环那样，沿着管理过程前进。戴明环理论在教育管理过程中具有行之有效的适用性。

计划。计划是指确定目标和选择实现目标的方案、手段、方法、措施，是计划职能在管理过程中的体现。它是管理过程的起点，其制定和实施贯穿于管理过程的始终，而其实现则是管理过程的归宿。计划是教育管理过程的重要环节，是一个上下协商、确定和不断完善教育管理目标的过程，是教育组织内部成员的行动纲领和方案，从而可以统一教育管理者和被管理者的认识和行动。计划还是对教育组织内部成员进行动员、激励和鼓舞的过程，它体现了组织目标和个人目标的统一、协调和一致，能调动成员的积极性，并鼓舞士气。计划还有协调教育管理中各种因素的作用，使人力、物力、财力等有限的教育管理资源得以充分的利用，充分挖掘潜力，使之合理组合、协调运转，发挥整体优化效应。

实施。所谓实施，是把教育管理计划付诸实行，把计划落实为管理的行为，以实现预期目标。实施教育管理过程的中心环节，是管理过程中历时最长、具有实质性管理活动的阶段。实施环节的主要管理活动的内容有：第一，组织。把教育部门的人、财、物合理配置起来，建立有效的组织机构，明确分工，做到人尽其才，物尽其用；建立和健全教育管理的各项规章制度；安排好时间，明确规定各项管理工作的进度和程序。第二，指导。指上一层次的管理者，为了实现计划和完成工作任务，对下一层次的部门或管理人员进行工作上的引导、指点和帮助。第三，协调。指管理者在实施环节的全过程中，依据实际情况，不断地协调各种关系，减少内耗，提高效率，其中包括协调组织与组织之间的关系，人与人之间的关系，人与物之间的关系，人与事之间的关系，事与事之间的关系，局部与整体的关系，管理系统内与外之间的关系等等。

检查和评价。检查和评价是对计划执行情况作监督与价值判断。包括检查教育管理计划的执行情况、工作的进展、工作的效果；检查教育教学以及各项管理工作的质量；检查学生德、智、体诸方面的发展水平；考查教职工的品质、能力和业绩，并作出评价；考查管理者的计划、组织、指导、协调等各项管理职能情况以及各项规章制度的正确、可行。检查和评价是教育管理过程的中继环节，是实施环节的必然发展。检查和评价要有明确的目的和统一的标准。

总结和处理。所谓总结，指对管理过程中某一阶段、某一周期的工作进行总的分析和评价，作出结论，肯定成绩，找出缺点；所谓处理，是指把总结出的结论、经验和教训渗透到下一阶段、下一周期的工作中去，提出管理周期的努力方向和改进内容。总结和处理在整个教育管理过程中属于承上启下的环节，其全部内容都将是下一步管理工作的依据；总结和处理还具有提高认识的作用，把经验和教训加以升华，从中探求管理的规律，从而提高管理水平；总结和处理还具有激励作用，肯定成绩可以使人们增强信心，看到不足可以使人们增强责任感，从而振奋精神，提高组织士气。

十七、学校计划的种类、内容和制定的大体程序

（一）计划的种类

学校的计划依据不同的标准可分成很多类。通常可分为以下几类：

1. 按计划的时间长短可分为长期计划、中期计划和短期计划三种。长期计划是在一段较长的时间内，确定学校未来发展方向和奋斗目标的战略性计划，又叫远景规划。中期计划一般是指学年计划和学期计划。它们都是依据学校的远景规划所制定的一个学年或学期之内分期部署性计划，具有战役性的意义。短期计划一般是指季度、月、周等一段较短的时间内的具体工作计划，它是有战术性意义。是中、长期计划具体落实的基础和保证，也称作短安排。

2. 按计划的覆盖面或指导范围分为整体计划、部门计划和个人工作计划三种。整体计划是学校总体的综合性计划，也叫总体计划或综合计划；部门计划和个人计划都是整体计划的执行性计划，是整体计划落实的基础和保证。

3. 按计划性质可分为常规性计划和临时性计划两种。常规计划系指保证学校管理过程周期性的正常工作计划，如：学校、部门、个人等不同层次及不同时限内的工作计划。临时性计划是指为了更有效地落实常规性计

划中某些重大事项或活动而制定的专题性计划，或上级机关临时下达的任务，在常规性计划之外的某种专项计划，临时性计划一般都是单项性的执行计划。

（二）计划的内容

学校中常用的计划是学校的整体工作计划，主要是长期、中期和短期的系列性计划，这里主要介绍这类计划的内容。

1. 长期计划

学校长期计划即远景规划，在学校管理过程中往往更不被管理者所重视，其实，它是校长办学治校的纲领性计划，对学校管理工作具有战略性的指导意义。这种计划的用处是有一个长远的目标，使人们的眼光不被限制在眼前的一步。因此，有了长期计划，学校工作的指导就有了依据，领导者才能高瞻远瞩，提高工作的预见性，形成推动学校各方面工作的强大动力。

学校长期计划的期限应以学制周期变化为依据，一般为三年或六年，主要内容包括：第一，总的办学指导思想；第二，学校总体规模的发展方向；第三，教育教学质量预期达到的水准；第四，教育科研预期实现的成果及其水平；第五，师资与职工队伍的建设与发展构想；第六，学校基建规模与设备的预期实现标准；第七，教职工福利设施的改进与提高的前景目标；第八，学校体制改革的方向与设想；第九，学校环境建设与美化的设想；第十，其他重大问题的构想，等等。长期计划因为时限较长，面临的可变因素比较多，能见度差，人们对客观事物发展过程的判断不一定十分准确，因此，往往不宜太细，一般是粗线条的，需要中短期计划的有机结合。但它作为学校发展一定历史时期的重要战略部署来说，其总的指导思想、奋斗目标和方向必须是明确的，为实现总目标所预计采取的一些重大措施也应该是清楚的，以利发挥它的激励和指导作用。

2. 中期计划

中期计划是长期计划的分期部署计划。它应在长期计划的指导下，针对学校近期的实际情况，对长期计划中预订的各项工作设想，根据学校主客观条件的现实可能，提出计划期内工作的指导思想、目标、任务，并制定相应措施，作出具体安排，使长期计划得以实现。

中期计划的时限是以学年或学期的变化为依据的，一般为一年或半年，其主要内容有：第一，学校总体工作的指导思想。它是长期计划中总的办学指导思想在计划期内的具体体现，是学校管理主体对管理客体有了一定程度认识的基础上，在上级有关方针政策的指导下，对学校在计划期内进行工作的方向、方针和主导思想的简要概括，绝不是上级批示的简单照搬或形式主义的套话抄录。第二，学校总体工作目标。目标是计划的核心，是计划的决定性因素，它要有明确的质的要求，也应规定相应的量化指标或尽可能有确切程度的标准。还应具有综合性和能够分解的目标。有了明确而具体的目标，才能确定学校中各方面的工作任务及其相应的措施。第三，教学工作的基本任务及其保证措施。第四，教育工作的基本任务保证措施。第五，思想政治工作的基本任务和实施办法。第六，文体、卫生工作的基本任务和落实办法；第七，总务后勤工作的基本任务和落实办法。第八，领导管理工作的任务及其实施办法。第九，科研与改革的任务和落实办法；第十，群、团、队组织的基本任务和活动要求。第十一，其他。

总之，围绕预期的总体目标的实现，在指导思想的指引下，学校中各个部门，各个方面都应提出确定的任务、要求和相应的措施，以明确职责，分工合作，各方所列任务和措施，要求应简明、具体，易于执行，便于检查。

3. 短期计划

短期计划是中期计划的进一步具体化。在学校中，它的时限一般分为月计划、周计划、日计划，实际上它是按中期计划，根据学校工作进程编排的"行事历"。它是计划转化为学校工作的正常秩序，确保总体计划落实的重要手段。它的内容和形式一般是把中期计划的内容分解为具体安排，工作进程排入相应的月、周或日，以列表的形式下达。其项目分别有工作内容、活动要求、活动时间、执行情况、主持人或负责人等等，依情况拟订。

长期计划、中期计划和短期计划构成了纵向上以时间为序列的学校工作计划系列；同时，它们还要分层下达到各个部门乃至各个人，又以层次为序列构成了横向上的学校工作计划系列。纵向与横向各类计划的有机组合就构成了学校工作计划体系，从而保证学校总体计划的落实。

（三）学校计划的制订

学校计划的原则要求，为保证学校计划的合理性、科学性，计划工作必须遵循必要的程序。学校计划制定的大体程序是：

1. 综合信息，拟订目标

首先，要通过各种途径和方式获取必要的信息。主要有：第一，学校上一个管理周期的结果与当前学校的实际情况。对于实际情况的掌握应力求全面、准确、及时，应有确切的数据资料和切实的基本事实。第二，上级的近期指示，这里既有党和国家下达的指导性方针、政策，也有主管上级的近期部署或临时性的意见、要求、应及时掌握。第三，学校的远景规划目标和对未来发展的近期预测。第四，国内外同类学校的改革形势和发展趋势、基本经验。第五，学校外部环境诸多因素的影响和制约情况。第六，教育科研动态及其产生的影响。第七，其他与学校相关的情况。其次，分析研究。一是分析各种信息的可靠程度及其相互关系（一致性和不一致性）；二是区分主要和次要，现象和本质，主流和支流；三是比较对照，找出差距或问题；四是分析力量，发挥优势，权衡利弊，抓住主要矛盾和主攻方向确定指导思想和发展目标；五是提出任务，核定指标，组合资源，拟订措施要求，由计划编制小组或有关人员草拟计划要点。这一步应由校长主持，组织领导成员和有关人员共同分析研究，这是学校领导班子和有关人员初步统一思想，提高认识，并粗线条设计部署的阶段，主要设计者应是校长。

2. 群众讨论，集思广益

学校领导将"计划要点"交给群众，并广泛发动大家充分讨论。有的也可以先在处室（或组）以上的干部中讨论。提出修改意见和具体实施方案，经初步整理后，连同"计划要点"一齐放在群众面前，供大家讨论。这样便于开拓思路，引起广泛深入的思考和不同意见的急诊，从而更便于引出较多的不同方案，缺点是耗费时间。总的要求是在这一阶段，领导要设法鼓励群众提出多种方案和建议。为了达到这个目的，有时需要自上而下，由下而上的反复几次。这既是集中群众智慧的过程，也是提高并统一群众思想认识的过程，还是办学发扬民主，争取更多成员参与学校管理，促使学校成为群众"命运共同体"的过程。

这里的关键在于领导者，第一要善于发扬民主，要能广泛倾听各种不同意见，特别要耐心听取反对意见，要避免表面上一致同意的倾向，这种倾向对领导决策是危险的，是领导决策的大忌之一。第二，要善于启发、引导。在多种方案或不同意见纷呈竞献的情况下，领导者不应轻率地肯定或否定某一种方案，而应积极引导大家进行分析比较，必要时，可有针对性地学习先进理论或先进经验，再进行比较分析，以便从中引出正确结论。

3. 深思熟虑，果断决策

决策是计划形成具有意义的最后阶段，在领导充分发扬民主的基础上，领导集体成员在广泛地听取了各种意见之后主要决策人应召集领导成员就事先归纳好了的各种方案或意见进行讨论。经反复比较分析之后，择善而从，选一个确定的计划草案，交由教职工代表大会或校务委员会讨论通过，即付诸实施。

4. 任务分解，组织落实

学校计划一经正式颁布，即为计划期内全校人员的行动依据。一方面，学校领导要将计划中的各项任务、指标、按计划期的时限进行具体安排，使之逐月、逐周、逐日地分解落实；另一方面，应使学校各处室（组）、群、团、队组织、各班级乃至个人依据学校计划结合本部门或个人的实际情况，制定部门或个人的计划、学校计划中的总任务，总目标分解到各个层次乃至个人，共同为实现学校总体计划而展开工作。

学校领导将用计划来组织、指挥、控制、协调全校的人、财物、事、时等诸因素围绕预定的目标，推动各方面工作的开展。一般情况下，领导要尽力保证既定计划的圆满实现，不轻易改变，不轻易放弃；否则，就会给下属造成无所谓的认识，为以后的计划工作制造不利条件。当然，计划在工作中一点不改变的也不多，由于人们预料不到的情况变化或认识和现实矛盾，部分的，甚至全部地改变计划的事都是有的，这是计划在工作中不断完善和领导思想需跟上变化了的形势的必要，决不等于不要计划，领导管理工作在任何时候都不能没有计划的指导。

十八、学校管理的基本方法、特点及如何运用

学校管理方法是多种多样的，有些学校管理学教材将其分为行政的方法、经济的方法、法规的方法、思想教育的方法等等，这样的分法自有一定的道理，不过我们认为方法的分类和确定并不是随机的、抽象的，它总是跟一个组织的很多因素联系在一起的，跟组织的类型、组织的气氛、管

理者的领导风格等联系在一起。在这里，我们尝试从描述组织气氛的角度来对学校管理的方法进行分类。中小学的管理方法，即行政的方法、注重激励的方法、促进沟通的方法和参与决策的方法。

（一）行政的方法

学校行政的方法是指管理者依靠行政组织的权威，运用命令、规定、批示、决议等行政手段开展管理活动的方法。这一方法的理论是古典管理理论。其特点是：第一，权威性。运用行政方法管理学校，是以领导管理者的权威和被领导管理者的服从为前提的。上无权威，下不服从，行政的方法也就失去了应有的效用。第二，强制性。下属对于上级的批示、命令、规定必须服从；否则，学校领导有权作出相应的制裁性处理，以强制其执行命令。第三，垂直性。行政命令的发布必须经过上下垂直性的传递通道，实行"条条"的管理。第四，稳定性。用这一方法进行管理，倾向于建立比较严密的组织机构，对于外部的因素有较强的抵抗作用，所以相对其他方法来说比较稳定。

行政的方法虽有其特定的作用，但也存在局限性，主要表现在：第一，行政的方法强调上级的权威和下级的服从，将教职工置于被动和强制的地位，妨碍他们对学校各项工作的主动参与；第二，过于强调集中统一，事事等待上级的指示和决定，容易抑制下属积极性和创造性的发挥，也会降低管理措施的适应性和灵活性；第三，行政的方法的信息传递主要是纵向的、单线的、缺乏横向的联系和必要的反馈，这势必会影响学校上下左右的沟通与协商。

如何在学校管理中合理运用行政管理方法。

1. 要做到统一指挥，权责一致。校长是学校的最高决策者、组织者和指挥者，全校共同性的活动必须由校长统一指挥，其他各项活动也应在校长的控制之下有序开展。因此，校长要树立自己的职位权，做到"大权在握，小权分散"。同时还应做到权责统一，即负有多大责任，就授予多大权力；握有多大的权力，就要承担多大的责任。

2. 健全学校的管理系统。学校的管理系统是运用行政方法的组织，为此管理者必须在上下层级之间，确定彼此的节制关系；在各部门的职责范围方面，明确各自的分工和责任；在横向组织机构上，建立畅通的信息沟通渠道，以保证行政命令能够产生"有令则行，有禁则止"的效果。学校管理是法定权威和个人权威的结合。权威是一种影响力，它有两个方面的来源——法定权威和个人权威，前者来自于法定职务，后者取决于建立有学识、能力、智慧、威望等基础之上的个人魅力。学校管理者如果只单纯依赖自身的职位和上级的授权，凭借此树立法定权威，那么至多只能使教职员工产生畏惧性的服从。如果管理者不但有法定的职务权威，还具备因自身的专业特长、能力、品格等而产生的非职权影响，就会使师生员工产生发自内心的信赖和敬重性的服从，这样，行政的方法就能发挥出最大的效用。

（二）注重激励的方法

激励是指激发人的动机和内在的动力，鼓励人朝着所期望的目标采取行动的心理过程。就其实质而言，激励是调动人的积极性的过程，表现为需要、动机、刺激、行为等因素之间的动态关系。即刺激引起需要，需要转化为动机，动机驱动行为，行为达到目标从而满足需要，然后在新的刺激下产生新的需要，并进入新一轮的循环。在学校管理中，激励无疑具有十分重要的作用。由于学校是一个"人－人"系统，工作的绩效主要取决于人的因素，其中人的积极性又是关键之中的关键。通过激励，可以把优秀的人才吸引到学校中来，并使他安心于教育事业；通过激励，可以创设一种良性的竞争机制，使学校成员充分发挥其才能，激发其潜力；通过激励，可以使学校组织充满活力，使师生员工的革新精神和创造能力得到最大限度的发挥。围绕激励的方法，管理学家提出过很多理论和假设，其中最著名的有马斯洛的"需要层次理论"、麦格雷戈的"X 理论－Y 理论"、赫茨伯格的"双因素理论"、麦克利兰的"成就动机理论"等。这类理论都有一个特点，即强调满足人的需要，认为管理最重要的不在于组织机构本身，而是组织中的人，如果人的内在动机没有得到激发，需要没有得到满足，那么积极性就调动不起来。而积极性得不到有效发挥，那么即使组织设计得再严密，也不可能顺利实现组织的目标。我们可以把这类理论称为强调需要型激励理论。将这类理论运用到中小学管理中来，学校管理者就要想方设法去了解教职工的需要，尽可能地满足或引导教职工的需要。

（三）促进沟通的方法

什么是沟通？沟通就是信息的传递。沟通对学校管理的作用表现在：它能确保学校管理活动得以顺利进行，没有它，学校领导就无法把握全局；它能促使学校成员相互了解，共同配合，以实现组织目标；它能帮助学校管理者掌握各方面信息，及时调整计划和策略，避免决策失误；它还可以增进师生员工之间的感情，增强学校的凝聚力，提高学校组织的活力。如何促进交流与沟通，对此，现代管理学的著名代表人物之一巴纳德提出了三点原则：第一，信息交流的渠道要为组织成员所了解，也就是说，每一个人都懂得，出了问题找谁。这就需要精确地规定每个人的职责和权力。第二，组织中每个人都有一个正式的沟通渠道，即每个人都有自己的上级，他向这个上级报告并接受命令。第三，信息沟通的渠道要尽可能直接、短捷，以便加快信息沟通的速度，减少由于多渠道传递而造成的错误。讲通俗一点，就是让信息开直达快车，例如，可充分利用现代化信息技术和手段，如电话、传真、电子邮件、网络等，当自己所在组织处于四通八达的信息网络之中的时候，管理的效率才能充分显现出来。信息通道有正式和非正式之分，学校管理者主要采用正式通道进行沟通，但有时也不妨使用非正式通道。比如，校长对某位教师的意见不便于正式提出，则可通过与他关系密切的同事，从非正式通道给他提个醒。正式通道包括：第一，上行通道，这是下级向上级汇报工作、提出建议、表明态度所使用的信息通道；第二，下行通道，这是上级对下级发布命令和指示所用的通道；第三，平行通道，这是平级之间的沟通通道。不同的信息通道具有不同的沟通功能，学校管理者要充分利用各种信息通道的特点，根据具体情况作出合理的选择。此外，信息沟通还有单向沟通和双向沟通之分，前者速度快，但缺乏反馈信息，后者能得到对方的反馈意见，但所花费的时间较长。一般来说，内容明确的信息不妨采用单向沟通方式，而容易产生歧义的信息应选择双向沟通方式。

（四）参与决策的方法

随着学校管理民主化步伐的推进，参与决策正在成为一种日益重要的管理方法。研究者们发现，教工参与学校的决策活动，能够带来以下一些好处：第一，能够让学校管理者获取更完整的信息，得到更多的备选方案；第二，能够提高教职工的自主管理意识和责任感；第三，能够提高教职工对学校组织的信同感以及对自己所从事的事业的满意度；第四，能够增加决策方案的可接受度，有利于方案的贯彻落实；第五，能够改善学校领导和教职工的关系，使学校的组织气氛更加和谐。

十九、校长负责制及校长管理权力

所谓校长负责制，即校长对政府主管部门承担学校管理的全面责任，对学校的教育教学及其他各项工作实行统一领导，全面负责。校长是学校的法人代表，对外代表学校。校长负责制赋予校长的管理权力主要有以下几方面。

（一）决策指挥权

在国家有关法律、法规、政策所允许的范围内，校长有权对本校的教育教学和行政工作进行决策和统一指挥。如校长可根据国家和上级领导部门的规定，实施教育教学的改革和学校内部劳动人事分配制度的改革，但改革和措施需经过学校党组织的讨论，并经教职工代表大会审议通过，报政府主管部门批准或备案。

（二）干部任免权

校长在认真听取教职工意见的基础上，经与学校党组织共同考察、讨论后，可提名和任免学校干部，按照当地干部管理权限规定的不同，报上级主管部门审批或备案。

（三）用人权

校长可根据学校发展的需要，从就业市场上招聘具有教师资格的新教师；对校内已有的教师的工作进行适当调整。

（四）奖惩权

校长有权按照有关规定和程序对教职工进行奖惩。对教职工的重大奖励和行政处分需听取学校党组织和工会意见，并按有关规定，报上级教育行政部门批准。

（五）财经权

校长有权按国家有关规定，合理支配、使用学校经费、教育教学设施设备和学校其他财产。

除以上权力外，校长还拥有国家和政府主管部门授予的其他有关权力。

校长负责制作为一项学校基本的管理制度，是学校领导体制改革的要求，建立这一制度的目的是充分发挥校长及其职能部门的作用，并形成科学的领导管理力量结构；改革的关键是实现党政职能分开，正确处理党政群之间的关系，因此，实行校长负责制不能说就是"校长说了算"。完整、正确的校长负责制，应当是既能够充分调动校长办学的积极性，充分发挥党组织的政治核心作用，又能体现教职工当家做主的优越性。其中包括校长要定期向学校党组织通报工作，有关学校重大问题的决策要主动征求党组织的意见，发挥党组织的监督保证作用；校长要尊重教职工的主人翁地位和民主权利，依法保障教职工的合法权益，积极支持教职工参与学校民主管理和民主监督，定期向教职工代表大会报告工作，听取意见，接受评议，发挥教代会的咨询、审议、监督作用，并形成具体制度予以落实。

二十、中小学校长的职责

（一）贯彻党和国家的教育方针及一系列政策，坚持社会主义办学方向；

（二）领导教职工，依靠教职工，以教学工作为中心，提高教育质量；

（三）全面主持、并负责学校工作；

（四）促进学校、家庭和社会三结合的教育合力，形成良好的教育环境。

二十一、校长的素质要求

校长的素质是指适应校长职务所必需的政治、思想、道德作风、心理以及文化、专业、能力、健康等可以在后天培养和提高的基本素养和品质。校长的素质要求决定一个校长的资格和条件，是校长修养的方向。

（一）校长的政治思想素质

1. 坚持四项基本原则与改革开放，把坚定正确的政治方向放在首位。

2. 具有一定的马克思主义理论修养，能努力运用马克思主义的立场、观点和方法指导学校工作。

3. 热爱社会主义教育事业，热爱学校，热爱学生，尊重、团结、依靠教职工。

4. 实事求是，勤奋学习，作风民主，联系群众，顾全大局，公正廉洁，艰苦奋斗严于律己。

5. 对待工作认真负责，一丝不苟。

6. 具有勇于进取及改革创新精神。

（二）校长的专业知识素质

1. 政治理论和国情知识方面：要具有马克思主义基本理论和建设有中国特色的社会主义基本理论知识，具有中国近现代史和国情基本知识。

2. 在教育政策法规知识方面：要有实践中领会、掌握党和国家的教育方针、政策的基本精神与中小学教育法规的基本内容。

3. 在学校管理知识方面：要联系实际掌握学校管理的基本规律和方法，以及与学校管理相关的知识、技术和手段。

4. 在教育学科知识方面：要学习马克思主义关于教育的理论，了解社会主义教育的基本特点和规律，具有教育学科的具体知识。熟悉主课程教学大纲（或课程标准）及有关学科的教材教法。具有中国教育史常识，了解中小学教育发展与改革的动态。

5. 在其他相关知识方面：要掌握与中小学教育有关的自然科学、社会科学基础知识，了解本地的历史、自然环境、经济与社会发展的基本情况以及党的民族与宗教政策等。

（三）校长业务能力素质

1. 能根据党和国家的有关方针、政策、法规，制定学校发展规划和工作计划。

2. 善于做教职工和学生的思想政治工作及进行品德教育，从实际出发，采取有效措施，促进学生全面发展。

3. 具有听课、评课及指导教学、教研、课外活动等工作的能力和指导教师提高业务水平及改进教学的能力。

4. 善于发挥群众团体的作用，能协调好学校内外各方面的关系，发挥社会、家长对搞好学生工作的积极作用。

5. 能以育人为中心，研究学校教育的新情况、新问题，并从实际出发，开展教育教学实验活动，总结经验，不断提高教育教学质量。

6. 有一定文字能力，能起草学校工作报告、计划、总结等以及会讲普通话，具有较好的口头表达能力。

（四）校长的身体素质

体质、情绪、生活习惯和年龄都有联系，校长要善于科学地支配自己的时间，适当注意锻炼身体和休息，适时调控自己的情绪和生活节奏，以保持充沛的精力。校长的年龄要有适当的限制，但不能绝对。能坚持8小时的工作是基本的要求。校长的素质要求虽然在（岗位要求）中没有提到，但在《全国中小学校长任职条件和岗位要求（试行）》的"任职条件"中，仍把"身体健康，能胜任工作"作为一项基本条件。因此，我们也仍然把它作为校长素质结构的四个结构之一，这是十分必要的。

二十二、校长协调的主要原则和主要方法

（一）校长协调的主要原则

1. 整体的原则

协调在于改善组织中的关系，改善组织与环境的关系。因此，协调的出发点与协调的归宿，必须着眼于组织的整体性，就是要发挥整体的功能，维护整体的长远利益。要实现整体的目标，背离了这个整体原则上的协调就毫无意义。协调不是掩盖矛盾，也不是为缓和而缓和，而是整体中出现了与整体目标不适应的矛盾，设法去解决矛盾。所以协调的基础是整体，协调的目的仍然是整体。

2. 法治的原则。协调必须要有所依据，依据就是各项政策的法令、规章、制度。协调是有法可依的，不应该是凭主观臆断和个人好恶的，为了避免协调中的随意性，要确立切实贯彻法治的原则。随意性的协调有时非但不能解决现有的矛盾，还会酿出一连串的新矛盾。

3. 公平的原则。协调必须要做到公平。公平不是平均，不是表面的平衡，这种报酬平分、过失均摊、责任共负、各打五十大板的协调，往往是协调不好的。协调，就是要从道理和事实上分清是非曲直，就事论事，在奖励与批语之中不偏袒，不徇私情，主持公道，有个合理的前提，才有公平的满意的结果。

（二）协调的主要方法

1. 协约。协约指通过成文约定的方式把较为重大的、长远的关系协调

好，并用文字固定下来。如部门职责界定的制度，学校主要负责人应遵循的工作守则等。其中都明确地规定了上下左右应有的关系状态，大家照此协调，便都理顺了关系。

2. 协议。协议指在会议上，把关系协调好，通过会议决议，可以是文字的，也可以是口头的，大家遵守，各自调整，把部门之间、工作之间、人员之间产生的矛盾得到缓解，问题得到解决。学校中的会议，如党政联席会议、学校行政会议、有关部门负责人的"法约尔桥"协调会等，经常有一个重要的内容就是协调关系。

3. 协商。是指临时出现问题、克服矛盾的办法，使关系得以协调。

4. 谈话。比较严肃的对话和比较轻松的谈话。这些都可以交流信息、交换意见、沟通情感、弥补裂隙，在和谐的气氛之中，把关系协调好，这是学校中最常见的协调方法。

5. 仲裁。是指上级借助权威，依据有关制度或规定，带有一定强制性的解决问题。或责令矛盾双方各自让步，或责令各自去完成规定的任务。这种协调办法，或是针对事情较小、又争执不下、协商无效的问题，或是针对长期扯皮，影响全局，又不肯妥善解决的问题，仲裁者必须充分调查，兼听双方，又广泛征求意见，仲裁得合情合理，使当事人与周围的人都心服口服。

二十三、人本管理

所谓人本管理，就是基于人（基于人的本性）、根据人（根据人的身心特点）以及为了人（为了人的发展）的管理模式，换句话说，这种管理要充分突出人的地位，把人的积极性作为管理的最终目标，而不是只见规章不见人。

二十四、学校管理的基本原则与目标管理过程

（一）学校管理的基本原则
1. 方向性原则

方向性原则，是指学校管理工作必须坚持教育为社会主义现代化建设服务的方向，坚定地执行党和国家的方针政策，保证社会主义建设者和接班人的培养。这一原则是学校工作受社会政治、经济、文化制约的客观规律的反映，也是由我国社会主义教育的性质、目的、任务及特点所决定的。

学校是一种教育组织，办教育、管理学校是有明确目的的活动。方向的正确与否直接决定着管理效能的高低，影响着学校乃至整个教育事业的发展。因此，学校管理的首要问题是解决办学方向问题。任何国家都会对办教育、人才培养规格规定一个方向，并通过各种引导和监控的手段确保其按规定的方向进行。不过，不同的政治、经济、文化背景的国家所规定的办学方向是不同的。我国的社会性质及其教育目的，要求学校的一切管理活动，都必须为社会主义服务，有利于合格人才的培养；要求学校的管理者通过各种管理职能和手段，保证学校沿着社会主义的道路发展，保证学校按照教育的客观规律运转，使学校工作与建设富强、民主、文明的社会主义现代化国家相适应。

在学校管理活动中贯彻方向性原则，要求做到：

①认真学习和贯彻党的社会主义初级阶段的基本路线，坚持正确的政治方向；

②全面贯彻国家的教育方针、政策和法规，保证学生健康成长；

③与时俱进，搞好教育管理改革创新，办现代化的学校；

④引导学校全体成员树立正确的世界观、人生观和价值观，明确学校目标并为之努力。

2. 系统性原则

系统性原则要求学校管理工作必须把握整体与全局，辩证地处理好各种关系，对其实行优化组合，从而在和谐状态下有效地实现目标。这一原则是依据管理的系统原理提出的，是系统原理在学校管理这一特定领域的具体化。

根据系统原理要求，我们在现代管理中必须有全局观念，必须有一个系统的统筹规划，必须有一个考虑了尽可能多的因素的管理模式。不能采用头痛医头、脚痛医脚、挖东墙补西墙的办法。要求任何一个管理人员对自己所管理的范围一定要有整体观念，要从整体来考虑一切问题。因此，学校要有效地进行管理，必须以系统的观点看待和处理各种问题。学校管理的系统性原则反映了对立统一的法则和事物普遍联系的规律，它指导我们正确处理学校管理工作中整体和局部、主要矛盾和次要矛盾、矛盾的主要方面和次要方面等各种错综复杂的关系。

贯彻系统性原则的基本要求是：

①树立学校管理的战略观念，培养战略思考和战略规划的能力；

②教育和引导学校成员妥善处理个人与集体、部门与全校的关系；

③坚持以教学为主，以中心工作带动其他工作开展；

④处理好学校与社会的关系，避免短期行为。

3. 民主性原则

民主性原则是指学校管理中要充分发扬民主，尊重、信任广大教职工，坚持"从群众中来，到群众中去"的作风，激发他们的参与热情，充分调动他们参事议事的积极性，依靠他们的智慧和力量，把学校办好、管好。

在学校工作中实行民主管理，是当代世界学校管理的发展趋势。

在我国学校中坚持这一原则，从根本上说，是由我们国家的性质决定的，但同时也是学校管理的发展要求。首先，教职工和学生是学校的主人，他们同样承担着办好学校的义务和责任，有权参加学校管理。其次，广大师生是学校的利益主体，他们的合法权益应该得到保护。参加学校管理，在学校事务上发表意见，是他们与领导沟通、保护合法权益的重要途径。再次，理论与实践证明，广大师生员工参与学校管理，有助于正确决策的贯彻和落实，有助于避免管理者在重大问题上的决策失误，也有助于减少和杜绝学校管理者产生腐败行为。

贯彻民主性原则的基本要求是：

①树立群众观点，尊重教职工的知情权；

②制定制度规范，保证民主管理；

③实行民主集中制，防止极端民主化；

④加强班子建设，发挥群策群力的作用。

4. 教育性原则

教育性原则要求学校管理必须"见物见人"以人为中心开展工作，重视师生员工思想的提高、人格的完善和能力的增强，通过实际工作，引导和帮助学校全体成员提高自身素质。

教育性原则是学校的特点和根本任务决定的，反映了学校管理工作与教育工作具有本质联系的客观规律。教育是育人的事业，学校是教育人、培养人的场所。学校管理是实现育人目标的手段，必须把促进人的发展放在中心地位。尤其是青少年学生可塑性大、模仿性强，学校的全体工作人员、全部工作和整个环境，每时每刻都在影响学生。可以说，学校事事处处都有教育。学校管理者要努力使管理工作与教育工作密切结合，并创造一切可能条件，把学校办成社会主义精神文明的规范性阵地。

贯彻教育性原则的基本要求是：

①树立以促进人的发展为根本任务的观念；

②以生动的内容、有效的方法促进师生的成熟和发展；

③发掘学校管理活动中的教育因素的作用。

5. 规范性原则

规范性原则是指学校管理工作必须以科学的组织机构为依托，订规章，制定标准，使管理工作能严格有序地进行。

现代学校的教育教学活动，是一项培养社会所需的多方面人才的活动，又是一项具有十分鲜明的社会公共性质的活动，随着社会的发展和科学技术的进步，学校活动必须不断调整和变革自身的内容、组织形式及手段，这就使现代学校教育教学在逐步多样化、复杂化的同时，更突出对其管理的科学化、规范化的要求。

贯彻规范化原则的基本要求是：

①建立科学合理的组织机构，明确分工和责任；

②建立健全规章制度，保证学校工作正常开展；

③进行教育和培训，提高执行规章制度的自觉性；

④督促检查规章制度的执行情况，奖优罚劣；

⑤领导干部以身作则，严格执行规章制度。

6、效益原则

效益原则是指学校管理工作必须讲求实效，优化配置办学资源，使有限的办学资源发挥最大的效用，以更好更多地培养学生，完成学校教育目标。

效益原则是管理本质的反映，也是学校发展所面临的资源环境所决定的。管理是对各种资源进行优化组合，使其发挥最大作用，从而有效地实现组织目标的过程。可以说，学校管理的最终目标，就是以较少的资源追求最佳的效益。学校贯彻效益原则，合理使用资源，充分发挥有限资源的作用。凡事讲求效率、效益，应成为学校管理工作的重要指导思想。

贯彻效益原则的基本要求是：

①树立正确的育人质量观；

②合理有效地使用学校资源；

③积极开辟财源，增加办学资金。

上述六条学校管理原则各有其独立的内容和要求，但又是相互联系的。随着人们对管理规律认识的深化和管理实践经验的积累，学校管理的原则必将不断完善和发展。

（二）学校目标管理过程

学校目标管理的过程一般可概括为"一个中心、四个阶段、九项工作"。一个中心即围绕目标这个中心。四个阶段即目标确定、目标分解、目标实施以及目标考评。九项工作即在整修目标管理的过程中，学校管理者要做好：一论证决策，即综合考虑各方面因素，选择具有前瞻性和可行性的目标作为学校的办学追求；二协商分解，通过上下协商的方式将学校总目标逐层分解，落实到各个部门和每个学校成员身上；三定责授权，即明确各部门及个人的工作职责，并授予其相应的权力；四咨询指导，对于教职工在工作中遇到的困难和问题，学校管理者要热情提供帮助，给予物质、精神以及信息上的支持；五反馈控制，在目标实施的过程中，学校管理者应通过多种渠道收集信息，以保证得到及时、真实、可靠的信息，防止管理失控；六调节平衡，对出现的偏差，学校管理者应采取有效的措施予以修正；七测评成效，即对目标的完成情况作出评定；八实施奖惩，管理者应以测评结果为依据，对学校成员进行奖优罚劣；九总结经验，即反思工作中的得失，以改进今后的工作。所有这些工作构成了学校目标管理的全部内容。

二十五、学校党组织的基本任务

（一）参与学校重大问题决策，保证党的基本路线和教育方针的贯彻执行

实行校长负责制之后，学校党组织仍然要参与学校的发展规划、学年工作计划、重大改革方案、重要工作安排、工资奖金分配原则等涉及方向、政策、全局性的重大问题的讨论，提出意见，参与决策，保证和监督党和国家的方针政策的贯彻实施，确保办学方向。

　　保证和监督是学校党组织的重要职责，也是赋予党组织的一项权利。学校党组织要以积极的态度，把保证监督贯穿于学校活动的全过程。保证和监督是一个问题的两个方面，保证寓于监督，监督中包含着保证，不能把两者割裂开来和对立起来。

　　为了使学校党组织正确有效地对学校的行政工作进行保证、监督，应建立必要的制度，如党支部（党总支）书记参加校务委员会或行政办公会等。遇有重要问题，书记和校长应及时磋商，互通情况，交换意见。

　　（二）加强学校党组织的建设，发挥党支部战斗堡垒和党员先锋模范作用

　　党的正确领导决定于许多条件，但最根本的一条是要搞好自身建设。党的领导作用体现在各个方面，但最关键的一环在于发挥党组织的战斗堡垒作用和党员先锋模范作用。因此，在领导体制改革过程中，一定要把加强党组织的思想、组织、作风制度建设作为重点，以形成坚强的政治核心。这项工作做好了，党的保证监督作用才发挥得正确、有力。

　　（三）加强党组织对学校思想政治工作的统一领导

　　思想政治工作是一切工作的生命线。学校党组织对本校的思想政治工作实行统一领导、统一规划、组织协调、督促检查。建立由党组织统一领导的党、政、工、团齐抓共管的思想政治工作体制，并由党组织检查、督促各部门思想政治工作计划的落实。

　　（四）按干部管理权限选拔、培养、考察、监督干部

　　党管干部，这是我们党的传统。邓小平同志指出："党要管党，一管党员、二管干部。"学校实行校长负责制以后，学校党组织仍然要本着党管干部的原则，加强对学校干部的教育、管理和监督，严格遵守《党政领导干部选拔任用工作条例》。学校干部的提名或任免一般采取校长提名，党组织研究讨论，在政治上把关，然后由校长任命。

　　（五）加强对教职工代表会、共青团、少先队、学生会等群众团体的领导

　　学校党组织对工会、共青团、少先队等群众组织实行政治、思想、组织领导，定期讨论他们的工作，支持他们围绕党和学校中心任务，根据各组织的章程与特点，独立负责和开展富有创造性的工作；支持和引导教代会代表正确行使权力和义务，充分发挥教代会参与学校民主管理和民主监督的作用。

（六）做好统战工作

凡有民主党派成员的学校，党组织要关心民主党派的基层组织建设，支持他们正确开展工作，发挥民主党派成员在完成各项任务中的积极作用。还要做好党外有代表性、影响较大的知识分子工作。

二十六、学校党组织的保证监督

党组织是学校的政治核心，对学校行政工作起保证监督作用。实行校长负责制后，党政职能分开了，学校党组织不再领导学校行政工作，从大量的行政事务中摆脱出来，集中精力做好党的工作。保证监督党和国家的各项方针政策在学校的贯彻执行，做好思想政治工作和群众工作，经常进行调查研究，对学校中的重大问题提出意见和建议，更好地发挥党组织的核心作用。作为校长不论是党员或非党员，都必须自觉接受党组织的监督，定期向学校党组织通报工作，有关学校重大问题的决策要主动征求党组织的意见和建议。只有这样，才能鞭策校长尽职尽责，保证学校正确的办学方向。

二十七、实行校长负责制要正确处理几种关系

（一）正确处理党政关系

正确处理党政关系的实质是正确处理党政分工与合作的关系。首先，要强调分工，即分工明确、各司其职。明确划分党政职能，是理顺党政关系的前提。党政职能不同，但目标是一个，都是办好社会主义学校，多出人才，出好人才。有的地方在中小学领导体制改革中归纳的"三分三合"的经验，即"职责上分，思想上合；工作上分，目标上合；制度上分，关系上合"，是值得借鉴的。有的学校归纳党政配合"分而不离，合而不混"的八字方针，也有一定的参考价值。

（二）正确处理校长和教代会的关系

关键是提高校长对发扬社会主义民主深刻意义的认识。从学校而言，

实行民主管理是学校管理的重要原则。教职工不只是管理的对象，他们应成为管理的主体。参与和认同，对于组织的巩固、工作的推进、士气的提高、心理气氛的改善是必不可少的。改革领导体制，建立健全教代会制度给学校工作带来了活力，使学校的规划、计划、重大改革方案更加深入人心，有了更扎实的群众基础，大大增加了教职工的主人翁感，密切了干群关系，促进了各项工作的开展。因此，校长必须真心实意地依靠教代会，教职工则应以主人翁的态度参与管理，搞好本职工作，使校长靠得住，这是处理好校长和教代会关系的关键所在。

实行校长负责制后，校长要定期向学校党组织通报工作；有关学校重大问题的决策要主动征求党组织的意见，请学校党组织认真讨论，提出意见。校长要尊重教职工的主人翁地位和民主权利，保障教职工的合法权益，依靠教职工办好学校，积极支持教职工参加学校民主管理和民主监督，定期向教代会报告工作、听取意见、接受评议，负责处理教代会作出的应由学校行政办理的决议和建议。只有将这些做法形成制度，再加上上级主管部门定期督导评价、宏观调控及校长自身的严格自律，就可形成内外结合的制约机制。这是领导体制改革中应切实解决的重要课题。

二十八、学校教职工代表大会的职权有哪些?

审议学校教育教学管理制度及重大的改革方案和措施，并提出意见和建议；审查通过教职工聘任制和校内结构工资制实施方案、学校岗位责任制方案和奖惩条例；教职工纪律守则和教职工职业道德规范以及其他重要规章制度；审议决定有关教职工生活福利等重大事项的制度决议等。

二十九、正确处理校长与书记的关系

正确处理校长与书记的关系实质上是正确处理党政分工与合作的关系。

（一）书记与校长首先要分工明确，各司其职，明确划分党政职能是理顺党政关系的前提。

作为校长是学校的法人代表，对政府主管部门承担学校管理的责任，对学校的教育教学和行政工作全面负责，统一领导。校长拥有决策指挥权、干部任免权、改革权、奖惩权、经费和教学设备使用权。

（二）分工合作，目标一致，职责上分，思想上合；工作上分，目标上合；制度上分，关系上合。

（三）校长要定期主动向学校党组织通报工作，有关学校重大问题的决策主动征求学校党组织的意见，请学校党组织认真讨论，提出意见，自觉接受党组织的监督。

三十、校长如何处理好与副校长的关系

（一）校长首先要与副校长树立合作的意识，善于摆正领导与合作的关系，充分发挥副校长的作用。

（二）作为校长要善于听取副校长的意见与建议，讲究民主，不专权武断，不以势压人，真正的尊重和信任副职，建立起良好的伙伴关系。

（三）对副职要用其所长，合理授权，视能授权，使他们在所分管的工作中施展才华，充分调动他们工作的积极性、主动性和创造性。

（四）积极为副校长的工作创造条件，提供方便，并勇于为他们承担责任。

（五）对副校长在工作中取得的成绩要及时地表扬和肯定，不嫉贤妒能，敢于让副职出名，关心他们的工作、思想、生活。

（六）善于学习副校长的长处，弥补自己的短处。

三十一、好校长应具备的八种能力

实施素质教育给广大校长提出了更高的要求，要求校长具备较好的能力素质，这些能力主要表现在以下八个方面：

（一）对全局的控制能力。校长是学校领导集体中的核心人物，必须具有驾驭全局的控制能力。培养这种能力需要校长自身具备高尚的人格；需要校长认真钻研教学理论，深刻领会国家教育法规、方针、政策；需要校长不断提高学校管理的水平。

（二）周密细致的谋划能力。校长是学校工作的总设计师，必须具备周密细致的谋划力。培养这种能力要求校长对整个学校工作经常进行周密的考虑，尤其是对一些全局性的，牵一发而动全身的要害问题，进行周到、细致、详尽、全面的思考，逐渐提高自己作出决定的科学性和可操作性。

（三）果断的决策能力。校长是学校各项工作的决策者，必须具备准确果断决策能力。培养这种能力，除了在理论修养、政策修养和思想方法的提高方面下功夫之外，还要不断汲取校外的各种信息和经验，经常听取校内群众的意见，汲取群众的智慧。

（四）开拓进取的创新能力。新时代要求学校着力培养学生的创新素质，因此首先要求校长必须具备开拓进取的创新能力。为培养这种能力，要求校长不断充实自己，不断接受新信息，学习新知识，掌握新方法，适应新情况。

（五）圆通自如的协调能力。学校的各种矛盾总要汇集到校长那里，因此校长必须具备圆通自如的协调能力。培养这种能力，要求校长首先要下得去，要经常深入到方方面面的群众和各个部门、团体中，随时掌握他们的想法、意见、情绪以及职工实际情况；其次还要求校长要善于学习、熟悉部门的业务和工作规律，熟悉每个教职工的专业特点和工作。

（六）沉着冷静的应变能力。学校工作处在不断变化的社会大环境中，因此要求校长必须具备沉着的应变能力。培养这种能力，首先要求校长要适应社会环境的变化，不断破除旧观念；其次要主动领会上级主管部门的要求，及时调整学校的工作部署；第三是要经常锻炼自己处变不惊、临危不惧、沉着冷静、审时度势的能力。

（七）敏锐准确的观察能力。在改革发展中，教职工和学生都会不断地发生变化，对此校长必须具备敏锐准确的观察力。这种能力，要求校长善于观察隐于师生日常生活、学习、工作中的一些细微的、不易为人觉察的异常情绪行为变化，努力养成分析研究这些变化的习惯。

（八）言简意赅的表达能力。因为一校之长说的每一句话都是很有影响的，因此校长必须具备言简意赅的表达力。为此，校长在平时讲话中，要有意识地力求准确、力求简洁、力求通畅、力求有序、力求有趣。同时，还要不断提高自己的理论水平、学识见解和思维能力。理论上去了，见识高了，思维能力强了，表达能力也自然会提高。

三十二、学校人力资源管理的内容

对学校来说，人力资源的管理或许与工厂、企业有所不同，但大致环节应该是差不多的，不过，鉴于校长对学校管理和发展的特殊重要意义，学校的人力资源管理不应仅仅看做是对教职工的管理，也应该包括校长本人的素质提升和专业发展。传统的学校管理只讲教师的人事管理，不讲校长自身的提高和发展，在某种程度上缩小了学校人事管理的内涵和范围，不利于我们全面认识学校的人事组织和发展问题。

（一）校长的素质提升和专业发展是时代发展的呼唤，也是提高学校管理水平的必然要求。所谓校长的专业发展，是指为提高学校管理的绩效，改善学校管理的作风、方式等，对校长进行的有计划、有组织的教育培养活动以及校长个体的自我培养活动。它要求校长具备从事学校管理工作所要求的专业知识，必须具备从事学校管理工作的专业能力；它要求全社会及校长本人应把学校管理工作视为一种专业，把校长视为一个持续发展的专业人员，一个需要通过不断学习与探究来拓展职业内涵、提高管理水平，并逐渐达到专业成熟境界的专业人员。为达到校长素质提升和专业发展的目的，需要每位校长做到：明确专业发展的意义；认识专业发展的特征；形成专业角色意识；设计专业发展的途径。

（二）学校人力资源管理的另一主要内容是教师队伍的建设和管理问题，其意义也是不言而喻的。学校要维持生存，要提高办学效益，就需要一支训练有素的教职工队伍，他们是教育教学的主要力量，没有他们，学校的一切活动都无从谈起，学校领导惟有想方设法地使教师全身心投入到教育教学以及教育改革中去，学校才能得到发展并走向成功。具体来说，学校人力资源管理主要包括以下内容：教师队伍发展的规划、教师的招聘和录用、教师的聘任、教师的绩效评估、教师的报酬和奖励、教师的进修培训。

以上两个方面构成了学校人力资源管理的全部内容，学校中人事制度的设计和改革，实际上也是从这些具体方面体现出来的。

三十三、教师考核的标准

目前，各个地区和学校对于教师的考核标准并不统一。但基本上是以对教师的素质要求和职责要求为依据来制定考核标准。如果从人力资源管理与开发的角度出发，考核教师的视野应该更开阔一些，考核指标也应是多维的。有的学者提出，至少要从三个维度来考察和评价教师的表现。第一是教育维度，即从教育者的角度考察教师的素质、表现和成就；第二是学习维度，即从学习者的角度考察教师的终身学习意识，不断自我完善的表现和成绩；第三是创新维度，即从创造者的角度考察教师的创新精神、创造才能和革新成就。这种多维度考核教师与以往仅从教育者的角度的评价相比，不仅要求考核具有较为广阔的视野，而且要求在关注教师当前表现的同时，还要关注教师的未来发展问题。

值得指出的是，如果我们仅从教育者角度考核教师的时候，也应对教师完成任务情况、师德状况、工作行为态度三方面进行全面考核。不能单纯以学生的考试成绩作为教学任务完成情况的惟一依据，因为影响学生成绩的因素很多，教师的教学能力只是其中之一。鉴于教师工作涉及培养人这一特殊性质，因此，对于教师的师德要给予充分的关注，在考核中要占相当重要的比例。在行为态度方面，如果只是涉及个性方面，对教育教学工作没有大的妨碍，就不必苛求，关键是看其工作态度是否认真、负责。在实际操作时，可将上述三方面要求逐项分解，订出具体指标体系。

三十四、教师考核的基本要求

总的来说，对教师的考核要实事求是，力求客观、全面、公正、合理，坚持用一个考核标准对每一位教师作出评价，而不应掺入考核者的个人主观看法、臆测、推断和情感因素。这样，考核才有利于教师队伍的团结，有利于教师队伍的稳定，有利于调动教师的积极性。具体应注意以下几点：

（一）领导考核与教师自我考核相结合

领导考核主要是上级对下级的考核，这是一种最为常见的考核方式。在传统观念中，校长的权力形式表现之一就是对教师的工作绩效进行考核，由此认为，由领导者来进行评估才有意义。但是，在实际中，仅靠领导者考核教师是远不够的。由于种种原因，校长可能很难对每个教师的情况作出精确的判断。由别人来做这项工作，效果也许更好。因此，除学校领导者之外，教师之间的相互考核、学生对教师的考核也未尝不是一种好方法。教师之间相互了解，关系密切。中学学生已有一定独立判断能力，对教师的所作所为有了一定的见解，其考核意见值得参考。让教师自己对自己的工作反省和评估的做法也很可取。教师本人考核，对考核的范围、重点都一清二楚，考核的透明度较高，平时在工作中就会按考核标准来约束自己，对教师有较大的激励作用。当然，这几种方法也都各有其不足，最好是将各类考核意见综合起来，全方位地进行评估。

（二）定性考核与定量考核相结合

从一定意义上说，教师的工作质量都要通过一定的工作数量表现出来。这是因为一定的工作数量是工作质量的基础。从这一角度出发，教师的考核指标应当尽可能数量化。如教师的出勤、任课节数、所教班级的成绩、发表的文章、参加进修的情况等。但在日常的教育教学工作中还有大量无法计量的隐性工作。如课堂教学中对学生思想的引导、品德的熏陶等。更何况教师的根本工作是育人，育人的质量部分除学业成绩、体育标准等可以量化以外，还有许多因素难以量化。因此，教师考核中除定量分析外，还要坚持定性分析，并将两者有机地结合起来。

（三）平时考核与定期考核相结合

对教师加强平时考核，能够有效地发挥考核的导向作用、反馈作用和监督促进作用，经常鞭策教师不断修正缺点，努力工作。平时考核可以通过教学活动的观察、指导、督促、检查等形式进行。如根据考勤记录、工作日写实、听课、对教师的教案检查等进行考核。在平时考核的基础上，按一定周期进行的考核就是定期考核。定期考核可以采用个人总结、教研组评议和学校考核小组鉴定相结合的方式进行。考核结果应作出奖惩处理，并将有关资料记入教师业务档案，同时应将考核结果反馈给教师。

（四）结果考核与过程考核相结合

在通常情况下，教师的工作结果的优劣与其工作过程的好坏是一致的。但是在某些情况下，教师的工作结果并不完全能真实反映其工作过程。例如，某教师任教的某班的成绩在年级中排名在前，这一事实表明该教师的工作结果是好的。但如果这位教师是通过考前对学生进行大运动量的题海突击训练，甚至是通过考前的押宝猜题等手段而获得良好的工作结果，这就不能肯定其工作过程也是优秀的，这种工作结果也只能是一种虚假的结果。因此，对教师的考核，不能只注意工作结果而忽视工作过程的情况。实际上，工作结果重要，工作过程即产生结果的原因也很重要。教师的考核只有注意工作结果与工作过程同时并重，才能对教师的表现作出真正客观公平的评价。

三十五、教师激励的主要策略

教师激励的策略是指学校管理者在关怀、尊重、体贴、理解的基础上，以诚挚的感情，入情入理的分析，实事求是的科学态度，恰如其分的手段，给教师以启发和开导，调动其内在积极因素，促使其振奋精神，积极向上，努力进取。自20世纪80年代以来，我国中小学校广大管理者在继承发扬传统经验和借鉴西方激励理论的基础上，创造了许多行之有效的教师激励策略。它们基本可以归结为精神激励和物质激励两大类。

（一）教师管理常见的精神激励策略

1. 目标激励

目标激励就是通过科学合理的学校发展目标来调动教师的积极性。在大多数情况下，教师都希望工作具有挑战性，能在工作中充分发挥自己的能力，从而体会自我价值的实现和成就感。在学校管理过程中，如果给每位教师能确立一个通过努力可以实现的、明确的目标，让教师看到未来美好的前景，并将这一前景与当前的工作学习和未来的个人发展联系起来，就能激励教师为实现预定目标而积极投身于学校的各项工作。

2. 情感激励

古人云，"感人心者莫先于情"。情感是人们对于客观事物是否符合人的需要而产生的态度和体验。它是人类所特有的心理活动。当客观事物符合人的需要时，就会产生满意、愉快、欢乐等情感；反之，就会产生忧郁、沮丧等消极情感。学校管理激励必须注重"情感投资"，通过与教师谈心、家访、探病、交朋友等方式与教师建立正式或非正式的情感关系，了解他们的发展愿望和遇到的种种困难，真诚地帮助他们解决问题，使教师心情舒畅、情绪高昂地投入到教育教学工作之中。

3. 民主激励

民主激励是指学校应注意发挥教代会的作用，使教师有机会参与学校重大决策和工作计划的制定。经常与教师沟通情况，交流思想，从而激励教师在工作上和思想上与学校患难与共的积极态度。

4. 榜样激励

所谓榜样激励，也称典型激励。榜样是公开树立起来的旗帜，榜样的力量是无穷的。在学校管理过程中，管理者应通过以身作则和率先垂范或通过发现、总结和宣传校内先进人物的典型事迹，为广大教师提供积极工作、努力进取的参照和范例，从而激发教师为效法榜样而奋发向上。

5. 信息激励

信息激励是通过组织教师外出参观先进学校、请外校教师来学校传授经验，以及向教师推荐报纸杂志有关教改的信息资料等途径，使教师在不断的信息交流中，领会社会变化之迅速和教育改革的紧迫，由此促进教师产生抓住机遇奋起直追、力争上游的积极心态。

6. 危机激励

危机就是潜在的危险。危机激励就是从关心教师的立场出发，帮助分析问题和找出存在的问题的原因，给教师指明坚持某种错误观点、主张、做法可能会产生的不良后果危害，使教师产生危机感，从而转变自己的态度、观点和行为，焕发精神，树立信心，鼓足勇气，积极进取。

（二）对教师进行物质激励采用的策略

1. 晋升工资

晋升工资就是提高教师的工资水平。工资是人们工作报酬的主要形式，它与奖金的主要区别在于工资具有一定稳定性和长期性。通过普遍提高教师的经济收入或对工作有成效的教师给予晋升工资的奖励，这毫无疑问是重大的物质利益，有利于调动教师的积极性。

2. 颁发奖金

奖金是针对某一件值得奖励的事情给予的奖赏。它与工资不同，不具有稳定性和长期性。一般一件事情该奖，目标达到了，奖金发放完了，也就结束了。所以说奖金也是一种重要的物质型激励手段。适用于学校特殊事情的激励或年末的奖励。

3. 其他物质奖赏

除了货币性的工资与奖金之外，常用的还有住房、轿车、带薪休假等可为人们提供其他物质利益的激励手段。学校通过建立一定的物质奖励机制，对工作成绩突出的教师给予必要的物质奖励，以鼓励教师为教育事业作出更大的贡献，这无疑会有利于调动教师的积极性。

三十六、教师管理中的领导艺术

(一) 管理的原则

1. 表率性原则

根据人们的认识规律和领导工作的特点，在中小学教师的管理中应遵循表率性原则。尽管中小学教师管理中也要通过制定规章制度、工作计划和实施常规管理等内容来落实管理，但大量的日常管理主要是通过示范、指导、对话和研究讨论来实现的。中小学校长的权威更多地取决于他的威望，取决于他的管理科学水平和艺术水平，这都依赖于领导者直观的、感性的榜样作用。校长的表率行为不仅影响和制约全体员工的道德情感会产生强烈的影响。事实上，在汹涌澎湃的改革大潮中，人们认识上的差异比以往更复杂，观念冲突更激烈。在这种背景下，校长更应借助自身的人格力量来感染、影响教师。只有这样，才能充分展示领导者的个性，焕发出领导者特有的魅力，使自己的工作卓有成效。反之，若校长行为不端、表里不一，就会在全体员工中造成严重的认识和情感障碍。一个没有威信的领导者就根本谈不上科学的、有效的管理了。

2. 客观性原则

客观性原则是由党的实事求是思想路线和领导工作的动态性特点所决定的。这个原则要求校长在工作中应从变化着的客观实际出发，防止认识上的主观主义。每个员工都是活生生的个体，他们的思想、兴趣、爱好、健康状况、生活环境和家庭条件等都不一样，校长如果不了解这些客观存在的差异，就不可能有的放矢地开展管理工作。要贯彻好客观性原则，校长首先要注意调查研究，掌握第一手材料，防止情感因素的干扰，这是领导工作的基础前提。

3. 公正性原则

公正性原则是校长在管理工作中对每一个员工都要一视同仁，每一件事都要公平合理，决不能分亲疏、拉关系和感情用事。具体地说，校长对待全校员工在批评和表扬上、在处理问题时、在给予关心和照顾中、在评选先进和职评中、在提供条件和机会上以及在某些细节问题的处理上都要公正。这样，一个单位才能有正气、生机，校长才能在教师心目中建立起应有的威信，才能赢得群众的拥戴。

4. 全面性原则

它要求校长在工作中面向全体教师，关注每个教师的思想、工作和生活状况，从而充分调动各种积极因素，把学校工作搞得有声有色，一个学校是否办得出色，相关因素很多，涉及面广，对众多的因素只有通过校长的合理统筹、全面协调和使各方面有机配合，才能形成教育的合力，获得良好的整体的育人效应。显然，校长对教师的评价和领导的工作策略是至关重要的。一个优秀校长在对教师工作的评价中应该全面地看问题，不应人为地产生认识上的倾斜，以一好遮百丑；否则会使许多部下产生迎合、奉承的心态和行为，使学校工作很难有起色。

5. 民主性原则

在如何管理好学校的问题上，校长和教师具有同等的权利发表意见和作出努力，这就要求校长在工作中集思广益、博采众长，只要有利于管理的意见都要真心诚意地听取，切忌独断专行，搞一言堂。

（二）管理方法

1. 调查法。这是了解情况、认识对象、解决问题的一种方法，通过调查研究全面掌握情况，为开展工作打下良好的基础。

2. 观察法。是有目的、有计划地对教师进行考察的一种工作方法。通过有目的的"听其言、观其行"，掌握教师的真实情况。

3. 谈话法。在管理中，掌握好谈话艺术是领导的一项基本功。许多成功领导者的工作经验表明：运用谈话法成功的关键在于有情、实在、适时，可以灵活地选择表达的方式，是领导者开启成功大门的金钥匙。

4. 文献法。指校长通过查阅和提供有关的文字材料，进行管理工作的一种方法。查阅文献包括查阅档案材料，如登记表、考评和总结等。

（三）管理的途径

1. 把握时机，注重于感情投资。平时，校长应主动与教师多接触，把教师当知心朋友，唤起其加倍工作的热情。

2. 合理规划，实施分层次管理。给予是一种美德，校长应有宽广的胸怀，在真正建立起激励机制的前提下乐于做教师事业上的二传手。

3. 实事求是，建立竞争机制。在对教师的管理中，要激励教师奋发努力去取得优异的成绩并不难，关键是领导应该怎样对待这些成绩。如果校长在待遇分配上。确能遵从"让事实说话"的原则，就能促使全体教师刻苦钻研业务，讲究工作效率，使学校真正出现你追我赶的局面，形成良性循环。

三十七、教学质量管理

教学质量是教学活动的命脉，也是教学管理的目标所在。学校没有教学质量，就等于企业没有了品牌和社会声誉，所以任何一位校长都不会对此掉以轻心。现代教学理论认为，所谓教学质量，指的是学生在教师指导下，通过参与教学活动，在认知、情感和意志等个性要素方面引起的质量、数量和结构等方面的变化。就教学质量管理而言，有广义和狭义之分，前者应包括为保证教学活动的监控措施，其主要形式是对教学的检查与评价。

学校如何进行教学质量管理，这里着重提出以下几点。

（一）要确立全面的教学质量观

教学是全面落实党和国家教育方针的主渠道，教学质量管理决不能重智轻德，仅以学生学习成绩作为惟一的质量依据，也不能眼光只盯住少数学生，而应根据素质教育的要求，着眼于全体学生，全面考查学生德、智、体、美、劳等各方面的素质。目前，应当特别注重教学的德育功能和能力培养功能（尤其是学生的动手能力和解决问题的能力）的开发，应将其看成是衡量教学质量高低的重要指标之一。

（二）要加强对教学全过程的检查

教学过程是教学质量之"因"，只有高质量的教学过程才有可能取得高质量的教学成果。对教学过程的检查可从两方面着手：一是对教师教学的各环节和要素的检查，主要是加强对教师的教学态度、治学精神和教学方法的检查，看教师是否敬业乐业、忠于职守，是否有严谨的治学精神，是否能运用适当的教学方法等等；二是对学生学习过程的检查，检查可以侧重于学生的学习态度、学习方法、知识基础以及在教学过程中主体地位的落实程度等。对学习过程的检查不仅能了解学生的学习情况，也可从学生的层面了解教师教的情况。

（三）要加强教学评价，即对教学成果作出科学合理的价值判断。进行教学评价通常有如下几个环节：一是制定出符合教学目标、具有可操作性的评价标准；二是搜集用以测量教学成果的充分而必要的信息；三是对这些信息进行定性和定量相结合的分析，在此基础上作出实事求是的判断。值得提出的是，现代教学评价，强调辩证思维，既要看到学生的学业成就与教师的教学之间的内在联系，又不能简单地在学生的成就与任课教师的业绩之间画等号。因为学业成绩还与家庭、与学生自身的因素以及以前的学习状况等诸多因素有关。此外，有效的教学评价决不能仅仅是对教师的教和学生的学作出判断，还应致力于对师生在教学过程中的不足加以诊断，并提供有价值的改进教学的建议。当然，教学评价是一个非常复杂的问题，极具挑战性，在这里，我们期待国家有关方面及有关教育专家们拿出具有说服力的评价标准。

三十八、教师培训的教学模式主要有哪些？

示范－模仿，情境体验、现场诊断、案例教学、参与－分享、合作交流、任务驱动、问题探究、主题组合、自主学习等。

（一）什么是示范－模仿？

"示范－模仿"是人类社会传递接受经验和技能的教学模式，也是培训活动中最为常用的模式之一。它是培训者春目的地把示范技能作为有效的刺激，以引起学习者相应的行动，使他们通过模仿来逐步掌握所示技能的一种培训形式。

该模式的程序是：定向→参与性练习→自主练习→迁移。定向阶段，培训者向学习者阐明所要掌握的行为技能，并说明完成技能的操作原理和程序步骤，同时演示示范性的动作；参与性练习阶段，学习者在培训者指导下进行技能的尝试性练习，培训者应及时给予反馈指导；自主练习阶段，学习者在掌握技能要领的前提下，加大练习量，使操作技能熟练化；迁移阶段，培训者引导学习者把掌握的行为运用到相应的情境中去。

（二）什么是情境体验？

情境体验是指在教学活动中，创设一种情感和认知相互促进的教学环境，让教师在轻松愉快的教学气氛中有效地获得知识并获得情感体验的一种教师培训模式。现代心理学表明，人的认知活动是由有意识活动与无意识活动组成的，是认知活动与情感活动的统一。本模式正是基于这一理论，力求最大限度地调动无意识活动的潜能，使学习者在思想高度集中、精神完全放松的状态下从事学习活动。

该培训模式的程序是：创设问题情境→展示问题情境→情境体验→总结转化。培训者要担当问题情境的设计师，组织学习者在问题情境中共同研讨，解决问题；在情境体验的基础上进行启发性总结，使学习者体验领悟学习情境所蕴涵的实质，并从理智上来重新认识问题，以期在情感上和认知上同时有所收获。

（三）什么是现场诊断？

教学现场观察诊断是科研人员、培训者与任课教师合作，有目的地对课堂教学过程进行严谨的、理性的观察和面对面的分析讨论，并提出改进策略的方法。它源自皮亚杰的"临床法"和巴班斯基的"教育会诊"。

教学现场观察与诊断的一般步骤是：（1）课前准备：了解教师、学生、班级、课程背景，准备录音机、录像机、座位表、观察记录表等。（2）现场观察：根据观察的对象和目的，选择恰当的观察技术手段；进入课堂的观察者适当分工，各自观察记录，最好配以录音和录像。（3）课后分析：可通过问卷、测试、描述、统计、分类、比较、概括、出声思维、深度访谈、技术资料分析等多种方式，对搜集到的事实材料进行分析。（4）形成报告：综合运用教育心理学、教育学、教学论、教育社会学、行为科学、个体差异学等理论，对观察材料进行多角度的诠释和解读，有针对性地提出讨论的问题和改进的建议。（5）反思讨论：执教者结合分析报告对自己的教学决策和行为进行反思；在分析报告和课堂录像基础上制作光盘，可供其他教师培训和讨论。

教学现场观察与诊断对观察者有较高的专业要求，须进行专门的培训，同时深入的观察研究也需要耗费较多的时间、精力，还需要一定的技术条件。

（四）什么叫案例教学？

案例是教育教学实践活动中总结出来的实例，在被描述的具体情境中包含一个或多个引人入胜的问题，同时也含有解决这些问题的方法。

案例教学由案例形成和案例运用两个阶段组成。

案例形成包括以下基本步骤：（1）前期准备。研究者洞察中小学教学中存在的普遍问题，进行有关的调查，搜集详尽的材料。（2）确定主题。每个案例都要突出一个鲜明的主题，它常与教学改革的核心理念、常见的疑难问题和困惑的事件相关。确定主题要注意相关学科的典型问题和时代感。（3）情境描述。案例源于教学实践，但不是简单的课堂实录。它应以引人入胜的方式展开，有相对完整的情节乃至戏剧性矛盾，以反映事件发生的时空特征，揭示教学工作的复杂性和师生的情感、动机和价值观等方面的冲突。有时为了突出主题，揭示讨论的焦点，可以对"原型"作适当调整与修改，但不能杜撰。情境描述还可以制成音像材料。案例在运用于教学之前，应得到同行的认可。

（五）什么是参与－分享？

参与－分享是一种追求人本化的培训理念的教学模式。它通过创设特定情境，引导参与者在活动、表现和体验中反思自己的经验与观点，在交流和分享中学习他人的长处，产生新的思想，达到新的认识，从而实现自我提高。

它的操作步骤可以是：情感沟通、头脑风暴、小组交流、全班研讨、小结评价。其中，情感沟通是初见面时，通过自我介绍等活动，增进学员与学员、学员与培训者之间的了解和联系，共同商讨要研究的主题；头脑风暴是通过开放式的讨论，充分开掘每个人的潜能和智慧，提出对各种各样问题的看法和解决方案；共同交流是通过小组交流、全班研讨，互相倾听各自的声音，分享别人的经验，碰撞创造的火花，开拓想象的空间；小组评价是培训者与学员共同总结学习的收获，评价培训的效果，并提出改进的建议和布置后续活动的安排。

（六）如何实施合作交流？

这种培训模式根据团体动力学的原理设计，旨在变静态的集体为动态的集体，为学习者交流、合作、研讨提供充分的机会。它的理论假设是：人际交往是学习者个性发展的基本条件，只有师生间交往而缺乏学生间生生互动的课堂活动，不但无助于促进学生个性发展，甚至会损害和压抑学习者的个性发展。

它的操作程序是：独立思考→小组讨论→组际交流→集体性评价。独立思考是进行小组讨论的前提，其内容设计要求有一定的挑战性、开放性；小组讨论是"合作交流"模式的核心环节，根据讨论的议题，小组内部可采取灵活的方式，让个体在组内充分表述自己独立思考的意见，教师要在巡视指导过程中，学会观察和倾听，适时干预和引导，激发不同意见的争论和对问题的深入思考；组际交流是各小组代表汇集本组的讨论结果后在全班汇报，有利于集思广益、资源共享；集体性评价是指培训者对小组活动结果和各小组在合作学习中的表现进行小组整体评价，以引导组内的合作和组际间的竞争。

（七）任务驱动的含义是什么？

本模式借鉴了英特尔公司与我国合作的"英特尔 R'未来的教育'中小学教师信息技术培训实验项目"的培训模式，为教师培训工作在更新观念、开发课程、高效率利用信息技术等方面提供了良好的借鉴。

该模式具有五个鲜明的特点，体现了"任务驱动"的培训机制。（1）实用性的目标：目标简明、具体。一是学会应用信息技术，二是设计一个可以带回去使用的信息化教案。（2）模块化的结构：以两条线索贯穿十个内容模块。一条是信息技术应用的主要技能，另一条是信息化教案编制与逐步修订。从信息技术学科的角度而言，系统性不是很强，但从完成"任务"即信息化教案设计与制作的角度分析，循序渐进，一环紧扣一环。（3）以活动为中心：以学习者积极主动的活动为中心，整个培训过程贯穿了结对共享、教法研讨、电子作品创作、教案修订、电子作品评价等活动。（4）以学员为本位：在创作信息化教学过程中，时常让受培训的教师扮演中小学生的角色，加深对课堂教学情境和学习过程的体验与研究。（5）综合创新的教法：把案例教学、合作学习、基于资料的学习、结构化的定量评价等方法应用于教学过程。

（八）什么叫问题探究？

它以解决问题为中心，要求学员在培训者指导下，自己发现问题，探究问题，进而提出解决问题的方案。

这一模式的基本操作程序是：提出问题→形成假说→拟订计划→验证假设→总结提高。这种模式可以引导学习者手脑并用，运用创造思维去获得亲身体验的知识，培养学习者发现问题、分析问题和解决问题的能力，让学习者养成探究的态度和习惯，逐步形成探究性学习的技巧。

（九）主题组合是指什么？

"主题组合式"是指由培训者选择中小学教师关注的主题作为培训的中心内容，并围绕这一主题安排教学内容。被培训者对提出的关注主题进行自由选择，自愿参加自己感兴趣的培训。

实施的步骤是：①分析教师队伍状况和选择培训对象；②调查特定教师群体的进修需求和关注热点；③确定可供选择的核心主题；④按照学员选择，把共性较大的教师组成班级；⑤围绕共同的主题核心设计课程，开展培训。

三十九、校本培训的含义是什么？

（一）"校本"的含义

1. 以学校为基本单位；

2. 基于并为了学校的发展；

3. 学校有较大的自主权。校本培训就是为了满足学校和教师的发展目标和需求，由学校发起组织，主要在学校中进行的一种教师在职培训的形式。

（二）校本培训的主要特点

1. 针对性。校本培训以学校和教师的基本需求为出发点，又以其具体实践为落脚点。它可以根据学校具体工作变动进行弹性设计，在内容上，可视学校改革发展中的现实问题和未来问题而灵活应变。

2. 多样性。既可以是经验交流，师带徒制，也可以是案例分析，问题研讨，行动研究。

3. 整体性。以学校的整体发展为本，有助于优化全校教师专业发展的组织文化。

校本培训是 20 世纪 80 年代西方国家针对大学、进修院校的培训脱离中小学教育教学的实际而展开的。

（三）校本培训与非校本培训的主要差异

1. 从培训理念上看，淡化把教师集中到本校之外的某个培训机构，让他们重新成为学生进行学习的理念，让教师不必脱离工作岗位，转换角色，就在真实的教育教学情境中接受全员的培训。

2. 从培训主体看，非校本培训的实施主体是大学和进修院校，由专门的培训机构决定培训的计划、内容、监控和考核。而校本培训中，中小学是培训的发起者和组织者，他们对学校教师队伍建设中的问题具有更为深切的体会。校本培训并不排除离职进修或学历培训，更不排除邀请培训机构、培训者参与校内教师的培训，但在培训中起主体作用的是学校自身。

3. 从培训目的看，二者都是为了更新教师知识结构，提高教师能力，促进教育质量的提高，但是，非校本培训依据的通常是来自教育行政部门的一般要求和本地区存在的普遍问题，校本培训的具体培训目标则源于本校的实际需要。

4. 从培训内容看，非校本培训的内容较多的是以"学科"为中心，着眼于专业知识的深化巩固；而校本培训内容则主要以"问题"为中心，着眼于教材、教法、管理、师生关系中的"问题解决"。

四十、什么叫研训一体？

研训一体，是指教育教学研究与培训相结合，融为一体。它是我国教师培训机构从实践中创造、概括出来的一种实施全员培训的组织形式。

研训一体最初是指教研机构与培训部门结成伙伴关系，针对一个地区某个时期教学研究中的突出问题，教学研究一体化的行动。如教材教法过关、教学基本功、目标教学、探究教学、研究性学习，边实践，边研究，边培训，及时把教改实验和教育研究的成果转化成培训的内容。

进入 20 世纪 90 年代以来，研训一体、合作研究成为一种国际的潮流。

研训一体已发展为教育科学机构和培训部门、大学和中小学结成伙伴关系的新形式。它以科研作先导，以问题解决为目标，将行动研究与全员培训紧密结合，将各种培训模式有机整合，特别强调研究者与教师的密切协作。实施研训一体的关键，是建立研究者与教师的互动关系，根据学校改革与发展需要，进行诊断性调查，设计研究课题，以课题指引培训活动，达到以研带训，以研促训，研训结合的效果。

这种模式突出的优点是：

1. 充分利用各种教育资源。围绕教师素质的提高，有关各方形成合力，达到研究与培训的良性互动。

2. 针对性较强。在教学研究中发现需要解决的问题，可以立即通过培训解决。

3. 实效性较强。可以随时把研究的成果通过培训转化为工作的实效。

作为一种培训的形式，研修与培训要讲究管理的规范化，防止可能产生的以"干"代"研"、以"研"代"培"的倾向，防止少数骨干受益较大而一般教师走过场的倾向。

四十一、协同组合培训的含义是什么？

协同组合培训，指教师培训机构对本地区中小学教师和校长实施的跨学科、跨学段、跨角色的综合性培训。这是我国发达地区教师培训机构主动适应基础教育课程改革的需求，为了造就复合型创造人才而采取的培训组织模式。

跨学科组合培训主要是针对一般中小学教师文化视野偏窄、科际综合能力不强的弱点构建的。具体形式有"大文"、"大理"两个领域内部各学科教师的沟通组合，还有文理之间各学科教师的沟通组合。培训内容以通识性课程和教育学科课程为主，菜单式选修课为辅。培训学科中，学员的跨学科交流和协作占有重要地位。

跨学段组合培训主要是针对中小学教师通常"胸无全局，各管一段"的弱点而安排的。具体形式有初级和高级中学教师的沟通组合，还有小学和中学教师的沟通组合。培训内容着眼于基础教育改革和发展的现状和趋势。培训方式为不同学段间教师的交流和合作留有较大空间。

跨角色组合培训主要是针对某些学校的教师和校长步调不一、学校的组织不够理想的弱点而设计的。其形式是让若干所学校的骨干教师和校长同时接受以自学—对话为主要方式的培训，共同讨论学校建设的热点、难点问题，共同探讨改革方案。有的地方把这种培训称为"校长—教师捆绑培训"。

上述三种组织模式还可以交叉并用，形成"双跨"乃至"三跨"交叉综合培训，其基本理念都是"综合即创造，碰撞出成果"。实践结果证明，这种组织模式对于培训基础教育课程改革的先行者是较为有效的。

这种模式要求培训机构和培训者具有较高的组织管理水平，并不断开发和建设新型综合课程。

四十二、什么是巡回流动培训?

巡回流动培训就是有计划地分批组织培训者到基层中小学进行理论与实践紧密结合的现场专题培训，送教上门。这是一种特别适合我国广大边远地区、山区、牧区和农村的简便、实用的培训模式。

根据我国山区农村学校布点分散、交通不便的特点，我国教师教育工作者在实践中创作出这样一种培训模式：组织县级以上中心城市教研员、大学或教学进修院校的专家教师、中小学骨干教师，携带资料、设备、课件等教学资源深入基层中小学进行巡回培训。通常的培训方式有：专家讲座、面授辅导、现场听课、评课、讲示范课、座谈研讨、咨询答疑等。由于这种形式发挥了城市对农村、发达地区对贫困地区的辐射功能，有利于及时把先进的教育理念、教学经验和教育研究成果面对面地传播到广大山区农村学校，同时又降低了基层教师离岗培训的时间和旅途劳顿，大大节省了培训成本，因此，深受一线教师欢迎。

采用这种培训形势需要主管行政部门和专门培训机构进行组织协调，解决好交通工具和培训经费，要注意了解和针对农村中小学教学的实际需求与问题，"雪中送炭"，讲求实效。它可以和卫星广播电视教育、函授、离岗进修、考察等配合进行。

应当说明，在全国广大地区，包括经济文化发达地区，仍在运用和发展之中的组织讲师团巡回辅导，或组织专家组进行现场评价、提供咨询服务的培训形式，也是一种颇受广大中小学教师欢迎的流动培训。

教育部师范教育司 2000 年组织"全国优秀教师师德报告团"赴 7 省（市）巡回报告所引起的强烈反响证明，高质量的面对面的交流和沟通，哪怕是规模较大的，也自有其独特的优势和价值。

四十三、远程培训的内涵和优点是什么？

远程教育一般有函授教育、广播电视教育、现代远程教育三种形式。现在这三种形式都在我国教师培训中发挥着重要作用。这里重点介绍最后一种。

以计算机与网络为中心的现代信息技术革命为远程教育质的飞跃提供了条件。充分发挥中国教育科研网站、卫星电视广播等多种媒体的优势，跨越时空的局限，使全国各地的教师，不论城乡远近，都能分享到优质的教育资源，得到即时的个性化的教育，已成为 21 世纪教师培训的发展趋势。

（一）现代远程教育

现代远程教育包括实时与非实时的授课系统、课后辅导、答疑、作业、自测系统等。

1. 实时与非实时的授课系统：借助现代信息传输手段，充分利用卫星频道、高速主干网，将教师讲课的声音、图像、多媒体网络课件和数据，实时或非实时地传输到教学站点，学员可以在异地的多媒体教室中听讲。

2. 课堂双向交互式教学系统：利用会议视频系统，通过卫星和网络传输，实现培训者与学员、学员与学员之间的交流，实现异地多边教学活动。

3. 网上辅导系统：在课堂外，学员可以在任何时间、任何地点，通过因特网，访问中心教学网站。教学网站为学员提供一个全新的学习环境。主讲教师利用万维网（WWW）、与交流专用网页及公告栏（BBS）将同步辅导材料展现给学员。每个学员都有一个密码，可以实现网上调阅课件、质疑、交流、完成作业、自测、信息搜寻等。

（二）现代远程教育的主要优点

1. 能够及时提供最新的、丰富的信息，是教育资源短缺地区与教育发达地区实现资源共享的途径，可以为更多的教师提供优质培训服务。

2. 学员的学习不受时空的限制，交互性强。学习者可以自主选择学习内容、形式，进行个别学习和接受个别辅导。

远程培训模式要求有必要的硬件和软件装备。目前，基于计算机及其网络的现代远程教育经济成本还比较高。此外，远程培训比较适宜于显性知识的传授，而对于隐性知识，特别是各种只可意会不可言传的"意会知识"的学习，则还须借重"导师制"、"师带徒"等更具亲和力的面授——互动模式中培训者的言传身教。

四十四、德育工作管理的目标与内容

德育管理的基本目标是：根据青少年的心理特点和德育规律，加强对德育工作的组织领导，调动一切积极因素，使它们形成合力，以有效地推进德育进程，不断提高德育工作的效能。德育管理的这一基本目标决定了德育管理所包含的内容相当广泛，如德育的思想管理、组织管理、人员管理、财物管理、信息管理等等。

四十五、体育卫生管理的原则

根据对学校体育卫生管理规律的认识，以及在学校管理实践中形成的行之有效的经验，要做好体育卫生的管理工作，必须贯彻如下管理原则。

（一）体卫结合、健康第一的原则

在学校，体育和卫生是两项性质有所区别、任务各有侧重，但基本目标一致并密切关联的工作。体育致力于通过运动强身健体，卫生则着眼于疾病防治和养成卫生习惯，二者所追求的都是身体的健康，同时两项工作有着非常密切的内在联系，体育若不讲卫生，则难以达到健体的目的，而增强体质又是疾病防治的根本途径。正因为二者关系密切，所以在管理中务必把两项工作视为一个整体，统一规划。还须指出的是，确立科学的健康观对贯彻此项原则至关重要。现代科学的健康观认为，健康绝不仅仅停留于身体素质好、无疾病，健康是个体对其生存的环境及各种环境因素的良好适应。由此看来，健康第一的原则不仅在体育卫生工作中要坚决贯彻，还应渗透在学校教育教学的全部工作中。

（二）三育结合、全面育人的原则

体育卫生工作直接关注的是学生的身体，这是不错的，但是学生是一个完整的人，是有智慧、有思想的人，他总是带着某种知识、道德参与体育卫生活动，同时又在体育卫生活动中接受一定的知识、道德的影响。所以，体育卫生工作决不能仅仅是育"体"，而应充分发掘蕴藏于其中的智育、德育因素，把育"体"与育"智"、育"德"有机结合在一起，从全面育人的高度审视体育卫生工作。

（三）课内课外结合、普及提高兼顾的原则

学校实施体育卫生工作的途径，既有作为必修的课程，如体育课、健康教育课，也有未列入课程的各类活动，如课间操、课外体育活动、健康检查等，二者的组织形式不同，但在实现体育卫生工作的目的方面却各有不可替代的作用，故在管理上要统筹兼顾，相得益彰。此外，学校体育作为国家体育事业的一个组成部分，既有普及体育知识、开展体育运动、增强学生身体素质的任务，也有为国家体育事业培养和输送体育后备人才的任务，二者必须兼顾。但就中小学教育的性质、任务而言，毫无疑问，学校体育应以普及为主，以增强学生身体素质为己任，为学生的终身体育、终身健康奠定基础。

四十六、中小学美育的内涵及其作用

当前我们正大力推进素质教育，从培养学生综合素质的角度来说，中小学审美教育的内涵及其作用实际上是多方面的。

1. 它是一种爱美的教育。人都有爱美之心，通过培养学生爱美的情趣，最终达到激发学生热爱生活、热爱自然的目的。

2. 它是一种情感的教育。美总是和感情联系在一起的，人见美的东西，总是向往、迷恋。正如列宁所说的："没有人的感情，就从来没有也不可能有人对于真理的追求。"通过学校审美教育，就能使学生懂得美，热爱美，而且感情丰富，走向更高的追求和更崇高的精神境界。

3. 它是一种人品的教育。审美教育是培养学生人品的一个重要方面，它在学生的爱好和娱乐中，在处事接物中，在艺术欣赏中，不知不觉地潜移默化，把学生塑造成具有高尚人品的人。

4. 它是一种艺术的教育。艺术给人以最充分、最完美的美的享受，最充分体现了人对现实的审美态度，最能陶冶人的情感，培养人的品格。

5. 它是一种娱乐的教育。学生的生活不仅包括学习，还包括娱乐和休息。学校开展美育活动。引导学生进行健康的娱乐活动，就能提高学生生活的品位，丰富其课外生活的内容，这对学生综合素质的提高是大有帮助的。

四十七、学校总务管理的主要内容

（一）财务管理

财务管理指学校教育经费的收入、支出过程的管理。学校的经费按其来源可分为预算内经费（指国家拨给学校的教育经费）和预算外经费（指国家预算之外，学校根据政策规定收取的各类经费）。无论是预算内经费还是预算外经费，都要遵循"量入为出、统筹兼顾、保证重点、收支平衡"的原则，切实搞好财务管理工作。为此，总务部门应做好经费预算，完善本校的财务管理制度，规范经费的使用，制定财务公开制度，形成教职工参与经济管理、加强民主监督的机制。

（二）设备管理

教育设备是学校开展教育活动的基本物质条件，它主要包括教室和实验室设备、电化教育设备、图书馆设备、卫生保健设备、办公及学校生活方面的设备等。设备管理最主要的是要"保障供给，即凡有条件的地区，力求做到设备配置的标准化，如图书的藏书量、实验室及实验器材配备等达到教育行政部门规定的要求。经济发达地区则力求设备配置的现代化，如建立语音室、微机房、多功能演示厅等。设备配置同时需要有利于学生的生长发育，如课桌椅的配备应考虑当前我国青少年学生发育提前、身高增长的趋势。总务工作不仅要管设备配置，还要抓设备的使用、维修及保管。为此应当制定诸如设备保管责任制度、设备使用借用制度、实验室制度等，以确保件件设备的管理责任到人。同时，还应对师生开展爱护公物、遵守设备使用制度的宣传教育，真正做到管理育人、服务育人。

（三）环境管理

这里所说的环境主要指的是由校舍、场地、花草树木、道路等构成的教育的物质空间，以及由这些物质所折射出来的文化内涵。环境建设历来受到教育家们的重视，因为良好的学习工作环境是影响教育教学效果的重要因素，也是行之有效的育人途径。环境管理首先需要对学校的用地和校舍进行整体规划，使之成为功能齐备、布局合理、富于教育特性的育人场所；其次要十分重视校园的净化、美化、艺术化，如根据学校的办学思想和办学传统，设计一些富有文化教育意蕴的建筑小品、雕塑，种植花草树木，开辟植物角等。校园环境的建设与管理必须吸引师生共同参与。此外，环境管理定要对学校建筑物进行定期检查，及时维修，把不安全的隐患消灭于萌芽状态。

（四）生活管理

生活管理是学校管理中的一项"民心工程"，与广大师生的学校生活息息相关，管理者切不可掉以轻心。生活管理应着重抓好三件事：一是学校师生的饮食饮水，要把卫生关，确保饮用水的供应，注意膳食营养结构合理化，有条件的学校可推广学生饮用奶。二是有住宿师生的学校要有良好的休息环境。三是做好教室、办公室的防暑降温、防寒保暖工作，改善师生的工作学习条件。此外，学校还应想方设法为教职工谋福利、做实事，以改善教职工的生活待遇。

四十八、校园文化建设的内容和策略

（一）校园文化建设的主要内容

所谓校园文化，就是学校全体员工在学习、工作和生活的过程中所共同拥有的价值观、信仰、态度、作风和行为准则。校园文化主要通过下述要素表现出来：学校历史、学校的形象标志、学校建筑、内部机构设置、学校管理制度和管理行为、校风、学风、学校的活动仪式（如开学或毕业典礼）、师生关系、校园环境、学校绿化、学校办学思想、管理观念、员工的工作态度、士气、生活方式等等。

虽然校园文化的核心内涵指学校成员的办学观念、价值观、信仰、教风和学风、人际关系等精神领域方面，但校园文化建设却不能仅仅从这些方面着手，因为影响这些方面的因素很多，绝不仅仅限于精神方面。我们主张从更广阔的角度来理解校园文化建设问题，通过学校物质文化建设、制度文化建设、精神文化建设三方面的工作，来构建一所理想的校园文化。具体来说，一所学校的校园文化建设应该包括如下的内容：

物质文化建设	制度文化建设	精神文化建设
校园建筑	机构设置	校风、教风、学风
学校标识	规章制度	各类典礼和文化活动
校容校貌		学校人际关系
校园绿化		

（二）校园文化建设的策略

除了以上所说的一般过程外，在建设校园文化的时候，学校领导者也可以根据学校实际，采取不同的策略。下面提出几种可供参考的策略。

1. 主题统揽策略。校园文化建设就是要充分体现学校领导者的办学理念，为此，所有的学校活动都以围绕办学理念展开，用主题理念去统率和指导学校中的一切，从而形成一种具有鲜明理念内涵的文化整体合力。这样的校园文化给人以巨大的震撼力，容易形成深刻的印象，产生强大的教育冲击力。

2. 个性塑造策略。该策略包含两层意思：一是校园文化建设要区别于企业、机关以及其他组织，充分体现培养人的目的性；二是形成每个学校自身的风格、特色，即我们通常所说的创办学校特色问题。在校园文化建设中实施个性塑造策略，意味着一定要认真分析自己学校的情况，不要盲目攀比，不要雷同。要知道，有个性的东西才是最有生命力的。

3. 传统拓展策略。这主要是针对具有较长历史的老校而言的。传统老校在多年的办学中已形成了自己的风格，但是时代的发展，老校不能一味地躺在传统上睡大觉。传统与现代之间如何协调，最好的方法是在传统中融入新内容，在新内容中又折射出传统的光芒，即在传统的基础上求发展，一方面不抛弃原有的历史财富，另一方面又给传统增添新鲜血液和活力。这样就构成了传统拓展策略。

4. 分步推进策略。校园文化建设需要一定的条件，如财力、物力等。然而由于多方面的原因，有的学校在一定时期内不一定具备这些条件，那么就可以采取分步推进策略。分步推进策略强调整体设计、分步实施。之所以强调整体设计，是为了保持校园文化环境的整体性和统一性；而分步实施，是为了把校园文化建设的长远利益与现实的可能性有机地结合起来，从而使校园文化建设不浮夸，一步一个脚印，扎扎实实地进行。

5. 重点突破策略。校园文化建设涉及面很广，鉴于学校条件的因素，事实上不可能全面出击，必须在分析学校现有状况的前提下，集中优势兵力，重点解决几个问题，办几件实事。如可以从制度文化建设着手，也可以从精神文化建设着手，通过重点建设寻找校园文化创建的突破口，最后带动整体文化建设工作。

四十九、学校领导者的权力影响力

权力影响力是指学校领导者在职责范围内具有的，可以强制支配教职工的力量。这种影响力是以"法定"为依据，以权力为核心所形成的，因而对教职工影响带有明显的法定性、强制性和不可抗拒性等特点。同时，它以外部压力的形式发生作用，在其作用下，教职工的行为主要表现为被动和服从。权力影响力是领导者对学校实施有效管理的必要条件。

构成权力影响力的主要因素包括传统因素、职位因素和资历因素三个方面。

传统因素。表现为人们对领导者的一种传统观念。由于受传统文化的影响，人们往往认为，领导者不同于普通人，他们有地位、权力和才干，对他们的命令必须服从。这种观念逐渐内化为一种行为规范，成为一种服从的社会习俗。

职位因素。学校领导者凭借组织所授予他的合法权利，可以控制和支配教职工的言行、处境，甚至前途和命运，使他们产生敬畏感。实行校长负责制后，学校领导者尤其是校长拥有对学校事务的决策权、指挥权、人事权和财务审批权等诸多的法定职权，学校教职工必须服从工作。此外还有奖惩权，他既可以对服从分配、工作任务完成好的教职工施以表扬、奖励、晋级、提薪和提拔重用；也可以对不服从工作分配，工作表现不好或造成工作失误的教职工，施以批评、降级、降职、处分、开除等。一般说来，领导者职位越高、权力越大，别人对他产生的敬畏感也越甚，他的影响力也越强。但是，人们往往也认同"县官不如现管"的说法，有时顶头上司比高职位者有更直接和更强的影响力。

资历因素。领导者的资历和经历是客观的、历史性的东西，它反映出一个人的过去曾受过的教育、担任的职务、承担的责任等情况。一般来说，人们对于一位资历较深的领导就比较尊重，他的言行容易在人们的心灵中占有位置。比如，我们常常看到，长期稳定在一所学校中任职的校长更受欢迎。这就是资历因素所以能构成影响力的原因。

五十、学校领导者的非权力影响力

与权力影响力相对应的是非权力影响力，它是由领导者自身的素质和行为构成的，与领导者的法定权力没有必然的联系，所以称之为自然影响力。它最大特点是自然性，不依赖外力，而是建立在教职工心悦诚服地、自觉自愿地接受影响的心理基础之上，学校领导者与教职工之间关系和谐、心理相融、彼此接受。在此，与权力影响力相比，自然影响力更强烈、更持久。

构成自然影响力的因素主要包括品格、才能、知识、情感四个方面。

（一）品格因素，主要包括领导者的道德、品行、人格、作风等

品格是一个人的本质表现，优秀的品格会给领导者带来巨大的影响力。俗话说，榜样的力量是无穷的。具有高尚品格的领导者容易使教职工产生敬爱感，并诱使他们去模仿与认同，从而产生更巨大的号召力、动员力、说服力与影响力。无论职位多高、资历多深的领导者，倘若在品格上出了问题，那他就会威信扫地而失去影响力。

（二）才能因素

领导者的才干、能力是其影响力大小的主要因素。领导者的才能不仅仅反映在能否胜任自己的工作上,更主要是反映在他的工作的结果是否成功上。才能是通过实践来表现的。一个有才能的学校领导者不仅能给事业带来成功,而且能以此赢得教职工对自己的敬佩,使他们自觉地接受其影响。

(三) 知识因素

知识本身就是一种力量,是科学所赋予的力量。它是一个人的宝贵财富。知识和才能是紧密联系在一起的。知识水平的高低,主要表现为对自身和客观世界的认识的程度。具有丰富科学知识的领导者,会使教职工产生依赖感,增强其影响力。而学识、孤陋寡闻的领导者,除了工作上缺少与他人沟通的共同语言外,其影响力势必也会大为逊色。

(四) 情感因素

情感是人们的一种心理现象,它是人对客观事物好恶亲疏倾向的内心体验。人与人之间,领导者与被领导者之间建立良好的情感关系,便能产生亲切感,关系融洽,缩短心理距离,则相互的吸引力就大,彼此的影响力、感染力就强。相反,如果领导者与被领导者关系紧张,就会造成双方的心理距离。心理距离是一种心理掩护力、对抗力,会产生负影响力。

由品格、才能、知识、情感因素构成的自然影响力,在领导者担任领导工作时,它能增强领导者的影响力,在不担任领导工作时,这些因素无疑也会对别人产生较大的影响。由于这种影响力对别人产生的作用是自然的,有时会比之权力影响力显得更有力量。

五十一、学校管理中个人决策的时机选择

决策制定是否有效,与时机的选择密切相关。有些决策基于稍纵即逝的和刻不容缓的威胁,对于它们,管理者必须利用现有信息尽快作出反应。而在有些情况下,管理者却并不需要马上进行决策。公开待选方案,静观事态发展才是明智之举。

根据时间的压力,我们可以把决策分成以下五种,每种分别采取不同的对策。

(一) 紧急事件的决策

这类决策要求管理者必须马上作出反应，立刻采取措施应付危机。如教室着火、学生在体育课上严重摔伤。这类决策等不得，通常是越快越好；否则会给组织带来更大的危机。这类决策通常来不及仔细分析、选取最优方案，也不能强调决策的权限范围，在场的每位管理者都有责任采取行动。通常的原则是：具体负责的人在现场，就由他现场决策并组织实施；具体负责的人不在现场，则由在场职位最高者现场决策并指挥实施。

（二）稍纵即逝的决策

这是过期作废但又时间紧急的一类问题的决策，这类问题通常有一个稍纵即逝的解决时机，若不马上决策的话，最终就会变得毫无意义。这类问题的决策通常不是问题本身的压力，而是时机的压力需要马上决策，错过时机往往就没有必要再决策了，但没有及时决策通常也不会给组织带来危机。如一个外国专家正在讲学，他明天就回国了，有关内容正是学校急需的，今天不决定去听，明天就没有意义了。

（三）最优决策

在这类决策中，有多种方案可供决策者选择。尽管快速作出决定，但有效的决策取决于对各种方案的分析和评价，取决于决策方案选择得是否合理。对这种决策，找到最佳方案比决策速度更重要。如学校如何实施素质教育这一问题的决策，就需要最优决策。

（四）无关紧要的决策

这类问题的决策既无时间的要求，也无须追求最佳方案，随便什么时间、采取什么方案都可以。对这类决策，有时间则及早决策，没有时间则可以等有时间时再做。

（五）等待时机的决策

问题已经出现，但还不明朗，决策的时机还没到来。这类决策可以等待时机成熟或到了问题逐渐明朗时再作决定。

五十二、学校管理中群体决策的优缺点

群体决策既有优点，也有缺点。

（一）群体决策的优点

1. 提供更完整的信息，能够把问题分析得更透彻；

2. 产生更多的方案，有利于提高决策质量；

3. 提高成员对决策的认知水平，增强对决策的接受性，有利于决策工作；

4. 提高决策的合法性，有利于减少决策者和群众的矛盾；

5. 增强团结协作精神，有利于工作决策中的互相配合。

（二）群体决策的缺点

1. 耗费时间，导致错过解决问题的良好时机，甚至使问题长期得不到解决；

2. 从众效应，导致某些成员放弃自己的观点，赞成冒险决策和随意决策；

3. 责任分摊，导致责任不清，容易造成冒险决策和随意决策。

另外介绍两种改进群体决策的技术方法。

1. 头脑风暴法。是为了克服阻碍产生创造性方案的群体压力和从众效应的一种相对简单的方法。它利用一种思想产生过程，鼓励提出任何种类的方案设计思想，同时禁止对各种方案的任何批评。

头脑风暴会议通常要遵循以下几个原则：

（1）每个人只陈述自己的观点，不评价别人的观点；

（2）每个人只代表自己，不以组织身份出现；

（3）每个人独立思考，不进行商讨；

（4）可以发展和补充别人的意见；

（5）强调建议的数量，意见越多越好；

（6）会前不布置问题，以免互相串联，限制别人的思想；

（7）记录所有方案。

2. 名义群体法。

由于大家面对面地讨论，很难避免互相影响和少数人的统治，所以头脑风暴法并不完善。名义群体法通过在群体决策中限制讨论，确保每个人独立思考来防止从众效应和少数人的统治。

名义群体法遵循以下步骤：

（1）成员集合成一个群体，但在进行任何讨论之前，每个成员独立地写下他对问题的方案、建议。

（2）经过一段时间的沉默，每个成员将自己的想法提交给群体。然后一个接一个地向大家说明自己的想法，直到每个人的想法都表述完并记录下来为止。在所有的想法都记录下来之前不进行讨论。

（3）群体开始讨论，以便把每个想法搞清楚，并作出评价。在此过程中，每个人可以解释和论证自己的想法。

（4）每个成员独立地把各种想法排出次序，最后的决策是综合排序最高的想法。

五十三、校长组织会议的种类

（一）学校内部的会议

1. 校务委员会：这是学校的最高行政会议，是学校决策机构的正规会议。它是要解决学校规划、基建、人事组织机构调整，重大突然事件等重大问题的会议。

2. 行政办公会：这是日常办公会议，它是由校长及主任们交流学校情况、处理常规校务、解决较大问题的会议。校务委员会和行政办公会，都必须由校长亲自主持，如果遇到极特殊情况校长不能参加，可授权副校长主持，但副校长必须声明是代表校长来主持。因为这两类会议的结果都由校长负责的。

3. 全体师生大会：如开学典礼、毕业典礼、重大节日纪念会，包括体育节、艺术节、科技节等开幕会议，校长出席或主持，表示了会议的规格，直接影响到会议的效果。

4. 全体教职工大会：如公布决定、传达指示、宣传政策、布置工作等。现代管理尽量避免层次过多，金字塔扁平化就是这类会议的突出特点。校长要亲自参加全体师生大会和全体教职工大会，但不一定亲自主持，但校长要作中心发言或总结发言。

5. 部门会议：比如教务处、总务处等部门，校长都可以召集开会，是研究本部门与全校有关的重大问题的会议。

6. 专题会议：如班主任会、教研组长会、年级组长会，或者某一学校的教师会，这是要解决某一问题的专门会议。部门会议和专题会议，校长有权召集但应由主管人员来主持，校长参加讨论专题发言来贯彻学校的意图，发挥校长的作用。

7. 咨询会：校长根据某种需要召集部分师生干部开的会，这类会议旨在听取意见、讨论问题不作决议，会议也没有行政约束力。

8. 调查会：这是对某一类情况、某一个事件的调查的会议。咨询会和调查会是校长召集的，就要由校长主持，讲明意图，校长口问手记，听取与会者的见解或陈述。

9. 临时性会议：这是处理突发事件或上级行政部门有临时性的任务下达，需要召集有关人员临时召开的会议。

（二）学校与外界的会议

1. 全校家长会：这是必须由校长主持的，这是对全体家长的尊重，校长可作简要的起始性或总结性讲话。

2. 学校与社会的协调会：这是以学校为主，召集友邻单位之间的协调会，因为校长是法人代表，校长要主持并要讲话。

3. 与兄弟学校的协作会、检查会：这类会议，应由东道主学校校长主持。

4. 参加上级机关召集的会议。

五十四、会议控制技术

（一）把握好会议过程

从行为科学的角度，一个讨论会由开始到结束可以被分成四个阶段，即形成阶段、讨论阶段、认同阶段和成果阶段。

1. 形成阶段

形成阶段是会议的第一阶段。在此阶段人们纷纷走进会场，找到一个适合自己的位置坐下。此阶段的成果是：与会者群体无论是在心理位置上还是在物理位置上都形成一个开会的态势。会议态势的形成大致有两种方式，即自然式和非自然式。

在自然式中，与会者的位置没有被事先设定，由与会者自己选择。由自然方式形成的会议态势，会场气氛比较自由和谐，与会者之间较少有等级感，对问题的讨论比较充分自由。但自然式形成的会议态势给主持人把握会场气氛和进程造成了一定的困难。与会者的无拘束可能导致会场气氛过分热烈，造成讨论离题而延长会议时间。

非自然式是事先对会场进行有意的布置，如桌椅的方式、座位的分配等。主持人或领导可以通过会场物理位置的有意安排而影响人的心理，以便更好地控制会议气氛和进程。如不让互相对立的人对面而坐，不让关系太密切或关系太紧张的人紧挨着坐，而是穿插一些无利害关系的人。把重要人物安排在首席或靠近首席的位置，以增强他们的权威。为了使会议开得轻松，也可以不按与会者的地位高低安排座次等等。当然具体如何做，要根据会议的内容、要处理问题的性质，以及要达到的目的等需要而定。

2. 讨论阶段

这是与会者在思想上互相启发、碰撞，不断激发出新的思想火花的一个阶段，是会议中耗时最长、引发矛盾最多的一个阶段。在此阶段，与会者各抒己见，开展讨论乃至辩论。各种讨论会中的讨论或辩论可能有三种情形：

第一种，只对事不对人的讨论或辩论。辩论者只关注事情的解决，而不关注是谁提出的问题或方案。这是最理想的情形。

第二种，只对人不对事的讨论或辩论。辩论者不关心事实本身、方案本身、问题本身，只关心是谁提出的问题或方案。是自己一方提出的就支持，是对立一方提出的就反对。这是最差的一种辩论，它不仅大大降低了会议的效能，还加剧了人际冲突。

第三种，既对人又对事的讨论或辩论。辩论者关心问题和方案本身，又关心是谁提出的方案。在这种情形中，辩论者既希望自己一方的意见和建议被采纳，占得优势，但又不想无理取闹，他们坚持的是有理、有利、有节的原则。

会议主持人或领导要鼓励第一种情形的辩论，引导第三种情形的辩论。

3. 认同阶段

这是由开始到结束前的中间阶段。在此阶段里，与会者要在辩论的基础上，就问题的性质、解决问题的前提和方案达成共识。认同的方式主要有以下几种：

①自然认同。即与会者通过讨论，认识逐步趋于一致，达成共识。

②妥协认同。即辩论各方都认识到合作的重要，都作出让步，互相取

长补短，共存共融，找到一个各方都能接受的方案。

③强制认同。在辩论各方分歧较大且又各持己见的情况下，由主持人或领导综合各方意见，拿出一个最终方案，强制大家接受。认同是解决问题的基础。不论讨论什么问题，也不论以什么方式，解决问题之前都要达成共识。

4. 成果阶段

在认同的基础上，由主持人或领导就问题的具体措施及具体职责分配作出安排，这就是会议的成果阶段。没有这一步，会议的一切，包括时间的耗费、人力的付出都等于白费。会议要议而有决。

（二）控制好与会者

美国学者麦克科迈尔认为，在各种会议中，与会者会表现九种会议人格，会议的主持人要注意把握和引导。

1. 大炮筒。他们有话藏不住，喜欢一吐为快。他们说话直来直去，不隐瞒自己的观点，没有私心杂念，不搞阴谋诡计。麦克科迈尔认为，这些人在任何会议上都很难能可贵，但要注意保护他们。因为他们过于相信"事实胜于雄辩""有理走遍天下"这类格言，过于直来直去，往往引来太多的冷嘲热讽，引来他们应付不了的争执。

2. 殉难者。他们善于代人受过，只要出了差错，他们马上抢着承担责任。这些人造成的危害是由于他们过于痛快地接受责备，致使你来不及弄清楚到底是哪儿出了差错，谁应该负责任。对这种人要认真引导，决不能置之不理。

3. 面无表情者。他们在会上一言不发，脸色凝重。他们总是把自己的想法闷在心里，或者可能在散会大家离开后单独与领导或会议主持人交换意见。不管他们的建议是否切中要害，你都弄不清楚他们的意图，弄不清楚他们究竟站在哪一边。

4. 演说家。他们明白评议的力量，而且善于运用这种力量吸引别人的注意力，煽起别人的情绪。"演说家"们轻轻地开始讲话，逐渐地酝酿感情，直到四五分钟之后他们的声音还在刺激你的耳膜，干扰你的思维。他们用激情和华丽的语言代替了洞察力和事实。对这种人要小心应付，由于他们的表达力极强，很容易影响其他与会者而把会议引入歧途。

5. 拉拉队长。他们明白下面这句话的力量："你说得对，我从没想到这一点。"他们没有原则地为别人喝彩。他们参加会议的目的是为别人呐喊助威，而不是关心会议的真实内容。

6．"魔鬼"代言人。对于他们来说，什么都值得辩论一番，都需要辩论一番。好的一面是，他们常常说得有理而且能提出一些创造性的想法，引起人们对问题的深思；坏的一面在于他们占用太多的时间，太没紧迫感。麦克科迈尔建议一个会议只能邀请一个这样的人参加。

7．反对者。他们总是在会议中寻找对手，寻找别人的破绽。他们一感到需要表达反对意见，就开始攻击别人的观点、别人的工作，以致伤害别人的自尊。

8．逍遥派。他们端着一大杯刚刚泡好的茶走进会场，选择一个舒适的位置坐下，然后仰靠上身，架起双腿，摆出舒舒服服的姿态，做好"打持久战"的准备。他们也偶尔说一两句无关痛痒的话把会议引向"深入"，但他们对于解决眼前的议题丝毫没有紧迫感。对付这种人的最好办法，是把会议地点选在门厅里、没有椅子的房间，或有意给他们安排一个不舒服的位置或坐具。

9．政治家。他们巧妙地与各类人员周旋，成功地表达自己的观点，解决自己的问题，把握会议的进程。麦克科迈尔主张这个人应该是领导或主持人自己。

五十五、成功学校的特征

究竟怎样才算是一所成功学校？这里我们结合近三十年来国内外专家的一些研究成果作一综述。

（一）成功学校的特征

一般可从五个层面加以分析和概括，即学校层面、教师层面、学生层面以及学校与社区关系层面。

1．学校层面。从学校层面看，成功学校至少应具备四个特性：第一，适应性，即能适应内外环境的变化，不断革新发展；第二，进取性，即从行政到教师、学生，人人奋发向上，力争更佳的成绩及更多的教育资源；第三，整合性，即校内气氛融洽开放，具有较强的团队精神，学校的目标被全体员工认同，师生对学校忠心耿耿，以校为荣；第四，凝聚性，即校园环境整洁，有良好的校风规范，形成一定的校园文化，师生相当满足愉快，旷课及缺席甚少。

2. 学校行政层面。学校行政层面主要是指以校长为代表的学校行政领导，在这一方面成功学校的特征表现在：第一，有强有力的领导班子；第二，日常工作管理完善，秩序井然；第三，给予教师一定的参与决策权，有民主管理的意识和表现；第四，领导与教师关系融洽，彼此信任合作；第五，教师在教学领域有较大的自由和空间，行政措施以围绕教学、服务教学为目的；第六，校方及时肯定师生的成绩和进步，有适当的奖励标准。

3. 教师层面。成功学校的教师一般表现出如下特征：第一，对学生有较高期望，相信每个学生都能学习并得到适当发展；第二，不仅关注学生的学业成绩，也关心学生行为上的进步，肯在课余时间为学生解答各类问题；第三，教学中注重学生的主动学习，具有较高的教学技巧，教学效果较好；第四，不因成绩原因歧视学生，不是以严厉的管教甚至作为维持纪律的手段；第五，乐于配合学校行政；第六，教师之间经常交流教育心得，在"自我评估"中达到较高水平。

4. 学生层面。成功学校的学生应该表现出：第一，有良好的行为习惯，遵守纪律；第二，对学习尤其是未知领域普遍表现出深厚的兴趣，课堂中学习气氛浓厚，学习态度认真；第三，与教师的关系不是建立在紧张和畏惧的基础上，而是愿意主动接近教师，与教师商讨各种问题，并对教师的教学热忱表现出无限的景仰和尊敬；第四，有一定的自主意识，主动参与学校活动，乐于为学校和同学服务。

5. 学校与社区关系层面。成功学校与社区的关系应该是和睦与相互支持的，其特征表现在：第一，学校有较强的社区意识，主动参与社区活动；第二，学校注重与家长的双向沟通，经常向家长通报学生的情况，争取家长对学校工作的支持；第三，学校在社区及周围社会享有较高的声誉；第四，家长和社区人员乐于参与校务，对学校有认同感和归属感。

（二）成功学校最基本的特征

1. 强有力的学校行政领导；

2. 和谐的学校气氛和良好的学校文化；

3. 对学生有较高的期望，不仅关心学生的学业成绩，也重视学生品行、技能、态度、情感、兴趣等的发展；

4. 教师有较高的教学技巧；

5. 学校关心并且教师自己也重视自身的专业进修与发展；

6. 社区、家长对学校工作的支持和参与。

五十六、如何建设特色学校

创建特色学校的基本模式有六种：传统发扬式、弊端矫正式、借机发挥式、空白填补式、困境奋起式和理想实施式。特色学校的类型分为五种：体现在办学上的特色、体现在教育上的特色、体现在教学上的特色、体现在课外活动上的特色、体现在管理上的特色。

（一）培养什么样的人——以育人目标为突破口，创建目标优化模式

作为特色的学校教育活动，首要的问题是培养什么样人的问题。这是一切学校教育改革的出发点和归宿。我国的教育方针是把受教育者培养成为德、智、体等全面发展的社会主义事业的建设者和接班人。很多学校遵照教育方针的基本精神，依据当地经济建设、社会发展和学生的实际情况，确定本校的育人目标，牵一发而动全身，达到优化全局、形成学校特色的目的。

（二）用什么培养人——以育人内容为突破口，创建内容优化模式

教育内容涵盖面比较广，一般说来，德育、智育、体育、美育和劳动技术教育是基本教育内容。有些学校"五育"并举，并突出某一"育"，抓住某一"育"作为"突破口"，对学校实行整体优化，形成了鲜明的特色。第一是德育特色。很多学校非常注重德育，以抓学生思想道德品质教育为突破口，创建学校特色。第二是智育特色。智育是教育者通过多种途径使受教育者掌握知识、发展智力、培养能力的一种教育活动。第三是体育特色。很多学校都有自己的传统体育项目，如篮球、足球、排球、乒乓球或某种田径、棋类项目突出。一种体育项目突出，在比赛中取得好成绩，还不能算办学有特色。第四美育特色。美育的形象性、感染性和愉悦性能有效地调节学生心理，使之淡化厌学情绪，激发学习积极性，调动非智力因素，发展身心潜能。第五是劳动技术教育特色。江泽民同志曾经指出：教育与生产劳动相结合是我们教育方针的重要组成部分，是坚持社会

主义方向的一项基本措施。这是促进中小学由"应试教育"转向全面提高国民素质的轨道，深化基础教育改革中迫切需要解决的一个重要问题。

（三）如何培养人——以思想观念、方法手段为突破口，创建方法优化模式

1. 是教育思想特色。教育思想是一种观念上的、高层次的、带有指导性的方法。有些校长在长期教育实践中，通过不断的学习和思考，逐步形成了自己独特的教育思想，并且在学校管理、教育教学过程中实践自己的教育思想，进而形成了学校的某种特色。

2. 是教研教改特色。办学校，搞教改，应具有自己独特的教育思想；应以教育科学理论作指导，以教育科学实验为基础；应继承和借鉴百家之长，走自己的创新之路；应有一支献身教育改革事业的干部教师队伍。

（四）如何把相关因素协调安排好——组织管理为突破口，创建系统优化模式

系统优化模式是从组织管理的角度来谈学校特色的。从某种意义上讲，学校管理就是对学校组织系统内外诸因素进行优化组合，从而高效实现育人目标的一种活动。

五十七、当代美国教育革新状况

（一）教育改革规划

1. 《美国 2000 年教育战略》（1991 年）

进入 20 世纪 90 年代，随着东欧、苏联的解体和世界经济、政治秩序的重新调整，布什政府于 1991 年 4 月颁发了由教育部长亚历山大负责起草的全美教育改革文件——《美国 2000 年教育战略》。这份纲领性文件提出了美国教育改革的四项"教育战略"和六项"国家教育目标"。到 2000 年要实现的六个国家教育目标是：第一，所有的美国儿童入学时乐意学习；第二，中学毕业率将至少提高到 90%；第三，美国学生上完四、八、十二年级的，将在诸如英语、数学、科学、历史和地理这些富有挑战性的学科中表现出能力；每所学校都将保证使全体学生学会很好地使用脑力，培养他们具有在现代经济中公民的责任感，做好进一步深造和富有成效的专业

准备；第四，美国学生在自然科学和数学方面的成绩应居世界首位；第五，每个美国成年人将要具有读写能力，具有在全球经济竞争中所必需的知识与技能，行使公民的权利责任；第六，所有美国学校将没有毒品和暴力，并为学生提供一个有纪律、有利于学习的校园环境。

为全面落实上述六项国家教育目标而提出的美国教育改革的四项"教育战略"是：第一，为今日的学生创办更好、更有成效的学校。措施包括：制定英语、数学、科学、历史和地理五门主要科目的全国性课业标准，学生自愿参加全国统一考试；扩大学生和家长的入学选择机会；赋予各州、学区和学校更大的教育改革和决策自主权；加大教育拨款，资助教育改革，奖励优秀学生、教师、校长和进步学校等。第二，为明天的学习创建新型的美国学校。措施包括：鼓励工商企业界介入新型学校的研究、开发和建设；国会拨专款创办新型学校（如特许学校）；鼓励社区、家长参与学校建设。第三，把美国改造成一个"学生之国"。第四，使社区成为具有浓厚学习风气的地方。

2. 《美国教育改革法》（1994年）

1993年4月，美国克林顿政府上任伊始就宣布了题为"2000年目标：美国教育法"的全国性教育改革计划，并作为法案提请了国会参众两院的议员通过。该法案主要继续确定布什政府制定的六项"国家教育目标"，除此惟一值得注意的改动是：在核心学科中除了外语和艺术这两门学科。在1994年3月正式颁布的《美国教育改革法》中，原来的六项"国家教育目标"增加了两项：一是师范教育和教师，二是家长的参与。

3. 克林顿发展教育的十大原则（1997年）

1997年2月，克林顿在其连任总统的施政演说中，提出了发展美国教育的十大原则：1. 国家制定教育标准，提高国家学术标准；2. 建设一流的师资队伍；3. 开展阅读运动，帮助儿童读书；4. 开发早期教育，从生命第一天开始；5. 扩大选校，每个州应给予家长为其孩子选择合适公立学校的权利；6. 加强校园纪律，推行校服，抑制逃学，开除班级中的捣蛋学生，校园内决不允许枪杀和吸毒；7. 改善学校建筑，推行校园建设现代化；8. 普及大学；9. 实现终身学习；10. 建设校园网络，依靠现代化教育技术。

（二）当代美国教育改革的主要特点简析

1. 教育改革中的国家导向和"市场"取向的两相平衡。以往美国的教育改革以地方自发性的改革为主。在当代美国，以国际竞争为主要目标，以赶超世界教育先进水平为主要目标，一方面，联邦政府开始直接介入教育改革，教育改革的主导权逐渐由地方转向由联邦和各州共同掌控；另一方面，美国又注重唤起和激发全民参与教育改革的意识，鼓励工商企业界、社区、家长积极介入教育改革的学校的重建，其中一个很重要的方面是，扩大家长和学生入学择校权，鼓励企业和其他社会组织、教师和学生家长等公民个人申请和创办新型学校（如特许学校），通过这种对市场的"模拟"和引入竞争机制，以此促进学校提高教育质量。择校运动在美国被称为教育的一场"无声的革命"，它与新型学校的创办相结合，构成了美国声势浩大的自下而上的基础学校重建运动。目前，社会各界对于这种所谓"市场"取向的改革，尚有争议，褒贬不一。

2. 以追求教育的高质量为主要目标，当代美国教育改革的一贯的核心目标是为了实现高质量的教育，在方法上，无论是通过引入择校竞争机制，还是确定核心课程，严格课程标准，实行国家统考，创办新学校，拨款奖优等等，莫不以此为导向。提高教育质量是美国教育的主旋律。

五十八、当代日本的教育改革

（一）阐述了教育改革的必要性

报告反思，批判了日本教育的主要弊端是教育的刻板性、考试中心主义、重智轻德，致使教育"产生了诸如考试竞争激烈化、逃学、学校暴力、青少年不良行为等教育荒芜现象"。与此同时，在创造性、尊重个性、国际化等方面也存在种种问题。特别是在战后的教育改革中，往往存在着否定我国传统文化的特性和长处，轻视德育，权利意识与责任意识不均衡的一面。

（二）确定了面向21世纪的教育目标

根据在21世纪把日本建设成富有创造性的充满活力的国家这一总目标，确定了21世纪教育目标为：

1. 培养心胸宽广、体魄强健、富有创造力的人；

2. 具有自由、自律和为公共利益服务的精神；

3. 面向世界的日本人。

（三）关于改革的具体策略

1. 完善终身学习体系，包括形成多元化评价体制，加强家庭、学校与社会的教育协作，振兴体育活动，完善终身学习基础设施，文教设施的智能化等；

2. 高等教育改革；

3. 初等和中等教育改革，包括教学大纲的全面修改，建立新的教科书制度，建立新任教师进修制度和教师在职进修制，建立包括六年制中等学校、学分制高中在内的学习年限弹性化的后期中等教育结构，振兴学前教育和残疾人教育，建立向国际开放的学校；

4. 关于国际化的对策，包括完善外国留学生接纳体制，改革海外子女教育和归国子女教育，充实日语教育和外语教育，建立向国际开放的学校；

5. 关于信息教育，包括培养有效运用登记处手段的能力，促进教育中登记处手段的活用，完善信息环境；

6. 教育行政和财政改革包括促进地方分权，研究制定民间教育产业政策，加大教育投资，减轻家庭的教育经费负担等。

（四）日本教育改革的主要特点简析

1. 20世纪80年代以来，日本的教育改革是在没有外来压力的情况下自主的改革，改革目标是从西方化回归本土化。

2. 以终身教育思想为改革基本理念，以教育个性化为改革的最重要最基本的原则。日本当代教育改革注重学校、家庭、社会相互协作，共同创建学习化社会，各种学习机会和学习途径相互贯通，形成连贯的、开放的教育体系，以适应教育终身化的时代要求。同时，力求克服以忽视个性教育之积弊，实现教育方法、内容、途径、评价、机构的多样化，除选修课，按学生的能力、兴趣等分班分组，建立多元化的评价体系等，尊重学生个性、人格。

3. 强烈的国际意识以及对教育信息化的高度重视。日本把培养面向世界的日本人作为教育目标之一，反映了日本参与国际竞争、加强国际交流的强烈愿望。对信息教育的重视，不仅是由信息时代的特点所决定的，而且信息技术在教育领域的广泛应用，也是实现教育终身化和教育个性化的前提保障。

五十九、当代法国的教育改革

法国当代教育改革的基本指导思想可以概括为"分权、现代化与适应"。所谓分权，是指在教育管理体制方面给予地方和学校以更大的自主权，进一步发挥其积极性和主动性；所谓现代化，是指革新教学内容和教学方法，实现教学内容与方法的现代化；所谓适应，是指教育体制必须适应科技进步的要求，适应不断变化的当今世界。

具体改革内容如下：

（一）加强基础教育，改革课程

法国改革了小学、初中的课程设置，相应制定了新的教学计划。在小学阶段，决定全国小学都要开设法语、数学、科学与技术、历史与地理、公民教育、艺术、体育 7 门独立的课程，并制定新教学大纲，对每门课程的周授课时数作统一的规定。在初中阶段，加强法语、数学、外语教学，独立设置公民教育课；加强德育，提高初中学生的公民责任感；设置必修的综合技术课取代原来的手工技术课。

（二）克服学业失败，促进教育民主化

针对高留级率和高淘汰率这一教育顽症（据法国教育部的统计，中小学平均留级率历年均在 10% 以上），为克服日趋严重的学业失败，尤其是出身于社会底层家庭的学生学业现象，法国采取了如下改革措施：

1. 在中小学实施"优先教育区"政策，对处于恶劣环境的社区中小学，国家在经费、师资、设备等方面给予特别扶持。

2. 打破传统的年级教学组织形式，建立学习阶段的新结构，把幼儿教育与小学教育合为一体，儿童 2～11 岁的教育被分为 3 个连续的学习阶段，在每个学习阶段，教学活动不是按学生年龄，而是按学生能力和水平实行同学科同水平分组教学，学生可以根据自己的学习能力选择学习进度。

3. 对学习遇到困难的学生进行补课和个别辅导，对学生选择升学方向和就业出路予以方向指导。

4. 加强信息科学教育。一方面，把信息科学技术知识作为普通文化知识的一个重要组成部分予以推广；另一方面，将计算机广泛应用于各门学科的教学活动和学生的学习过程。

5. 调整中等教育结构，加强职业技术教育。例如，法国政府决定从1985 年到 1990 年，分期分批地为每所初中投资 30 万法郎，分别为各校配备一个工业信息实验室、一个机械自动化车间以及一个管理与办公车间。

6. 改革教育行政管理体制，实行分权政策。根据分权法，国民教育部负责制定教育目标、方针、教学大纲、教师招聘与职位设置；学区负责管理高中；省负责管理初中；乡镇则负责管理小学。

7. 提高教师素质，改善教师地位，加强教师队伍建设。

中小学管理案例分析与思考：

一、规范＋选择

——上海建平中学面向 21 世纪的整体改革

地处上海浦东开发区的建平中学，在世纪之交进行着一项跨世纪的教育工程——教育整体改革。

问题的提出

面对新世纪，建平中学的领导，一方面审时度势，把握世界竞争对教育的挑战和人才素质的新要求；一方面剖析当今教育工作存在的弊端，找到与时代要求的差距，决意进行一场教育整体改革，跳出"把学生训练成应考机器"的"规范教育""怪圈"，走出一条让每个学生的聪明才智都能得到发展教育新路。

确立育人目标

他们首先就跨世纪人才应具备什么样的素质，发动师生结合浦东的开发和开放，通过走访、问卷、举办系列报告会等形式，进行多层次、多角度的调查，以此作为思考教育改革的突破口；进而以此为依据，并针对教育现状中的弊端，确立了"合格＋特长"的育人目标，即学生在德、智、体、美、劳五育方面只要符合学校的基本要求，不必每门都达到优良水

333

平，在这个前提下让学生发展个性，学有特长，同时，他们又把"办国际一流学校，创一流教育质量"确立为学校教育改革的目标。

构建教育模式

为了保证上述目标的实现，他们构建了"规范＋选择"的教育模式。就是把与计划经济相适应的"规范教育"转变为服务于社会主义市场经济"规范＋选择"的育人模式，与此相适应的是学生培养"合格＋特长"的人，把学校办成"合格＋特色"的学校。这种教育模式的重新构建是教育思想的根本转变，它改"补短教育"为"扬长教育"，面向全体学生，又因材施教；既让学生全面发展，又使学生的潜在能量在选择中得到发挥，学生个性在选择中得到健康和谐的发展。

由外围向核心步步进逼的策略

教育思想的根本转变，教育模式的根本变革，不是一蹴而就的。冯恩洪校长提出了"由外围向核心进逼的"改革策略，十年跨三步，缩小包围圈，步步进逼主阵地。

第一步，建设校园文化，形成良好的隐性教育氛围。从1985年起，他们先从对学生施加影响的物质和精神两方面的校内文化因素抓起，先后抓了校园文化建设，校园课余生活建设，校园学风、校风建设和学生心理素质建设。

经过多年实践，现在的校园实现了绿化、香化、果化、美化和净化；教师中开展"学生在我心中"活动，各部门订立"教书育人、管理育人、服务育人、创收育人"的工作目标，形成了和谐的师生关系，育人的人际环境；建立艺术节、体育节、科技节，师生共同设计校旗、校徽、校服、校歌、校报，形成了学校自己的文化传统；推选有职有权有津贴的学生校长助理制，沟通领导与学生的思想，实行校园民主管理。

第二步，建设充分扬长的"活动课程"。建平中学把活动课程作为开发学生、发展学生特长的最佳突破口，从1986年开始，下大气力建设育人的"第二课堂"，为此，学校从教育思想、师资、设备、经费、政策等方面提供保证，还开辟了几十个专用教室，使第二课堂做到正常化、系列化，像第一课堂一样有章可循。活动课程具有强大的吸引力，98％的学生自愿参加了各类近百个不同层次的课外兴趣小组，大批各类人才通过自愿选择在活动中脱颖而出。1978—1984 年六年中，建平中学学生市级竞赛一等奖的仅 1 人次；1992 年得奖人次超过 500 人。1992 年，由建平一校组队代表中国前往美国参加第十二届世界头脑奥林匹克竞赛，共 65 个国家参赛，建平中学获第四名，日本国获第六名。

第三步，对学科性课程进行攻坚战。课堂教学是育人的主渠道和主阵地，也是"应试教育"习惯势力最顽固的阵地，森严壁垒，各方牵动，谁敢轻举妄动？建平中学在教育改革的路上跨越两步以后，从 1987 年起，开始向学科性课程发起了"攻坚战"。

他们首先向"一刀切"的班级授课制开刀，具体方法是对同一学科实行一种教材三种进度编班教学，即分为放慢进度，降低要求，适合学习有困难的学生的 A 进度，适合大多数中等学生水平的 B 进度，拓宽、加深、超前、满足尖子学生的 C 进度。让每个学生根据自己的兴趣、水平和接受能力进行选择，进入同一学科不同进度的课堂学习，使学生在国家规定必学的正规课程中，学有所得，各展所长。

同时，他们又压缩、减少必修课的课时，增开选修课。具体做法是：把每节课由原来的 45 分钟减为 40 分钟，上午安排 5 课时，用来完成国家规定的教学任务；下午则培养学生兴趣、发展个性特长的选修课，开展课外活动。目前学校开设了四类 35 门选修课，外语类开设了英语的原版教材课程和第二外语课程；理科类开设趣味物理、珍稀动物、物象观天等课程；艺术类开设声乐、乐器、西洋画、中国画等课程；知识类开设中西文学史、金融贸易、形式逻辑等课程。

开始，他们是把外面的教师请进来上选修课，1993 年 9 月起，他们舍得投资，把优秀的学生每周一天送到各个大学和科研单位去接受高水平的教育。

三步大改给校园生活洒满七色阳光。课堂效率提高了，学生有了选择的余地，"合格 + 特长"的学生在成长。建平中学不片面追求升学率，可升学率却在提高，1991 年有 164 名学生参加高考，161 人考取大学；1992 年参加高考的 187 名学生中，考取的达 183 人，其中考取重点大学的占 70%。

面向经济建设主战场改革高中结构

浦东的加快开发给教育的改革与发展带来了新的机遇，建平中学紧紧抓住百年难遇的历史机遇，机敏地捕捉信息，超前考虑经济建设主战场对人才的需求，适时地提出教育改革新思路——变关门办普通教育为开门办综合性中学。

改革措施之一：一张文凭，几张证书，培养综合型人才。早在 1991 年，当国务院宣布开发浦东不久，冯校长就组织全校师生开展"浦东新区呼唤新型人才"的大型社会调查，结论是一致的：今后的社会、未来的企业对人才的需求不只是看学历，更多的要看人的素质结构。为此，他们建立了"一张文凭，多张证书"的激励机制，为学生能力和技能的发展提供可供选择的多种机会。譬如，利用两个假期的培训，学生可以拿到驾驶执照；业余参加东昌计量厂自动电子科组装训练班的学生，考核合格后可以发给三级或四级上岗资格证书；假期到上菱冰箱厂学习冰箱组装、装配技术的学生，学习合格可以领到上菱冰箱厂的三级工证书；请上海师大中文系到校开设涉外文秘专业，学生高中毕业时可同时拿到该系的单科结业证。

改革措施之二：与陆家嘴国际金融开发公司联合组建"新上海国际职业培训中心"。设置的专业有物业管理、现代化办公手段、商业营销、广告设计等，为其后陆续建造的陆家嘴国际金融区几百座高层建筑培养管理人才。

"中心" 1993 年 8 月起招生，学制四年，实行双文凭制度，前两年主要学高中文化课，后两年主要上中专课程，学生毕业时可以获得高中和中专两张文凭，而且头两年学习结束时，高中部的学生还进行自主双向分流。

改革措施之三：通过兼并、办分校、办业余学校等途径，把建平中学办成世界上第一所万人中学（其中全日制学生 5000 名，业余学校学生 5000 名），发挥学校的教学实力，提高学校的规模效应。

建平中学面向 21 世纪的教育整体改革，引起国内外同行的注目，1994 年 9 月，新加坡以及香港、台湾、澳门和国内许多名牌学校的校长云集建平中学，举行"亚太地区学校高效能管理研讨会"，饶有兴趣地考察了这所进行跨世纪教育改革的学校。

分析与思考题

1. 今天的教育是为到来的世纪培养人才的，如何面向 21 世纪进行综合性的整体改革是每位教育工作者都必须认真思考的问题。对此，建平中学从理论和实践上作出了回答。你对建平中学办学思想有何评价？

2. 建平中学改革方案提出的背景和出发点是什么？它体现了怎样的办学思想？"规范＋选择"的教育模式，"合格＋特长"的培训目标有什么理论和实践意义？

二、学校特色是如何形成的

华东输油管理局职工子弟学校是 1975 年年底创办的。当时只是几间板房，几十名学生，几位教师。随着企业的发展，学校很快扩大到包括小学、初中、高中 40 多个教学班，师生 2400 余人的规模。办学条件逐步完善，教育质量迅速提高，受到职工、学生家长的信赖和好评。正当此时，所在市重点中学的高中部面向全市招生，该校初中毕业的尖子生大量"外流"，致使本校高中生源差，高中升学率大大降低，最少的年份为 1.2%。这一状况，引起职工和学生家长的一片非议，学生纷纷转学，有的回原籍，有的投奔亲友，有的不惜每学期支付 2000 元之多的学费，到外校当旁听生，转学"风潮"甚至波及到小学部，十一二岁孩子也争着报考重点中学的初中，甘愿每天几次往返，挤两三个小时的公共汽车。教职工对办好学校也失去了信心。有的说："我们学校先天不足，再努力也无济于事！"有的说："初中办的越好，走的学生越多，简直是自掘坟墓！"据此，有的老师甚至在教学中采取"留一手"的做法。总之，学校一时陷入"山穷水尽"，难以为继的地步。

在艰难困惑之中局主管领导、教育行政部门和全校教职工一起认真学习党的教育方针和教育理论，进一步认识到：基础教育的任务在于提高民族素质，必须尽最大努力，使每个学生都得到尽可能好的发展，决不能仅仅盯着少数尖子生；人的先天素质是有差异的，必须因材施教，发展学生不同的兴趣、特长和个性，不能眼中只有文化课。

在此基础上，学校领导引导教职工对本校情况作了较全面的分析："外流"的都是文化课的佼佼者，有音、体、美爱好与特长的学生无一人"流失"；本局少年宫设施完善，教学水平较高，凡有音、体、美爱好，从小均可以接受良好的培养与训练；本局领导重视教育，学校经费宽裕，音、体、美设施、器材较完善，特别是有全市瞩目的、标准的 400 米跑道；本校音、体、美师资较强。

经过认真的分析、研究，学校领导确定了"发挥自身优势，办出音、体、美特色，全面提高教育质量和办学水平"的办学指导思想。

由于找到了出路，全校教工有了办好学校的信心。经过几年坚持不懈的努力，音、体、美特色逐步形成。

1. 学校音、体、美整体素质达到较高水平

体育方面，1991年经有关方面测试，在校学生的身体素质多方面高于省和全国的平均值。

美术学科1990—1993年共有69人参加专业考试，67人合格，合格率为97.1%。

2. 培养出一批合格加特长的学生

近四年来，学校参加市中学生田径运动会，初中部获四连冠，高中部获二连冠；学校组织参加市元旦万人环城长跑，每年均取得好成绩，如1992年和1993年，分别有15人和9人获奖（全市设奖男100人，女80人），在驻地部队、厂矿企业、大中学校、体校等所有参赛单位中名列前茅。初中生孙晓峰14岁时跳过1.96米的高度（超过前世界冠军朱建华同龄时跳过的高度），获全国少年田径分龄赛全能第一名和跳高第一名；15岁时，获省第十二届运动会全能第一名和省青少年田径冠军赛跳高第一名。孙晓峰初中未毕业，即被选进了国家田径队；还有一名学生收进了国家竞走队。为国家体育事业作出了重大贡献。

学校也为高校输送了一批高质量的新生。以近三年为例，音、体、美三科共有53人考取高校（该校三年中共有高中毕业生213人），是市音、体、美三科考取高校人数最多的学校之一。

音、体、美三科取得的成绩带动了教育质量的全面提高。近几年，高中取得了较高的升学率。1991年，经中国石油天然总公司教育督导组评估，定为一类学校，并多次被评为市和本系统先进学校；1993年，被评为省德育先进学校。现在，不仅尖子牛"外流"的势头大大减弱，而且，有不少外单位的学生也要求到该校学习。

分析与思考题

1. 职工子弟学校怎样走上"特色办学"的路子？

2. 中小学是全面发展的基础教育，为什么还要注重学校特色？

3. 联系实际谈谈学校特色建设的措施。

三、小村深深幽兰香

一所不起眼的村办小学，却以其环境优美、管理有方赢得了数千参观者的钦佩和赞誉。这就是明北小学。

十几年前，这儿还是一片瓦砾成堆的不毛之地。谈起这一巨大变化，老师们都会动情地说到——

校长的手

那是一双老茧发亮、糙皮皲裂的劳动的手。年过半百的校长陈鸿，十多年来，栽树种花，美化校园。他不顾腰椎增生、直肠息肉、高血压等多种疾病的折磨，跪在地上拉绳、挖坑、培土、浇水。就这样，在全体师生的共同努力下，不到十年，学校栽种水杉、龙柏、桂花、樱桃等各种树木20多种，波斯菊、夜来香等草本花16种，月季、玫瑰等木本花46种，青篱带500多米，实现了春有花、夏有荫、秋有果、冬有青，小桥流水，曲径通幽，姹紫嫣红，四季如春。美的环境又陶冶了良好的校风。学校十多次受到市县表彰，并被评为市模范学校。大家说，校风好，全靠——

教师做出好样子

从一年级新生入学起，明北小学就通过讲解、示范、实践、巩固等程序，实施养成教育，培养学生文明守纪的习惯。学生削铅笔要垫木块，进校后不吃零食，吐痰用痰盂，桌凳不靠墙，墙壁不弄脏。笔直的通道，清洁的地面，200多人的学校，走遍校园见不到一处痰迹、一片纸屑、一块果皮、一截烟蒂，就连垃圾堆也见不到飘动的纸片。这往往使第一次来这儿的人误以为是为迎接参观而突击打扫的。然而，这是天天如此，月月如此，常年如此。而教师，更是做出榜样。一年级有个学生刚进校还不懂得规矩，嗑瓜子壳掉进砖缝里。老教师王善莲蹲在地上硬是一片一片地抠出来，结果，这个班的学生再也不乱抛果壳纸屑了。现在全校各班半个月不扫地，室内仍然整洁如常。学校墙壁曾7年未粉刷，依然洁白干净，几年前油漆的桌凳至今仍光泽鲜亮，完好无损。在这里，连种菜都是用绳子圈起来，为的是让菜园也赏心悦目；柴草则码得整整齐齐，为的是给学生做出好样子。甚至，连教师办公室个人用的茶杯都放在办公桌固定的位置上，望去，横竖成行。环境的熏陶，教师的榜样，制度的管理，种种潜移默化的和扎实的德育工作，使学生思想品德水平不断提高，心灵更美了。难怪来这儿参观的人都说——

这儿的孩子我们服了

一次乡里的同志骑车来参观。进了校园，自行车就随便一放。课间休息的学生发现了，立刻主动把自行车重新停放整齐。这位参观者脸上发烧，不好意思地说，想不到来这儿参观还出大洋相。曾有摇着拨浪鼓来卖糖果小吃的货郎担在校门外"守株待兔"，但坚持一天，毫无"建树"，最后只得悻悻而去，再也不来了。风起于青萍之末，正是这些闪光的细节折射出明北小学"环境熏陶，综合养成，教学为主，全面发展"的办学特色。

学生在日常遵守行为文明规范的同时，还在课内外、校内外各种各样的活动中经受锻炼，提高素质。书画、手工小制作、器乐、舞蹈等兴趣小组经常活动。学校文艺队多次参加县、区、乡文艺会演，吴红兵老师辅导的口琴队曾作为全县小学生的代表赴市比赛荣获二等奖。近年来，有30多人次在市、县各类竞赛中获奖。说到教学质量，该校在区、乡同类学校中也名列前茅。这儿的学生回家不仅帮助打扫卫生，还栽树养花，绿化家乡。家长高兴地说，学校里干净，孩子回来也讲卫生；学校里文明，孩子回来有礼貌。现在，学校已经成为当地精神文明建设的窗口。

是的，明北小学尽管只是一所村办小学，过去也鲜为人知，但从她散发的沁人心脾的幽香中，我们会领会到很多很多……

分析与思考题

1. "十年树木，百年育人。"明北小学不仅教书育人，而且栽树育人、种花育人、环境育人。一位年过半百、身患多种疾病的校长带领全校师生用勤劳的双手建设自己的校园，经过十多年努力，学校成为花园式的小学，更可喜的是通过建设美的环境，陶冶了学生美的情操，塑造了学生美的心灵；并且化为美的行为。儿童是祖国的花朵，民族的未来，人类的希望。"鲜花赋予爱花人，花使人间更美丽"，今日的儿童种树育花美化校园，爱护自己的学习、生活环境，明日必将努力建设自己的家乡、祖国和爱护人类生存的环境。从明北小学校园校风建设中，我们确实会得到很多启示。如何进行校园校风建设，这是每所学校没有列入课程的但却是学校全体成员的必修课。你所在的学校校园校风建设如何？有哪些经验和体会？读此案例有何启示？

2. 明北小学将"环境熏陶，综合养成，教学为主，全面发展"的办学思想付诸实践，成效显著。你对此有何看法，你认为农村学校办学育人有哪些好的思路？

四、到底是为了什么

小城人都说：县中离不开王校长。十来年了，县中在王校长的领导下，工作井井有条，样样不落人后。这不，新学年开始之前，王校长在小城首先开始了校人事管理改革。为了搞好改革，王校长确实没少费精神。南下北上，不知跑了多少学校参观取经，光经验材料就抱回一大堆。事关重大，王校长亲自挂帅，成立了包括各处主任的领导小组。研究外地经验，制订方案，争取上级支持。整整忙了大半年，终于在新学期即将开始之时，全面改革方案出台了。

改革方案包括三个方面：一是实行全员聘任制，二是建立全员岗位责任制，三是实行校内考核分配制。为了做好改革准备，教职工大会在开学前几天就召开了。因为这一改革涉及每个教职工的切身利益，会场非常安静。只有王校长兴致勃勃坚定有力的声音在阶梯教室中回荡："我们制订的方案是有充分依据的，是综合各地成功经验提出来的。只要大家认真执行就一定会成功。"

方案制定得是那么全面而细致，一条一条的，虽然电风扇对着校长拼命地吹，校长还是读得大汗淋漓。不知什么时候，嘀嘀咕咕的声音开始从不同角落中传了出来，并蔓延开来，越来越响，越嘈杂。王校长的眉头皱了起来，主持会议的赵副校长一再提醒大家保持安静。然而，这已无济于事。终于，一个苍老的声音高高地盖过所有嘈杂：难道干了一辈子，要退休了，还要去与小青年拼课时吗？校长愣了，全体教职工也愣住了。全场一片寂静。十多年来，以王校长的威信和工作能力，这种情况从来没有发生过。不知过了多长时间，王校长终于缓过神来，喃喃地说："有意见可以会后提，几十年的老同志，不要这样。"然而全场已是一发而不可收拾，各种声音不断传入校长的耳中："这下连碗安稳饭都吃不成了。""为什么政治课就不值钱呢？""不能领导说聘就聘，说不聘就不聘！"

真没想到，精心准备了半年之久的计划竟然会是这样一个开头，王校长的大脑一片空白走出了会场，走回了家。一夜难眠，怎么办？不顾一切支持下去，做出成绩来，大家就会认可。可是能做得下去吗？调动所有中层干部去做大家的思想工作，然后再来推选。可是就要开学了，还来得及吗？召开教职工代表大会，投票表决，争取教代会的支持。万一要是表决通不过又怎么办？不是更下不了台吗？难道只能放弃改革方案，保持现状？好在学校现状也不错。可是这到底是为什么呢？为什么别人成功的经验在我这儿就行不通？为什么自己没想到会遇到这么大的阻力？为什么教师们那么看重铁饭碗、大锅饭，看不到可能带来的更多的好处呢？为什么事前一点不同的意见也没听到呢？难道真是老了，不行了？可是这些年来一切工作不是很顺利的吗？到底是为什么？

分析与思考题

1. 任何规划方案都不可能是十全十美的，都不可能使各个方面利益都获得最大满足。因此，任何规划方案的出台受到一定的怀疑和指责本不足为奇。但是，问题在于制定规划时是否对可发生的情况有预见，是否采取了必要的前期预防性工作和事发后的应急措施以及备选方案的准备。这样才能消弭问题于初萌之时，或者处变不惊，稳妥处理。

教师是学校的主人翁。民主管理是社会主义学校的基本性质决定的，学校领导应该始终对这一点保持清醒的认识。同时，民主管理也是一种重要的管理方法。集思广益，本身就是科学的前提。借助于决策的民主过程，可以提高教职工的认识水平，调动教职工的工作积极性，具有认同和激励的作用。反之，任何方案，无论如何正确，如何先进，不能获得广大教职工的认可和支持都将难以获得成功。

每一个学校都有其独特性，每个学校自身也在不断发展变化之中。因此，任何照搬外地经验的做法，任何囿于老经验、一成不变的方法，都将失败。王校长恰恰在这两点上产生失误。管理有很多方法，然而管无定法。最好的方法是因时、因地、因事、因对象的不同而选择，综合采用各种相宜的措施。

2. 方案搁浅了，出了问题，怎么办？什么是校长的权威？如何树立校长的权威？如何维护校长的权威？请你帮助王校长想想他该如何办。是坚持改革还是暂停改革，是维持原方案还是修改方案？

五、奖劣罚优——颠倒了

开学初，学校领导研究决定：运用经济手段加强管理，试行"满勤奖"制度。具体做法是：每月统计一次缺勤情况，出满勤的奖 10 元，如果上课、教研组活动、政治学习、周前会有一次缺席、两次迟到者，该月就没有奖金。该办法实行后，教师的缺课现象大大减少，开会也很少有人请假，而且准时出席，从现象看，对教学秩序趋于正常，起了一些作用。

两个月后，学校中不少人就议论开了：有位骨干教师，工作认真负责，经常备课到深夜，常常带病坚持工作，教学效果好，还经常在休息时间内进行家访。有次因急病起不了床，请假 2 天，虽病未痊愈，就来上班了，却扣发了奖金。而另一位教师，经常是小病大养，无病呻吟，自由散漫。实行"满勤奖"制度第一个月，人是来了，课也上了，但教学效果较差，奖金却照拿。还有一位教师，开学的第一周，因迟到 2 次，被统计为缺勤，于是以后几周工作随便。在他看来，一个月的奖金已经没了，何必再准时来上班呢？针对上述情况有人提出这种"满勤奖"制度不合理。是否要继续执行下去，校领导意见不一。

分析与思考题

奖金是对工作成绩突出的教职工的一种物质鼓励，也是调动积极性的一种手段。学校管理中要使奖金发挥积极的作用，就必须与部门、个人的工作成绩挂起钩来。假如采取各拿一份的平均分配方法，就起不到维护积极性的作用。案例中学校领导，想在这个问题上打破"大锅饭"，其方向是对的。

奖金问题主要在评比和发奖方面，应找出一种简单、准确、定量的方法，评出劳动的好坏和多少，做到奖惩得当。案例中"满勤奖"失之简单，虽也有定量，但非常不准确，只能反映教职工上班了没有，但不能完全说明劳动多少，更说明不了劳动的好坏，因此虽然起了一定鼓励作用，但也有一定程度上起了"惩优，奖劣"的副作用。总结正反两方面的经验，学校管理在建立奖惩制度方面应当注意哪些问题呢？你认为如何兴利除弊，完善考核奖惩办法，提高其实效性？

六、红管家

教务副主任赵老师，凭着忠诚于教育事业的奉献精神和一心扑在工作上的苦干劲头，赢得学校多数教师的称赞，多次被评为县、乡先进教师。然而有少数教师有不同的意见：光知苦干，教学质量上不去，这样的先进没有多少影响。"评先进应当首先看实效，看成果。""时代发展了，先进观也应当改变改变。""干 12 小时的不一定比干 8 小时的人强，要比比工作效益。"

面对上述种种言论，新上任的姚校长沉思了，觉得有必要对赵老师的政治、业务状况和教学水平，重新进行认真分析和研究。他亲自查阅档案，与部分群众个别交谈，倾听一些学生的意见，还同教务主任、语文教研组长等一道到赵老师班上听课。通过多角度、多侧面、多渠道的观察和了解，姚校长对赵老师心中有底了。

赵老师当过乡干部，一贯关心集体，爱校如家，且有较强的社交能力；他工作勤勤恳恳，吃苦耐劳；他理财，又能坚持原则；同时，赵老师确有文化水平稍差，知识基础薄弱，语言表达能力不强等弱点。

于是，在一次有关中层干部调整的校长办公会议上，姚校长提议把赵老师调离教学岗位，提任总务主任。

会后，姚校长几次找赵老师推心置腹地谈心，诚恳地帮助赵老师分析了他的才能、优势和弱点，同时提出学校有改建新校舍的艰巨任务。校长说，在目前时间紧、奖金少、任务重的形势下，承担这项工作的人，一定要既勇于克服困难，敢挑重担，又善于精打细算，勤俭节约，同时还要能与乡、村干部和建筑队搞好关系，具有内外协调的能力。而赵老师就是最恰当的人选。校长坦诚的一席话，把赵老师说得心里热乎乎的。赵老师当场欣然应允，并表示一定要当好"红管家"。

校长又找到赵老师的妻子和儿子，希望他们支持学校的工作。赵老师的家人明白了校长的良苦用心和委以重任的热诚，都表示积极支持。

赵老师当了五年总务主任，工作非常出色。在他主持下，学校盖起了三幢大楼，修建起标准运动场，校内的通道整修一新，校容校貌彻底改观。在这五年里，赵老师日以继夜，非常辛苦，没有休息过一个暑假寒假，没拿过一分钱加班费。当然也就年年都评为乡和县的先进教育工作者。但再也没听见教师的抱怨和议论,大家都说:"赵主任当之无愧"。

分析与思考题

1. 知人善任是对校长管理学校的基本要求。新上任的姚校长从少数教师的言论中意识到对赵老师的任用有不当之处。经过调查分析和推心置腹的谈心活动,调换了赵老师的工作岗位,使其扬长避短,发挥潜能,为学校建设和发展作出很大贡献。由此你受到哪些启发?

2. 学校是人才比较集中的地方,但也存在人的才能的浪费,校长应如何做到知人善任,充分发挥每个人的才能,请提供良策。

七、处理师生冲突的"度"

某校星期三下午第二节课后,老师们正集中在会议室准备政治学习。突然从高三文科班传来了吵闹声。一会儿两位学生搀扶着年轻教师张某,跌跌撞撞地向办公室走去。张老师满身灰尘,嘴里喊着:"学生打老师了,打老师了!"顿时间,校内哗然,学生蜂拥过去,会议室里的教师也坐不住了。

面对这突如其来的事件,陈校长沉着果断,一方面让副校长和文科班班主任前往事发地点了解实情,并安抚张老师;另一方面照常组织教师学习。会议室内,又安静了下来。

学习结束后,陈校长听取了副校长和班主任的实情汇报,又直接调查了当事双方和文科班的学生干部。原来,张老师是刚从师专毕业分配到这个学校的预备党员,这小伙子有一股热情与雄心。很想干出点名堂。但性情急躁,对学生有"恨铁不成钢"的怨恨心理。事发的当堂课上,他讲课正起劲儿时,发现魏某笑了一下,并与同座嘀咕了几句,张老师便询问原委,魏某仍没有反应。这时张老师便随手拉魏某去办公室交谈,魏某却站起来用力一推,不知怎的,张老师被推到墙边,脸部着地,脚也扭伤了,于是便出现了上文的一幕。

事实真相弄清后,校长没有立即去找张老师,而是先带班主任去了学生魏某家中。第二天,魏某到张老师处作检讨并赔礼道歉。张老师的心情一下顺畅多了,事情似乎也就过去了。但"无风不起浪",由于某些年轻教师不了解详情,"借风颠簸箕",说什么"学生打老师,这还了得?""这种大事,校长哪里去了?"如此等等,一下子又把张老师的火暴情绪煽了起来，并且说课也无法上了。

陈校长得知这一情况后，先让教导主任立即上门劝导张老师，要他先上课，一切都可以商量，无须将事态扩大，尔后，陈校长亲自登门。起初，张老师还一肚子怨气和委屈，陈校长一言不发，没有说他半个不字，让他充分"发泄"。等张老师稍稍平静点后，陈校长才和张老师一起回忆了事情发生的全过程，帮助他一一分析。指出应正确把握问题的性质、程度和原因，对待学生，老师应豁达大度。在张老师的态度有所转变的情况下，校长又进一步引导他思考学生在课堂上不能聚精会神听课的原因，在校长启发下，他慢慢地意识到自己有时急躁过度，说了些挖苦、嘲讽学生的话，导致少数学生产生了逆反心理，于是形成了对抗。张老师心理疙瘩终于解开了。接着，陈校长又指出：教师的威信是靠自己的学识、才华、气质等树起来的，单纯地惩罚犯有错误的学生，不但无助于教师威信的提高，可能还会产生潜在的对抗，而对犯错误的学生报以微笑和热情，只会令学生们产生敬佩之情。一席话，又点燃了张老师原有的雄心。

随后，陈校长只在校行政会上轻描淡写地讲了一下此事，并私下找了少数年轻教师说了事情的全过程，这场一时全校的"风波"就悄然平息了。

分析与思考题

1. 师生是一对矛盾体，相互间偶尔发生冲突在所难免，但尊师爱生教育是学校教育中永恒的主题。面对师生冲突，校长既不能过于偏袒教师重罚学生，也不能一味地责怪教师，放任学生，如何正确地把握冲突的性质、程度和原因，准确地掌握处理问题的节奏和分寸，积极稳妥地消除冲突双方可能产生的心理挫折，需要校长发挥高超的管理艺术。

2. 试对本案例中陈校长对师生冲突的处理进行评析，探讨其成功和不足之处，并总结处理师生冲突时应遵循的要点和原则。

八、校长与书记的冲突

某校的一次人事调动

某校实行了校长负责制。党支部书记兼任副校长，分管人事、保卫等行政工作。开学前，校长与支委和其他学校干部一起研究了后备教师补充计划。因为这是关系学校未来发展的大事，大家认为在师资补充问题上，应坚持"认真考察，慎重补充的"原则。

会后不久，支部书记因公外出。恰在书记外出期间，有两位在岗教师因病住院，还有一位李老师提出调动，非走不可。校长为及时解决缺课问题，未经集体研究和必要的了解，决定立即把外校曾来本校求职的两名教师调入，办理了李老师的调出手续；同时正在办理一位大学生的调入手续。

书记回校后，了解到新调入两名教师教课困难，正在办手续的大学生还有些情况需要了解，就主动向校长建议中止调入。校长未提出异议，于是书记通知教育局人事科停办调入手续。

在行政办公会上，书记就人员调入要采取慎重态度作了发言，发言中自然涉及了这次人事调动。校长很恼火，说："调人是救急，总不能因为你不在校，学生就不上课吧？连这么个事我都不能拍板，这个校长还怎么当？况且，人事工作也是校长职权，副校长协助校长工作。你这个书记不在校，我直接办这件事，有什么问题我负责！"

书记默然……

分析与思考题

如何处理好校长与书记、校长与副校长的关系，是实行"校长负责制"中的一个突出问题。本案例所提示的矛盾反映了这个问题。请你根据"校长负责制"的原理及有关规定，评析案例中校长与书记的矛盾冲突，应当如何正确处理这一问题。

九、理顺学校领导体制中的三者关系

劲松职业高中是较早进行以校长负责制为中心的内部管理体制改革的试点学校。经过试验，逐步形成了校长、党支部和教代会的互相配合、互相支持、互相制约的工作关系，校长有决策权，但决策讲求民主科学；党支部不干涉行政工作，但发挥保证监督作用；教代会不是权力机构，但代表教职工参与学校的民主管理。他们的做法是：

实行校长负责制后，立即着手改革学校内部的管理机构

为了适应职业学校的特点，把普通中学的总务处、教导处机构改为五

个中层职能办公室,并明确规定各办公室的岗位职责;办公室主任直接向校长负责。学校的基层设立专业组、教研组和年级组。专业组负责专业课和实习,归实习办公室领导;教研组负责文化课的教研活动,归教学办领导;年级组负责学生的思想政治和品德教育活动,归教育办领导。这样形成了学校、中层办公室、基层组构成的"三级管理,层层负责"的管理机构。为了精简管理干部,减少管理层次,提高工作效率,自1985年实行校长负责制以后,一直没有设置副校长的岗位。他们明确规定无论是对内还是对外,各办公室主任其岗位职责范围内具有副校长的权利和责任。

为了使校长的决策科学化,学校成立了由9人组成的校务委员会,并制定了"校务委员会章程"。校务委员会是校长决策的审议、咨询机构,它主要的职能是讨论研究校长提交的问题,提出看法和意见。在2/3多数同意的情况下可对中层干部提出弹劾。校务委员会由校长任命,为吸引更多的教职工参政议政,每年更换1/3。

在学校实行了校长负责制后,学校党支部的职能也由原来的直接领导行政工作转化为对行政工作的保证监督。

1986年,学校党支部负责人开始实行兼职。目前的党支部书记是饭店服务专业组长,她所教的课程是"旅游概论"和"服务实习"。为了加强各组管理层次的监督,1988年,党支部改选后,中层干部不再任党支部委员。目前两位党支部委员一人是数学教研组组长,另一人是语文教师(兼班主任)。

由于校长是党外人士,学校内部规定了"党、政联席会议"制度。党、政联席会议由校长、书记和支委参加。主要的内容是互相通报党政工作的情况,讨论、研究学校工作的大事,对校长工作和支部工作互相提出意见和建议。

实行校长负责制后,在学校行政和党支部的支持下,教代会逐步过渡到独立开展活动,行使民主管校的职能。

教代会代表由差额选举产生。为了吸引更多的人参政议政和便于对学校各组工作的民主监督,中层以上的干部不作为代表候选人。在当选的21名代表中,专任教师15人(71%),普通行政人员6人(占29%);其中共产党员6人,民进会员2人。

党支部不直接领导教代会,而是通过当选工会主席的支委和党员代表来发挥作用。对教代会的活动,党支部发动党员予以支持。校长的重大决策要提交教代会讨论；对校长和各办公室的工作，教代会可以提出意见和咨询。学校行政把福利费的管理权交给教代会，同时由校长拨给专款，作为组织教职工活动的经费。

有人说，实行校长负责制后校长的权力太大了。其实给予校长决策权是为了使校长更好地完成其岗位职责，提高其工作效率。1985 年，学校要引进社会资金，建造中、西餐专业的实习餐厅，新建面积 1000 多平方米，双方投资 40 万元。双方从首次接触到签订协议前后不到一个星期。如果不是实行校长负责制，进展不会如此迅速，回忆这段工作时，郝守本校长说："如果不是校长负责制，学校内部不知要开多少次研究会；等你决定了，对方可能已经变卦了。实行校长负责制校长的责任更大了；如果责大权小，校长也难以尽责。只有责权匹配才能全面促进学校的各项工作。"

校长有决策权，但决策的制定并非校长一个人闭门造车的产物。重大决策必须通过民主咨询和科学论证的程序。学校党、政联席会、教代会、校务委员会的作用就是校长决策民主化和科学化的保证。1988 年 5 月，学校着手制定结构工资方案，经过多方讨论后，由校长决定在 1988 年 11 月试行。在试行后又广泛征求群众意见。每一个校务委员至少找四个教师个别谈心。意见汇集上来并经党政联席会讨论后，校长拿出结构工资修订方案的"十点意见"。此"十点意见"提交教代会讨论，工会主席把讨论情况向校长通报后，再由校长最后拍板定案。在这个修订方案中降低了干部待遇的标准，提高了老教师的待遇；制定了对以老带新的老教师的鼓励措施，调整了部分岗位的报酬……修订方案得到全校教职工的一致赞同。这个例子说明了党支部的保证监督作用、教代会的民主管理学校作用，不仅体现在学校所作的决策之后，更重要的是要体现在决策之中。党支部三个支委都是校务委员会的委员，一个支委还担任工会主席。校长的决策可以通过各种渠道征求党支部和教代会的意见并在决策出台前就得到反馈。这就使得校长的决策既受到了党支部和教代会的支持，又受到了党支部和教代会的监督，由于这种监督是在决策的全过程，就自然形成了校长决策的制约机制。

实行校长负责制后，党支部的保证作用是必不可少的。党支部动员全校党员和党的积极分子支持校长正确的决策。校长是非党人士，五个中层职能办公室主任都是党员。几年来在党支部的教育下，五位主任都能自觉接受校长的领导，出色地完成本岗位的工作。党支部每学期要对干部工作写出书面评定。个别党员在学校工作中发生失误，党组织往往批评于校长之前。党支部还组织党员在校务委员会、教代会中发挥积极作用，成为校长工作的后盾和支柱。

教代会的作用是行使对学校工作的民主管理和民主监督，校长及时把学校工作中的大事和决策向教代会通报，主动为教代会参政议政创造条件。学校中层以上干部的工作业绩每年由教代会代表评分，中层干部是否称职还要由全体教职工大会无记名投票测评。校长和教代会商定，某个干部民主测评得票率低于50%的，校长不予聘任。由于教代会在学校生活当中具有一定地位，因而教代会代表和工会委员在学校也受到大家的尊重，代表们和委员会为教职工服务的积极性也很高。

经过几年的改革实践，劲松职业高中形成了校长、党组织、教代会三者之间和谐的工作关系。这种工作关系不是三驾马车，也不是三足鼎立，而是把三种机能拧成一股绳。学校的三级干部、党支部委员、教代会代表，工会委员、校长委员会委员都成为校长制定决策的参与者和实施决策的执行者。在他们的带动下，全校教职工增强凝聚力，提高了积极性，各项工作都取得了明显的进步。1987年，被评为市"办学有特色"的第一流职业高中；1988年，又获得市先进集体称号。全校教职工决心继续用实际行动来贯彻劲松职业高中的校训——"团结奋进"！

分析与思考题

劲松职业高中理顺学校领导体制中党、政、群三者关系的做法，对你有什么启发？有什么异议？你校是如何处理校长和党组织、教代会三者关系的？

十、洋思初中走上优质、高效教学之路

在偏僻的洋思村，有一所简陋的初级中学。1990年，该校教师大专学历的仅有5名，民办教师和代课教师倒占了11人，青年教师高达88%。就是这以三流的教师队伍，运用三流的办学条件，对三流质量生源，进行辛勤的培育，竟创造出苏中地区一流的业绩：学生巩固率和毕业合格率均为100%，体育达标率和毕业升学率均达97%。1994年暑假，江苏教育报对该校的办学经验作了简短报道，在教育界引起强烈反响，有人在问：他们有什么诀窍？有人则不以为然，认为还不是靠加班加点、题海战术拼出

来的。

实际上他们既没有搞什么新花样，也不搞违背教育规律的那一套，他们的法宝是进入提高教学质量的前沿阵地，深化课堂教学改革。

一改课堂教学结构。学校规定：课堂讲授不得超过 30 分钟，课堂练习不得少于 15 分钟，课堂提问面不低于 40%，教学目标达成率不低于 90%，文科不得布置课外作业，理科课外作业总量不超过 90 分钟。这些规定成了全体教师的共识，形成了共同遵循的教学常规。这一改，课堂成了师生结合、讲练结合、乐教乐学的天地。

二改教学方法。学校以改革"满堂灌"、"填鸭式"的教学方法，激发学生的学习兴趣，激活学生思维为重点，进行群众性的教法改革，各种启发式、讨论式、导学式的教学方法如雨后春笋，在课堂这块活土中破土而出，显示出无限的生命力。

数学课上，老师和学生们一道进行"山坡上铺设水管"的实验，探讨变量间的关系，角 A 的六个三角函数定义自然被导出，学生们印象深刻，运用自如。

英语课上，老师运用情景教学法，让学生们在生动活泼的会话表演中掌握教学内容。政治课上，在教师的启发下指导开展了"自学—讨论—小结—作业"四步教学改革。学生们在活跃的气氛中，在热烈的讨论中，轻松而又深刻地理解了教材的内容。在二三十分钟的授课结束后，当堂背诵、当堂完成形成性测验，使绝大多数学生完全掌握了课堂教学目标。

劳动技术课上，师生开进实习基地，教员讲解技术要领，学生动手操作实习，还布置硬性的家庭劳动作业。

三改备课程序。依"纲"扣"本"精讲精练，是洋思初中减轻学生过重负担、提高课堂教学效率的基本途径。为此，学校领导提出"课上一分钟，课前百倍功"，切实抓好教师的备课环节。领导从严要求自己，改革备课程序，即开学前领导成员必须完成教学目标的制定，完成一周新课的教案，让教师传阅、修改、借鉴。

四改作业处理。洋思初中教师们认为作业既是消化、巩固课堂教学的重要一环，又是教学反馈的重要手段。学校领导带头履行不成文的规定，无论是课堂练习还是课外作业，都必须精心设计，精选精练，不搞"题海"。凡是要学生背诵的内容，教师首先要背；凡是要学生做的习题，教师首先要做；凡是要学生写的作文，教师首先要写出"下水范文"。批改作业，以强化反馈功能提高作业效益为目的，方法更是百花齐放。数学教师像语文教师批改作文那样批改数学作业，有眉批、总批、记录，让学生知其然，又知其所以然；英语教师把英语作业中的"病例"记在教本上，积累为病案，编成错题辨析，作为"周末复习课"的活教材。现在这一做法已被领导推广，已不再是个别人的"专利"。

五改教师教学工作的管理。洋思初中的领导深深感到，对学校实施管理、对学生加强管理，前提是加强对教师的管理。他们订立了新教师辅导责任制，即新教师进门先"拜师"，头一两个月，一节不漏地听"师傅"上课，"师傅"也要一节不漏地听徒弟上课，待认定合格后才上岗；师徒连带考核，同奖同罚。从校长、中层干部到教师，以教学为中心，分别建立了各类人员岗位责任制，坚持以责任制治校。教师的责任制包括备课、讲课、作业批改、辅导、考核等过程管理目标，以及学生巩固率、合格率、毕业率、优秀率的"四率"指标和德育、业务进修、"传、帮、带"的工作要求。学校为每人准备一本考核簿，功过得失逐一记载，年终依据考核簿量化结算，以分计奖，不另评优评先进。

洋思初中通过实抓课堂教学为中心的改革，走上了优质、高效的教学之路，实现了平凡而伟大的誓言：让每个学生都成为合格的初中毕业生。

分析与思考题

减轻学生过重的课业负担，努力提高教育质量，是当前我国中小学教育教学改革面临的共同课题。洋思中学这所薄弱的初中走上优质、高效之路的经验对我们有哪些启示？你认为农村薄弱初中的出路何在？

第五编　教育政策法规

一、《面向 21 世纪教育振兴行动计划》的主要目标

到 2000 年，全国基本普及九年义务教育，基本扫除青壮年文盲，大力推进素质教育；完善职业教育培训和继续教育制度，城乡新增劳动力和在职人员能够普遍接受各种层次和形式的教育和培训；积极稳步发展高等教育，高等教育入学率达到 11% 左右；瞄准国家创新体系的目标，培养造就一批高水平的具有创新能力的人才；加强科学研究并使高校高新技术产业为培养经济发展新的增长点作贡献；深化改革，建立起教育新体制的基本框架，主动适应经济社会发展。

到 2010 年，在全国实现"两基"目标的基础上，城市和经济发达地区有步骤地普及高中阶段教育，全国人口受教育年限达到发展中国家的先进水平；高等教育规模有较大扩展，入学率接近 15%，若干所高校和一批重点学科进入或接近世界一流水平；基本建立起终身学习体系，为国家知识创新体系以及现代化建设提供充足的人才支持和知识贡献。

二、《面向 21 世纪教育振兴行动计划》的"跨世纪园丁工程"主要内容

1. 大力提高教师队伍的整体素质，特别要加强师德建设。三年内，以不同方式对现有中小学校长和专任教师进行全员培训和继续教育，巩固和完善中小学校长岗位培训和持证上岗制度。加强中小学教师继续教育的教材建设。中小学专任教师及师范学校在校学生都要接受计算机基础知识培训。2010 年前后，具备条件的地区力争使小学和初中专任教师的学历分别提升到专科和本科层次，经济发达地区高中专任教师和校长中获得硕士学位者应达到一定比例。要加强和改革师范教育，提高新师资的培养质量。实力较强的高等学校要在新师资培养以及教师培训中作出贡献。

2. 重点加强中小学骨干教师队伍建设。1999 年、2000 年，在全国选

培 10 万名中小学及职业学校骨干教师（其中 1 万名由教育部组织重点培训）。通过开展本校教学改革试验、巡回讲学、研讨培训和接受外校教师观摩进修等活动，发挥骨干教师在当地教学改革中的带动和辐射作用。

3. 实行教师聘任制和全员聘用制，加强考核，竞争上岗，优化教师队伍。2000 年前后，要通过提高生师（包括职工）比、下岗、分流富余人员等途径，优化中小学教职工队伍，提高办学效益。同时，要拓宽教师来源渠道，向社会招聘具有教师资格的非师范类高等学校优秀毕业生到中小学任教，改善教师队伍结构。

4. 认真解决边远山区和贫困地区中小学教师短缺问题。要进一步完善师范毕业生的定期服务制度，对高校毕业生（包括非师范类）到边远贫困的农村地区任教，采取定期轮换制度，并享受国家规定的工资倾斜政策。鼓励各级政府机关公务员到中小学任教。

三、第三次全国教育工作会议的主题

动员全党同志和全国人民，以提高民族素质和创新能力为重点，深化教育体制和结构改革，全面推进素质教育，振兴教育事业，实施科教兴国战略，为实现党的十五大确定的社会主义现代化建设宏伟目标而奋斗。

四、《中共中央、国务院关于深化教育体制改革，全面推进素质教育的决定》对素质教育的基本内涵的概述

实施素质教育，就是全面贯彻党的教育方针，以提高国民素质为根本宗旨，以培养学生的创新精神和实践能力为重点，造就"有理想、有道德、有文化、有纪律"的德、智、体、美等全面发展的社会主义事业建设者和接班人。

全面推进素质教育，要面向现代化、面向世界、面向未来，使受教育者坚持学习科学文化与加强思想修养的统一，坚持学习书本知识与投身社

会实践的统一，坚持实现自身价值与服务祖国人民的统一，坚持树立远大理想与进行艰苦奋斗的统一。

全面推进素质教育，要坚持面向全体学生，为学生的全面发展创造相应的条件，依法保障适龄儿童和青少年学习的基本权利，尊重学生身心发展的特点和教育规律，使学生生动活泼、积极主动地得到发展。

实施素质教育应当贯穿于幼儿教育、中小学教育、职业教育、成人教育、高等教育等各级各类教育，应当贯穿于学校教育、家庭教育和社会教育等各个方面。在不同阶段和不同方面应当有不同的内容和重点，相互配合，全面推进。在不同地区还应体现地区特点，尤其是少数民族地区的特点。

实施素质教育，必须把德育、智育、体育、美育等有机地统一在教育活动的各个环节中。学校教育不仅要抓好智育，更要重视德育，还要加强体育、美育、劳动技术教育和社会实践，使诸方面教育相互渗透，协调发展，促进学生的全面发展和健康成长。

全面推进素质教育，是我国教育事业的一场深刻变革，是一项事关全局、影响深远和涉及社会各个方面的系统工程。要进一步加强学校党的工作，充分发挥党员在实施素质教育中的模范带头作用。要通过新闻媒体的正确舆论导向，深入动员社会各界关心、支持和投身素质教育。学校、家庭和社会要互相沟通、积极配合，共同开创素质教育工作的新局面。

五、《国务院关于基础教育改革与发展的决定》的主要内容（参见附录）

六、《国务院关于大力推进职业教育改革与发展的决定》确定的"十五"期间职业教育改革与发展的目标

大力推进职业教育的改革与发展，要以邓小平理论和江泽民同志"三个代表"重要思想为指导，坚持体制创新、制度创新和深化教育教学改革，为经济结构调整和技术进步服务，为促进就业和再就业服务，为农

业、农村和农民服务，为推进西部大开发服务，力争在"十五"期间初步
建立起适应社会主义市场经济体制，与市场需求和劳动就业紧密结合，结
构合理、灵活开放、特色鲜明、自主发展的现代职业教育体系。

要以中等职业教育为重点，保持中等职业教育与普通高中教育的比例
大体相当，扩大高等职业教育的规模。职业学校和职业培训机构要进一步
适应经济和社会发展以及劳动力市场需求，增强自主发展能力，改善办学
条件，全面提高教育质量和效益。"十五"期间，职业教育要为社会输送
2200多万名中等职业学校毕业生，800多万名高等职业学校毕业生。

要广泛开展各级各类职业培训，"十五"期间每年培训城镇职工5000
万人次，培训农村劳动力1.5亿人次；积极实施国家再就业培训计划，每
年为300多万名下岗失业人员提供再就业培训。

从实际出发，因地制宜，分区规划，分类指导，把农村和西部地区作
为工作重点。"十五"期末，中等职业学校面向农村的年招生规模要达到
350万人，面向西部地区的年招生规模要达到120万人，为农村和西部地
区培养留得住、用得上的实用人才。大中城市和经济发达地区要在继续发
展中等职业教育和职业培训的同时，积极发展高等职业教育，有条件的市
（地）可以举办综合社区性的职业技术学院。

七、《国务院关于大力推进职业教育改革与发展的 决定》对加强职业教育师资队伍建设的要求

要积极开展以骨干教师为重点的全员培训，提高教师的职业道德、实
践能力和教学水平，培养一批高水平的骨干教师和专业带头人。鼓励职业
学校教师在职攻读相关专业学位、提高学历层次。要有计划地安排教师到
企事业单位进行专业实践和考察，提高教师的专业水平。广泛吸引和鼓励
企事业单位工程技术人员、管理人员和有特殊技能的人员到职业学校担任
专、兼职教师，提高具有相关专业技术职务资格教师的比例。深化职业学
校人事制度改革，在职业学校推进教师全员聘任制和管理人员公开选拔、
竞争上岗和职务聘任制度，建立健全激励和约束机制。职业学校教师职务
资格评审要突出职业教育特点，改进评审办法，重视职业学校校长培训工

作，逐步实行校长持证上岗的制度。加强职业教育师资培养培训基地建设，逐步完善职业教育师资培训网络。

八、《幼儿园教育指导纲要（试行）》关于教育内容与要求、组织与实施、教育评价的规定（参见附录）

九、《中小学教师继续教育规定》对中小学教师继续教育的内容与类别的规定

（一）内容：中小学教师继续教育要以提高教师实施素质教育的能力和水平为重点。中小学教师继续教育的内容主要包括：思想政治教育和师德修养、专业知识及更新与扩展、现代教育理论与实践、教育科学研究、教育教学技能训练和现代教育技术、现代科技与人文社会科学知识等。

（二）类别：中小学教师继续教育分为非学历教育和学历教育

1. 非学历教育包括：

新任教师培训：为新任教师在试用期内适应教育教学工作需要而设置的培训。培训时间应不少于 120 学时。

教师岗位培训：为教师适应岗位要求而设置的培训。培训时间每五年累计不少于 240 学时。

骨干教师培训：对有培养前途的中青年教师按教育教学骨干的要求和对现有骨干教师按更高标准进行的培训。

2. 学历教育：对合格学历的教师进行提高学历层次的培训。

十、全面把握十六大关于教育改革发展的重要论述

十六大报告在论述全面建设小康社会的奋斗目标及文化建设和文化体制改革都专门用大段篇幅阐述了我们党实施科教兴国战略的坚强决心和大

力发展教育、科学事业的基本方针、任务和要求。学习十六大关于教育改革发展的重要论述，要注意把握以下几个方面的要点。

1. 报告进一步明确了新时期党的教育方针。根据十六大报告的论述，新时期党的教育方针是"坚持教育为社会主义现代化建设服务，为人民服务，与生产劳动和社会实践相结合，培养德智体美全面发展的社会主义建设者和接班人"。这样的描述既和我们党一贯坚持的基本方针一脉相承，又注入了新的内涵；既坚持了基本方针的连续性，又反映了时代的新要求，贯彻了"三个代表"重要思想，体现了与时俱进的精神。

2. 报告提出了新时期教育工作的目标任务。报告提出要："形成比较完善的现代国民教育体系；人民享有接受良好教育的机会；基本普及高中阶段教育，消除文盲。形成全民学习、终身学习的学习型社会，促进人的全面发展。"明确新时期教育的任务是"培养数以亿计高素质的劳动者、数以千万计专门人才和一大批拔尖创新人才"。要求"继续普及九年义务教育，加强职业教育和培训，发展继续教育，构建终身教育体系"。我们要深刻理解新时期教育工作的目标任务提出的时代背景和丰富内涵。

3. 报告指出了我国教育改革创新的方向。报告指出"要坚持教育创新，深化教育改革，优化教育结构，合理配置教育资源，提高教育质量和水平，全面推进素质教育"；要求"深化科技和教育改革，加强科技教育同经济结合"，进一步明确了教育改革的方向和重点。

4. 报告突出强调了搞好教育工作的几个关键问题。报告要求："加强教师队伍建设，提高教师的师德和业务水平。加大对教育的投入和对农村教育的支持，鼓励社会力量办学。完善国家资助贫困学生的政策和制度。"对搞好教育工作必须解决的几个关键问题提出了明确的要求，具有很强的针对性和可操作性。

十一、什么是依法治教，依法治教的重要性和必要性

依法治教是依法治国的重要组成部分，是依法治国方略在教育工作中的具体体现。"依法治教，就是紧紧围绕社会主义现代化建设的全局，通过教育法制建设，保证教育工作按照党和人民的意志全面依法进行，推动

和保障教育改革与发展的健康有序进行，保障教育优先发展战略地位的落实，保证教育的社会主义方向和国家教育方针的贯彻实施。"

依法治教的重要性和必要性：

依法治教不仅是我国教育事业改革和发展的客观要求，现代教育发展的必然趋势，也是我国教育事业发展的重要保障。

1. 依法治教是我国教育事业改革和发展的必然要求；

2. 依法治教是保障公民受教育权和教育管理参与权的需要；

3. 依法治教是教育行政机关和学校转变管理职能的需要；

4. 依法治教是全面推进素质教育的法律保障；

5. 依法治教是解决教育纠纷的有效的法律手段。

十二、什么是教育普法，教育普法的主要任务

教育普法，是指通过各种行之有效的宣传手段，在公民中尤其是在教育工作者和学生中，普及国家法律法规知识的教育，重点普及教育方面的法律法规基本知识教育，使他们逐步增强法律意识和素质，掌握基本的法律规定，明确教育者和受教育者的基本权利义务，运用法律手段研究、解决教学改革实践中出现的问题，促进教育教学改革和素质教育的落实，为培养高素质的合格劳动者提供法律和制度保障，为依法治教的全面落实奠定坚实的基础。

教育普法的主要任务：

1. 深入学习、宣传邓小平民主法制理论和党的依法治国、建设社会主义法制国家的基本方略，学习宣传《宪法》和国家基本法律，学习宣传与教育工作、学习、生活密切相关的法律基本知识；

2. 加大力度，学习宣传以《教育法》为主的教育专业法，全面贯彻党和国家的教育方针，进一步深化教育教学改革，培养符合现代化建设需要的高素质的建设者和接班人；

3. 加强学习宣传与社会公共利益和青少年健康成长密切相关的法律知识，提高广大青少年学生依法自觉维护社会公共利益和自身合法权益的能力；

4. 坚持教育普法与法制实践相结合，学法与廉政建设相结合，学法与依法行政、依法治教、依法治校相结合；

5. 把法制教育与道德教育结合起来，把依法治教与依德治教结合起来。加强师德师风建设，增强教育工作者教育、教学、教书育人的责任感，树立良好的校风、教风、学风，营造良好的育人环境。

十三、我国的教育法规体系

（一）宪法中的教育条款

宪法是国家最高权力机关即全国人民代表大会制定的国家的总章程，是国家的根本大法。我国宪法为教育法提供了基本指导思想和立法依据，同时也为教育教学活动提供了基本法律规范。

《宪法》"序言"和第一、第二、第三、第四、第五、第二十三、第二十四条等，规定了教育法的基本指导思想和立法依据。

《宪法》第十九条规定了国家发展教育事业的目的、基本原则和任务："国家发展社会主义教育事业，提高全国人民的科学文化水平。国家对学校普及初等义务教育，发展中等教育、职业教育和高等教育，并且发展学前教育。国家发展各种教育设施，扫除文盲，对工人、农民、国家工作人员和其他劳动者进行政治、文化、科学、技术、业务的教育，鼓励自学成才。国家鼓励集体经济组织、国家企业事业组织和其他社会力量依照法律规定举办各种教育事业。国家推广全国通用的普通话。"

《宪法》第四十六条规定了公民受教育的权利："中华人民共和国公民有受教育的权利和义务。国家培养青年、少年儿童在品德、智力、体质等方面全面发展。"

《宪法》第四十七条规定了公民有从事教育、科研等权利："中华人民共和国公民有进行科学研究、文学艺术创作和其他文化活动的自由。国家对于从事教育、科学、技术、文学、艺术和其他文化事业的公民的有益于人民的创造性工作，给予鼓励和帮助。"

《宪法》第四十九条规定了父母的教育义务："父母有抚养教育未成年子女的义务。"

《宪法》第八十九条、第一百零七条、第一百一十九条规定了国务院和县级以上地方各级人民政府和民族自治地方的自治机关领导和管理教育工作的权限。

（二）教育基本法律

教育基本法律是依据宪法制定的全面调整教育内部、外部相互关系的基本法律准则，它可以说是"教育领域的宪法"，是教育法律体系中的"母法"。

我国的教育基本法《中华人民共和国教育法》，于1995年3月18日召开的第八届全国人民代表大会第三次会议通过，1995年9月1日起实行。该法共10章84条，规定了我国教育的性质、地位、方针和教育活动的基本原则，教育基本制度，学校、教师、学生等教育关系主体的法律地位及其权利义务，教育投入与条件保障，教育对外交流与合作，以及教育法律责任等。

（三）教育单行法律

教育单行法律是指根据宪法和教育基本法原则制定的调整某类教育的某一具体部分关系的教育法律。目前，我国已经制定并公布实施的教育单行法律有六部。

1. 《中华人民共和国学位条例》（第五届全国人民代表大会常务委员会第十三次会议于1980年2月12日通过，1981年1月1日起施行），该条例共20条，对学位的层次、学位的评定和授予等都作了明确规定。

2. 《中华人民共和国义务教育法》（第六届全国人民代表大会第四次会议于1986年4月12日通过，1986年7月1日起施行），该法共18条，对义务教育的性质、学制、管理体制、保障措施等都作了相应的规范。

3. 《中华人民共和国教师法》（第八届全国人民代表大会常务委员会第四次会议于1993年10月31日通过，1994年1月1日起施行），这是我国第一部以职业人员为对象的法律，共9章43条，对教师的权利义务、资格和任用、培养和培训、考核、待遇、奖励、法律责任等作了相应的规范。

4. 《中华人民共和国职业教育法》（第八届全国人民代表大会常务委员会第十九次会议于1996年5月15日通过，1996年9月1日起施行），该法共5章40条，规定了职业教育的地位、发展方针，职业教育的管理，职业教育体系，职业教育的实施，职业教育的保障条件等。

5. 《中华人民共和国高等教育法》（第九届全国人民代表大会常务委员会第四次会议于1998年8月29日通过，1999年1月1日起施行），该法共 8 章 69 条，规定了高等教育的方针、任务、管理体制、基本制度、高等学校的设立、教育投入和条件保障等。

6. 《中华人民共和国民办教育促进法》（第九届全国人民代表大会常务委员会第三十一次会议于 2002 年 12 月 28 日通过，2003 年 9 月 1 日起施行），该法共 10 章 68 条，对民办教育的性质、民办学校的设立、内部管理、教师聘任与培训、资产与财务管理、管理与监督、扶持与奖励、变更与终止、法律责任等作出了具体规定。

（四）教育行政法规

教育行政法规是指国家最高行政机关即国务院为领导和管理教育事业，根据宪法和教育法律制定的规范性文件。

行政法规，一般有两种发布方式：①由国务院发布；②由国务院批准、国务院主管部门发布。我国目前生效的教育行政法规主要有：

《中华人民共和国义务教育法实施细则》（1992 年 2 月 29 日经国务院批准，国家教育委员会令 19 号发布）；

《扫除文盲工作条例》（1988 年 2 月 5 日国务院发布）；

《残疾人教育条例》（1994 年 8 月 23 日国务院发布）；

《学校体育工作条例》（1990 年 2 月 20 日经国务院批准，国家教育委员会令第 8 号、国家体育运动委员会令第 11 号发布）；

《学校卫生工作条例》（1990 年 4 月 25 日经国务院批准，国家教育委员会令第 10 号、卫生部令第一号发布）；

《教师资格条例》（1995 年 12 月 12 日国务院发布）；

《中华人民共和国学位条例暂行实施办法》（1981 年 5 月 20 日国务院批准）；

《幼儿园管理条例》（1989 年 8 月 20 日经国务院批准，国家教育委员会令第 4 号发布）；

《普通高等学校设置暂行条例》（1986 年 12 月 15 日国务院发布）；

《征收教育费附加的暂行规定》（1986 年 4 月 28 日国务院发布，1990 年 6 月 7 日国务院令第 60 号修改）；

《高等教育自学考试暂行条例》（1988 年 3 月 3 日国务院发布）；

《教学成果奖励条例》（1994 年 3 月 14 日国务院发布）；

《社会力量办学条例》（1997 年 7 月 31 日国务院发布）。

（五）地方性教育法规

省、自治区、直辖市（省、自治区人民政府所在地的市或经国务院批准的较大的市）的人民代表大会和它们的常务委员会根据本行政区域的具体情况和实际需要，在不同宪法、法律、行政法规相抵触的前提下，制定和颁布的有关教育问题的地方性法规。地方性教育法规须报全国人民代表大会常务委员会备案，它在本行政区域内具有法律效力。

（六）教育规章

国务院各部、委员会和省、自治区、直辖市以及省、自治区的人民政府所在地的市和经国务院批准的较大的市的人民政府，根据国务院的行政法规，在自身权限内发布的调整教育方面问题的规章。教育规章具有一定的法的效力，是教育法的一个重要表现形式。

十四、什么是法律意识，教师应具有的法律意识

法律意识是社会意识的一种特殊形式，是人们关于法律现象的想象、观点、知识和心理的总称。教育法律意识是整个法律意识的组成部分，它反映了人们对教育法律知识的了解、对依法治教的信任程度、对教育法律的评价等等，同时，教育法律意识又对我国教育法律的制定以及实施起着重要的作用。

教师应当具有的法律意识的内容：

1. 教师应当具有一定的法律知识。包括：

①要有一些最基本的法的基本知识，如：什么是法，什么是权利，什么是义务等等；

②要有比较系统、全面的教育法规的知识，特别是与教师教育教学工作直接相关和与教师自身权利、义务直接相关的教育法律知识；

③要有一些重要法律如民法、行政法、刑法的一般常识，教育教学工作中常涉及这方面的知识。

2. 教师应当具有较强的法律信念。教师应当懂得法的作用，懂得为什么必须依法治国，为什么必须依法治教，自己为什么必须依法执教。

3. 教师应当具有自觉的法律意志。教师应当严格遵守法律，依法行事，依法维护自己的权利，也尊重他人的权利；严格履行自己的义务，也

监督有关方面履行义务。

4. 教师应当在教育教学过程中积极自觉地向学生宣传社会主义法制，为把我国建设成为社会主义法治国家作出积极贡献。

十五、什么是义务教育，义务教育的法律责任

义务教育，是依照法律规定，适龄儿童和少年必须接受的，国家、社会、学校、家庭必须予以保证的国民教育。

根据《义务教育法》及其《实施细则》等有关法律法规的规定，违反义务教育法的法律责任主要有以下几个方面：

1. 因工作失职或玩忽职守妨碍义务教育实施的法律责任。

①未能如期实现义务教育规划目标和达到办学条件要求的法律责任；

②对学生辍学未能采取必要措施的法律责任；

③玩忽职守致使校舍倒塌并造成师生伤亡的法律责任。

2. 妨碍适龄儿童、少年接受义务教育的法律责任。

①无正当理由拒绝接收适龄儿童、少年就学的法律责任；

②不送适龄儿童、少年就学接受义务教育的法律责任；

③招用应当接受义务教育的适龄儿童、少年就业的法律责任。

3. 侵占、克扣、挪用义务教育款项和妨碍义务教育设施使用行为的法律责任。

4. 扰乱实施义务教育学校秩序和侵犯师生人身、人格行为的法律责任。

5. 使用未经依法审定的教科书的法律责任。

十六、学校的法律地位，学校设置的条件

（一）学校法律地位的含义

学校是指经主管机关批准或登记注册，以实施学制系统内各阶段教育

为主的教育机构。学校的法律地位，主要是指其作为实施教育教学活动的社会组织和机构，在法律上所享有的权利能力、行为能力及责任能力。"学校及其他教育机构具备法人条件的，自批准设立或者登记注册之日起取得法人资格。"学校取得了法人资格，其法律地位也得以明确。学校能够以独立法人身份从事一些民事和经济活动；同时，也要以独立法人的身份依法承担一切因自己的行为而引起的民事责任，包括违反合同的民事责任、侵犯其他社会组织和公民个人合法权益的民事责任。学校虽然具有法人地位，但相对《民法通则》所规定的其他法人，尤其是相对于企业法人，在权利、义务方面有很大差别，如学校不能像企业那样去营利，不能用公办学校的资产进行抵押、担保等，学校的某些民事行为要受到禁止或限制。

（二）《教育法》规定设立学校必须具备的一般实体要件

1. 必须有组织机构和章程。

要求学校应当有健全的内部管理机构和管理人员，并且有机构管理章程。章程是教育机构自主管理的基本依据，应载明拟设学校的名称、办学宗旨、主要任务、内部领导体制（指内部主要机构的设置及其职能分工）、教职工和学生参与学校民主管理、监督的形式、主要财务管理制度、人事管理制度、举办者及其权利、职责、章程的修改程序及其他必要事项。

2. 必须有合格的教师。

要求申请拟设立的学校及其他教育机构要有稳定的教师来源，能够通过聘任专职、兼职具有教师资格的教师，建立一支数量和质量都合乎《教师法》及国家其他有关规定的教师队伍。

3. 必须有符合规定标准的教学场所及设施、设备等。

要求申请拟设立的学校及其他教育机构根据其性质、层次和规划的不同要求，要有相应的校舍、场地、教学仪器、设备、图书资料等，并且要符合规定标准。

4. 必须有必备的办学资金和稳定的经费来源。

要求举办者根据所办机构的要求必须搞好办学经费的收支预算，并保证通过财政拨款、自有资金以及社会捐赠等合法渠道筹集到设立学校及其他教育机构所必须具备的最低启动资金，同时，应确保学校及其他机构设立后，有稳定的经费来源。

十七、学校的权利和义务

（一）学校享有的基本权利

学校作为实施教育教学活动的公益性社会组织，享有与其他类型的法人不同的权利。我国教育法规定，学校在教育活动中，享有以下权利：

1. 按照章程自主管理。

学校的章程是学校设立的基本条件之一，也是学校自主管理的基本依据。学校有权按照章程进行自主管理，制定具体的管理制度和发展规划，自主地作出管理决策，建立和完善学校的管理系统，组织实施活动。同时，学校自主管理不能超出经过政府教育主管部门批准的章程的范围。

2. 组织实施教育教学活动。

教育教学活动是学校的基本活动。组织实施教育教学活动是学校最基本的权利。依据这项权利，学校有权根据国家有关教学计划、教学大纲和课程标准等方面的规定，因校制宜，自主组织学校教育教学活动的实施。

3. 招收学生或者其他受教育者。

招生权是学校的一项重要权利。学校有权根据自己的办学宗旨、培养目标、发展规划以及实际办学条件和能力，依据国家有关规定进行招生，任何组织和个人都不得非法干涉。

4. 对受教育者进行学籍管理，实施奖励或者处分。

学校有权根据主管部门的学籍管理规定，制定本校具体的学籍管理办法，针对不同层次、类别的学生，制定有关入学、报到注册、考勤与纪律、休学与复学、转学、退学等管理办法，实施学籍管理。学校有权根据国家有关学生奖励、处分的规定，结合本校实际，制定具体的奖励和处分办法。

5. 对受教育者颁发相应的学业证书。

学业证书是对受教育者学习经历和知识水平的证明，学校对在本校经过学习并考核合格的学生，应当依据有关规定颁发毕业证书、结业证书等学业证书。这既是学校的权利，从保护受教育者的合法权益角度来看，又是学校的义务。学校颁发相应的学业证书要遵循公正、公开的原则，并受主管机关和社会的监督。

6. 聘任教师及其他职工，实施奖励或者处分。

学校根据国家有关教师和其他教职工管理的法规和上级教育主管部门的规定和要求，从本校的办学条件、办学能力和实际需要出发，可以自主决定聘任、解聘教师和其他职工，有权制定本校教师及其他职工的聘任办法，签订和解除聘任合同，并可以对教师及其他根据其表现给予奖励或者处分。即学校对教师依法享有管理权。

7. 管理、使用本单位的设施和经费。

学校对其所有、占有的场地、校舍、教学设施、办学经费以及其他财产，享有管理和使用的权利。但学校所管理、使用的用于教学、科研的财产不得随意移作他用，不得用于抵押或为他人担保，不承担校办企业的连带责任。

8. 拒绝任何组织和个人对教育教学活动的非法干涉。

为了维护学校正常的教育教学秩序，学校有权对来自国家机关、企事业单位、社会组织以及个人的非法干涉，予以拒绝和抵制，并可通过教育行政部门会同当地有关部门，予以治理。但对于来自社会的正常监督，如舆论批评、教育督导等，学校无权加以拒绝。

9. 法律、法规规定的其他权利。

这条概括性的授权，指除前述八项权利外，学校还享有现行法律、行政法规以及地方法规赋予的其他权利。同时，还包括将来制定的法律、法规确立的有关权利。

（二）学校的义务

学校的义务，是指学校依法应当承担的责任。根据教育法的规定，学校应履行的义务主要包括以下六个方面：

1. 遵守法律、法规。

遵守法律、法规，包括遵守宪法、法律、行政法规、地方性法规以及规章等。

2. 贯彻国家的教育方针，执行国家教育教学标准，保证教育教学质量。

贯彻国家的教育方针，执行国家教育教学标准，保证达到国家的教育教学质量要求，是学校的最基本的法律义务。

3. 维护受教育者、教师及其他职工的合法权益。

要求学校首先在自身的工作中不能损害学生、教师及其他职工的合法权益。同时，当其他组织或个人侵犯了本校学生、教师及其他职工的合法权益时，学校应当通过各种方式，包括法律方式维护师生的合法权益。

4. 以适当方式为受教育者及其监护人了解受教育者的学业成绩及其他有关情况提供便利。

学校应当为受教育者及其监护人了解受教育者学业成绩及其他有关情况提供便利，不得拒绝。但应注意，学校在为他们了解情况提供便利时，一定注意要"以适当方式"，而不得以侵犯学生的名誉权、隐私权、人格尊严等不当方式，如按学生成绩高低排榜公布等。

5. 遵照国家有关规定收取费用并公开收费项目。

学校收费项目和标准应当遵照国家（各级政府和有关主管部门）的规定，不得巧立名目，乱收费用。同时，收费项目和标准应当公开，接受监督。

6. 依法接受监督。

学校对来自权力机关、行政机关、司法机关的监督，以及来自社会、本校师生员工的监督等，只要是依法进行的，都应当接受，并积极予以配合，不得妨碍监督工作的正常进行。

十八、教师的权利和义务

（一）教师的权利

1. 进行教育教学活动，开展教育教学改革和实验。简称为教育教学权。

这是教师为履行教育教学职责而必须具备的基本权利。这项权利表明，教师在教育教学活动中，可以依据所在学校的教学计划（课程标准）、教学工作的要求，结合教师自身和学生的特点，使用教育教学设施、设备，自主地实施教育教学活动。同时，教师还可以在教育教学的形式、方法、内容等方面进行改革和实验。

2. 从事科学研究、学术交流，参加专业的学术团体，在学术活动中充分发表意见，简称学术活动权。

教师在完成规定的教育教学任务的前提下，有权进行科学研究，有权将教育教学中的成功经验或专业领域中的研究成果撰写成学术论文或专著。教师有在学术研究中发表个人观点、开展学术争鸣的权利，教师有参加依法成立的学术团体的权利。

3. 指导学生的学习和发展，评定学生的品行和学业成绩。简称管理学生权。

教师有权对学生的学习给予指导，有权根据学生的性格和特长培养全面发展，有权对学生的思想品德、行为规范、学业成绩作出公正的评价。

4. 按时获取工资报酬，享受国家规定的福利待遇以及寒暑假期的带薪休假。简称获取报酬待遇权。

教师的工资报酬一般包括基础工资、职务工资、课时报酬、奖金、教龄津贴、班主任津贴及其他各种津贴。教师享有受国家规定的福利待遇包括医疗、住房、退休等寒暑假期的带薪休假。

5. 对学校教育教学、管理工作和教育行政部门的工作提出意见和建议，通过教职工代表大会或者其他形式，参与学校的民主管理。简称民主管理权。

教师有权对学校教育教学、管理工作和教育行政部门的工作提出意见和建议，教师有权通过教职工代表大会等组织形式或其他适当方式，参与学校的民主管理，讨论学校的发展、改革等重大事项。

6. 参加进修或者其他方式的培训。简称进修培训权。

教师有权参加进修和接受其他多种形式的培训，提高业务水平和政治觉悟。学校和教育行政机关应积极创造条件，大力支持教师的继续学习和进修。但教师进修培训权的行使，应在完成本职工作的前提下，由学校组织、有计划地安排，不得影响正常的教育教学工作。对于在职教师的培养提高，应提倡"三为主"原则，即在职为主、业余为主、自学为主。

（二）教师的义务

1. 遵守宪法、法律和职业道德，为人师表。简称遵纪守法义务。

它包括两层含义：一是教师作为中华人民共和国的公民，必须遵守宪法、法律。教师承担着教书育人，为社会主义现代化建设培养合格人才的使命，更应当模范地遵守宪法和法律。二是教师作为人类灵魂的工程师，应当遵守职业道德，这是教师基本义务的具体化。

2. 贯彻国家的教育方针，遵守规章制度，执行学校的教学计划（课程标准），履行教师聘约，完成教育教学工作任务。简称教育教学义务。

教师在教育教学活动中，应当全面贯彻教育方针，遵守教育行政部门和学校制定的教育教学管理的各项规章制度，执行学校依据国家规定的课程计划、教学大纲或教学基本要求而制定的具体教学计划，履行教师的聘任合同中约定的教育教学职责，完成职责范围内的各项教学任务，保证教育质量。

3. 对学生进行宪法所确定的基本原则的教育和爱国主义、民族团结的教育，法制教育以及思想品德、文化、科学技术教育，组织、带领学生开展有益的社会活动。简称为思想品德教育义务。

这是对教师从事教育教学工作内容方面的全面义务规范。教师应结合自身教育教学业务的特点，自觉地将思想政治、品德教育贯穿在教育教学全过程中，促进学生思想品德健康发展。

4. 关心、爱护全体学生，尊重学生人格，促进学生在品德、智力、体质等方面全面发展。简称为爱护尊重学生义务。

教师在教育教学活动中处于主导地位，学生处于受教育者的地位，但在人格尊严方面学生和教师是完全平等的。教师应当关心、爱护全体学生，尤其是对品行有缺陷、学习有困难的学生，教师更应给予关怀，决不能采取简单粗暴的方法，不能侮辱、歧视他们，更不能体罚和变相体罚学生。教师应当培养所有学生全面发展。

5. 制止有害于学生的行为或者其他侵犯学生合法权益的行为，批评和抵制有害于学生健康成长的现象。简称为保护学生义务。

保护未成年人的合法权益和身心健康发展是全社会的共同责任，教师更是责无旁贷。对有害于学生的行为或现象，教师有义务劝说、制止，或向有关机关举报等，以保护学生的合法权益不受侵犯，保证他们的健康成长。

6. 不断提高思想政治觉悟和教育教学业务水平。简称为提高思想水平业务。

教育教学工作是一项专业性较强的工作，担负着提高民族素质的使命，这就要求教师不断学习，加强自身的思想道德修养，使其保持较高的思想政治觉悟和教育教学专业水平，以适应教育教学工作需要。

十九、教师申诉制度概述

（一）教师申诉制度的含义

教师申诉制度即指教师在其合法权益受到侵害时，依法向主管的行政机关申诉理由，请求处理的制度。

《教师法》第三十九条规定："教师对学校或者其他教育机构侵犯其合法权益的，或者对学校或者其他教育机构作出的处理不服的，可以向教育行政部门提出申诉，教育行政部门应当在接到申诉的三十日内，作出处理。""教师认为当地人民政府有关行政部门侵犯其根据本法规定享有的权利的，可以向同级人民政府或者上一级人民政府有关部门提出申诉；同级人民政府或者上一级人民政府有关部门应当作出处理。"

（二）教师申诉的范围

教师申诉的范围是指教师在哪些情况下可以提起申诉。我国《教师法》对此作了明确规定。

1. 教师认为学校或者其他教育机构侵犯其合法权益的，可以提出申诉。

2. 教师对学校或其他教育机构作出的处理决定不服的，可以提出申诉。

3. 教师认为当地人民政府的有关部门侵犯其《教师法》规定享有的权利的，可以提出申诉。

（三）受理教师申诉的机关

教师如果是对学校或者其他教育机构提出申诉的，受理申诉的机关为主管的教育部门；如果是对当地人民政府的有关行政部门提出申诉的，受理申诉机关可以是同级人民政府或者是上一级人民政府对口的行政主管部门。（这里需要指出的是，提出申诉不要向行政机关的个人提出，而应向行政机关提出，否则将按一般的群众来信办理。）

（四）教师申诉的程序

教师申诉制度由申诉提出、受理和处理三个环节依次序进行。

提出申诉。教师申诉，应当以书面形式提出。申诉书应写明如下内容：

1. 申诉人的姓名、性别、年龄、住址等。

2. 被申诉人（指教师认为侵犯了其合法权益学校或者其他教育机构，以及当地人民政府的有关行政部门）的名称、地址、法定代表人的姓名、性别、职务等。

3. 申诉要求。主要写明申诉人对被申诉人因侵犯其合法权益或不服被申诉人的处理决定而要求受理机关进行处理的具体要求。

4. 申诉理由。主要写明被申诉人侵害其合法权益或不服被申诉人处理决定的事实依据，针对被申诉人的侵权行为或处理决定的错误，提出纠正的法律、政策依据，并就其陈述理由。

5. 附项，写明并附交有关的物证、书证或复印件等。

申诉的受理。主管教育行政部门接到申诉书后，要对申诉人的资格和申诉条件进行认真审查，并就不同情况，作出相应处理。对于符合申诉条件的应予以受理；而对于不符合申诉条件的，可以答复申诉人不予受理；如果申诉书未说清理由和要求时，应要求申诉人重新提交申诉书。

申诉的处理。受理机关对于受理的申诉案件，在进行调查研究、全面核查的基础上，应区别不同情况，分别作出如下处理决定。

1. 学校或者其他教育机构的管理行为符合法定权限和程序，适用法律法规正确，事实清楚，则维持原处理结果；

2. 管理行为有形式上和程序上不足的，可以责成被申诉人改正；

3. 被申诉人不履行法律、法规职责的，可责令其限期改正；

4. 管理行为的一部分适用法律、法规错误，处理不当或越权的，可以变更原处理结果；

5. 管理行为违反法律法规，越权或滥用职权，处理明显不当的，可以撤销原处理决定，或责成被申诉人重新处理；

6. 学校或者其他教育机构的管理行为所依据的内部规章制度与法律法规及其他规范性文件相抵触的，可以撤销其内部管理规定或者责成学校或者其他教育机构对其内部管理规定进行修改。

教育行政部门应当在接到申诉书的次日起 30 日内作出处理。逾期未作处理或者久拖不决的，若申诉内容涉及人身权、财产权及其他属于行政复议、行政诉讼受案范围的，申诉人可依法提起行政复议或行政诉讼。

受理机关作出申诉处理决定后，应将处理决定书发送当事人。申诉处理决定书自送达之日起生效。如果申诉当事人对处理决定不服，可以向原处理机关隶属的人民政府申请复核或依法提起行政复议或行政诉讼。

二十、《教育法》对学生的权利和义务的规定

（一）学生的权利

学生的权利，是指学生在教育活动中享有的由教育法赋予的权利。我国现行教育基本法，对各级各类学校学生的基本权利规定为以下五方面：

1. 参加教育教学计划安排的各种活动，使用教育教学设施、设备、图书资料。

学生是受教育的主体，学生接受教育必须通过参加教育教学活动、使用教学设备等来完成。学校的教育教学计划都应向学生公开，学生有权按照教育教学计划的安排参加相应的活动，使用教课桌椅、实验仪器以及查询、借阅学校的图书资料等。学校、教师不得非法剥夺、限制学生行使参加教育教学活动、使用教学设备的权利，如停课、停学、不准参加某类活动等。

2. 按照国家有关规定获得奖学金、贷学金、助学金。

奖学金和贷学金主要适用于普通高等学校和中等专业学校学生，助学金主要适用于义务教育阶段学生。学生有权按照国家规定获得资助。

3. 在学业成绩和品行上获得公正评价，完成规定的学业后获得相应的学业证书、学位证书。

受教育者有权要求获得公正的学业成绩评价和品行评价，并对各种不公正的评价有通过正当途径要求予以更正的权利。学业证书和学位证书等是对受教育者某一阶段受教育的学业成绩、学术水平和品行的最终评定，受教育者思想品德合格，学完或提前学完教育教学计划规定的全部课程，考试、考核及格或修满学分，在教育阶段结束时均有获得相应学业证书的权利。

4. 对学校给予的处分不服向有关部门提出申诉，对学校、教师侵犯其人身权、财产权等合法权益，提出申诉或者依法提起诉讼。

学生对学校给予的处分不服，认为不应受处分或处分过重的，可以向

学校的上级主管部门提出申诉。学生对学校、教师侵犯其人身权、财产权等合法权益提出申诉或提起诉讼，常见的有以下几种情况：学校侵犯学生财产权利，例如，学校违反《义务教育法实施细则》和地方法规的规定乱收费；学校侵犯学生人身权利，例如，教育教学和学校管理过程中处理不当而侵害学生名誉权；教师侵犯学生财产权利，例如，教师强迫学生购买与教学无关的东西；教师侵犯学生人身权利，例如，教师私拆学生信件；学校或教师侵犯学生知识产权，例如，教师侵犯学生的著作权、发明权等知识产权，学校强行将学生的知识产权收归学校等。（但学生对学校按照学生管理规定给予的处分不服，不能提起诉讼。）

5. 法律、法规规定的其他权利。即《教育法》以外的其他法律、法规规定的权利。

（二）学生的义务

学生的义务，是指学生依照教育法及其他有关法律、法规，参加教育活动中必须履行的义务。我国现行教育基本法，对各级各类学校学生的义务作了以下规范：

1. 遵守法律、法规

遵守法律、法规是宪法规定的一项公民基本义务，当然也是对学生最基本的义务。

2. 遵守学生行为规范，尊敬师长，养成良好的思想品德和行为习惯

"学生行为规范"集中体现了国家对学生在政治、思想、品德及行为习惯等方面的基本要求。教师承担着教书育人的重任，理应受到学生的尊敬。良好的思想品德和行为习惯是学生未来立足社会之本，也是作为社会一员的责任。

3. 努力学习，完成规定的学习任务

这项义务主要包括：学生应按时到校上课，不能无故迟到、早退或辍学，去做其他与学习无关的事情；认真及时完成教师教学中提出的要求和布置的作业，并能认真复习功课；努力通过规定的各项考试和考核，完成教学计划规定的该教育阶段所应完成的学习任务。

4. 遵守所在学校或者其他教育机构的管理制度

学生要遵守所在学校的思想政治教育管理制度，遵守所在学校的教学管理制度，遵守所在学校的学籍管理制度，遵守所在学校的体育管理、卫生管理、图书仪器管理、校园管理等方面的制度。

二十一、什么是教育行政复议，行政复议的范围有哪些?

教育行政复议，是指教育管理相对人认为教育行政机关作出的具体行政行为侵犯其合法权益，依法向作出该行为的教育行政机关所属的本级人民政府或其上一级教育行政机关以及原处理机关提出申诉，受理行政机关对该具体行政行为进行复查并作出裁决的活动和制度。

教育行政复议的范围：

根据我国《行政处罚法》和《行政复议法》的规定，教育管理相对人在下列情况下可以提请教育行政复议：

1. 对教育行政处罚不服的

行政管理相对人如果对取消资格、罚款、没收非法所得等处罚不服的，可以申请复议。

2. 对教育行政强制措施不服的

行政管理相对人如果对财产的查封、扣押、冻结等行政措施不服的，可以申请复议。

3. 对侵犯其合法经营自主权的

行政管理相对人如果认为教育行政机关侵犯其对财产的占有权、自主使用权、收益权、支配权、处分权等权利的，有权提请复议。

4. 对不作为违法的

主要有三种情况：相对人认为符合法定条件申请行政机关颁发许可证、执照、资质证、资格证等证书，或者申请行政机关审批、登记有关事项，行政机关没有依法办理的；申请行政机关履行保护人身权利、财产权利、受教育权利的法定职责，行政机关没有依法履行的；申请教育行政机关依法发放抚恤金、社会保险金或者最低生活保障费，教育行政机关没有依法发放的。针对以上情况，相对人可以申请复议。

5. 对违法设定义务不服的

相对人认为教育行政机关违法集资、征收财物、摊派费用或者违法要求其履行其他义务的，可以申请复议。

6. 对行政机关作出的决定不服的

相对人对教育行政机关作出的有关许可证、执照、资质证、资格证等证书变更、中止，撤销的决定不服的，可以申请复议。

7. 认为行政机关的其他具体行政行为侵犯其合法权益的

《行政复议法》第七条规定，公民、法人或者其他组织认为行政机关的具体行政行为所依据的下列规定不合法，在对具体行政行为申请行政复议时可以一并向行政复议机关提出对该规定的审查申请：国务院部门的规定；县级以上地方各级人民政府及其工作部门的规定；乡、镇人民政府的规定。上述所列规定不含国务院部、委员会规章和地方人民政府规章，规章的审查依照法律、行政法规办理。

二十二、什么是教育行政诉讼，教育行政诉讼有何特点，主要范围

（一）教育行政诉讼

教育行政诉讼，是指教育行政管理相对人认为教育行政机关或教育法律、法规授权的组织的具体行政行为侵犯其合法权益，依法向人民法院起诉，请求给予法律补救；人民法院对教育行政机关或教育法律、法规授权的组织的具体行政行为的合法性进行审查，维护和监督行政职权的依法行使，矫正或撤销违法侵权的具体行政行为，给予相对人的合法权益以保护的法律救济活动。

（二）教育行政诉讼的特点

1. 主管确定。教育行政诉讼的主管机关只属于人民法院。

2. 诉权专属。教育行政诉讼只能由教育行政管理相对人，如教师、学生或学校提起。

3. 标的恒定。教育行政诉讼的标的是教育法律规定的具体教育行政行为。

4. 被告举证。在教育行政诉讼中，作为被告的教育行政机关或教育法律、法规授权的组织负有举证责任。

5. 不得调节。人民法院在审理教育行政诉讼案件时，不得采取调解作为审理程序和结案方式。

（三）教育行政诉讼的主要范围

1. 对教育行政处罚不服的；

2. 认为符合法定条件申请教育行政机关颁发许可证或执照，教育行政机关拒绝颁发或不予答复的；

3. 申请教育行政机关履行保护人身权、财产权的法定职责，教育行政机关拒绝履行或者不予答复的；

4. 认为教育行政机关违法要求履行义务的；

5. 认为教育行政机关侵犯其他人身权、财产权的。

二十三、什么是学生申诉制度，学生申诉的范围和程序

（一）学生申诉制度

学生申诉制度也称受教育者申诉制度，是指受教育者在其合法权益受到侵害时，依法向主管的行政机关申诉理由，请求处理的制度。

（二）学生申诉的范围

1. 对学校给予的处分不服的。这里的处分包括学籍、校规、考试等方面的处分。

2. 对学校或教师侵犯其人身权的。例如，学生对学校因管理不当侵犯其名誉权的行为，有权提出申诉。

3. 对学校或教师侵犯其财产权的。例如，学生对学校违反规定向其乱收费的行为，有权提出申诉。

4. 对学校或教师侵犯其知识产权的。例如，学生对学校或教师侵犯自己的著作权、发明权或者科技成果权的行为，有权提出申诉。

二十四、教师易侵害学生的哪些权利？

1. 侵犯学生的健康权。这也是最常见的教师侵犯学生人身权行为。在学校里，教师直接侵犯学生人身权的事件时有发生，如：罚站、驱出课

堂、殴打等。有的教师甚至使出更为残忍的手段严重摧残学生的身心健康。《长江习报》报道了教师在学生面颊上刺"贼"字的事件；《楚天都市报》报道了一教师怒令全班85名学生集体跪下；《北京晨报》报道了一教师用很烫的火钳夹学生的脖子。还有的教师变相体罚学生，比如，罚学生抄作业多少遍，不许学生回家吃饭等。身体健康权是公民依法享有身体健康不受侵害的权利，《教育法》、《教师法》、《未成年保护法》等有关法律都作了详细的规定，可仍有一些教师无视法律的存在。

2. 侵犯学生的名誉权。公民享有名誉权，公民的人格尊严受法律保护，禁止用侮辱、诽谤等方式损害公民的名誉，这是法律赋予公民的一项基本权利。但是，教育管理中侮辱学生人格的行为时有发生。有的教师对后进生实行讽刺挖苦，说他是头"白吃饭的猪"；有的教师还把自己工作上的积怨发泄在学生身上，无端辱骂学生。这种侮辱学生的行为既有损教师形象，又侵犯了学生的权利。

3. 非法剥夺学生受教育的权利。我国宪法第四十六条规定"中华人民共和国公民有受教育的权利和义务"。有些教师动不动就把学生赶出课堂，或者干脆把学生赶回家，问之理由充分：他扰乱课堂纪律，影响他人学习。这似乎是个理由，但这些教师在不知不觉中已做了违法的事。教师不让学生进课堂，就是对学生受教育权利的非法剥夺。有的教师把学生赶出教室后还故意让学生在寒风中站立，在烈日下伫立，以示惩罚。这不仅剥夺了学生受教育的权利，还侵犯了学生的人身权，极易造成不良后果。

4. 侵犯学生的休息权，并在一定程度上限制学生的人身自由权。有些学校和教师为了片面追求升学率，不断地给学生加班加点，各种辅导永无休止；大量的课外作业铺天盖地。另外，教师随便占课、抢课、拖堂现象也相当普遍。学生不是机器，他需要一定时间的休息，需要有充足的睡眠才能保证有充足的精力学习，占用学生的休息时间是不合理的，也是不合法的。

5. 侵犯学生的隐私权。一般认为，所谓隐私是指不愿告人或不为人知的事情。我国宪法第四十条也明确规定：中华人民共和国公民的通信自由和通信秘密受法律保护。无论是教师还是家长，都没有超越法律的特权去揭露学生的个人隐私，但是现实中有些教师不认为这是违法的，总以为自己是学生在校的监护人，理应掌握学生的秘密，以便有针对性地教育。因此，有的班主任教师偷拆学生信件，对信中涉及的个人秘密特别是学生早恋的秘密在班上大肆渲染，横加斥责。另外，随意公布学生的考试分数也是一种侵犯隐私权的行为。1994 年，原国家教委颁布的《关于全面贯彻党的教育方针，减轻中小学过重课业负担》的通知中规定，学校、教师不得按学生考分高低排名次，张榜公布。

二十五、哪些情况下造成学生伤害事故，学校应当承担责任？

1. 学校的校舍、场地、其他公共设施，以及学校提供给学生使用的学具、教育教学和生活设施、设备不符合国家规定的标准，或者有明显不安全因素的；

2. 学校的安全保卫、消防、设施设备管理等安全管理制度有明显疏漏，或者管理混乱，存在重大安全隐患，而未及时采取措施的；

3. 学校向学生提供的药品、食品、饮用水等不符合国家或者行业的有关标准、要求的；

4. 学校组织学生参加教育教学活动或校外活动，未对学生进行相应的安全教育，并未在可预见的范围内采取必要的安全措施的；

5. 学校知道教师或其他工作人员患有不适宜担任教育教学工作的疾病，但未采取必要措施的；

6. 学校违反有关规定，组织或者安排未成年学生从事不宜未成年人参加的劳动、体育运动或者其他活动的；

7. 学生有特异体质或者特定疾病，不宜参加某种教育教学活动，学校知道或者应当知道，但未予以必要的注意的；

8. 学生在校期间突发疾病或者受到伤害，学校发现，但未根据实际情况及时采取相应措施，导致不良后果加重的；

9. 学校教师或者其他工作人员体罚或者变相体罚学生，或者在履行职责过程中违反工作要求、操作规程、职业道德或者其他有关规定的；

10. 学校教师或者其他工作人员在负有组织、管理未成年学生的职责期间，发现学生行为具有危险性，但未进行必要的管理、告诫或者制止的；

11. 对未成年学生擅自离校等与学生人身安全直接相关的信息，学校发现或者知道，但未及时告知未成年学生的监护人，导致未成年学生因脱离监护人的保护而发生伤害的；

12. 学校有未依法履行职责的其他情形的。

二十六、哪些情况下学生或未成年学生监护人由于过错应当承担责任？

1. 学生违反法律法规的规定，违反社会公共行为准则、学校的规章制度或者纪律，实施按其年龄和认知能力应当知道具有危险或可能危及他人安全的行为的；

2. 学生行为具有危险性，学校、教师已经告诫、纠正，但学生不听劝阻、拒不改正的；

3. 学生或者其监护人知道学生有特异体质，或者患有特定疾病，但未告知学校的；

4. 未成年学生的身体状况、行为、情绪等有异常情况，监护人知道或者已被学校告知，但未履行相应监护职责的；

5. 学生或者未成年学生监护人有其他过错的。

二十七、什么情形下造成的学生伤害事故，学校已履行了相应职责，行为并无不当的，学校无法律责任？

1. 地震、雷击、台风、洪水等不可抗拒的自然因素造成的；

2. 来自学校外部的突发性，偶发性侵害造成的；

3. 学生有特异体质、特定疾病或者异常心理状态，学校不知道或者难于知道的；

4. 学生自杀、自伤的；

5. 在对抗性或者具有风险性的体育竞赛活动中发生意外伤害的；

6. 其他意外因素造成的。

二十八、什么情况下造成学生人身损害后果的事故，学校行为并无不当的，不承担事故责任？（赔偿责任按法律法规和其他规定办理）

1. 在学生自行上学、放学、返校、离校途中发生的；
2. 在学生自行外出或者擅自离校期间发生的；
3. 在放学后、节假日或者假期等学校工作时间以外，学生自行滞留学校或者自行到校发生的；
4. 其他在学校管理职责范围外发生的。

二十九、侮辱、殴打教师的法律责任

行为分析：侮辱教师，是指公然贬低教师的人格，破坏教师的名誉。所谓"公然"，就是在众多的人面前，或者是在可能使众多的人知道的情况下进行的。公然侮辱并不一定要求被害人在场，关键是侮辱被害人的内容已被众多的人知道，从而使被害人的人格、名誉受到损害。侮辱的方式，一是行为侮辱，即对被害人施以一定的行为而使其人格、名誉受到损害，如强制被害人做出某些损害其自身人格或名誉的举动。二是言词侮辱，即以对被害人进行嘲笑、辱骂而使其人格、名誉受到损害。三是图文侮辱，即以漫画、大、小字报等图文形式对被害人进行侮辱。殴打教师，是以暴力方法侮辱教师，或故意非法伤害教师人身健康。在一般情况下，侮辱教师的行为可能会单独实施，而殴打教师的行为往往同侮辱教师的行为同时并存。侮辱、殴打教师是侵犯人身权利的违法行为。

法律责任主体：实施上述行为的公民个人。

执法机关及处理：对侮辱、殴打教师的，应根据不同情况，依法追究其相应的法律责任。

1. 对于国家机关工作人员或者企业事业组织、社会团体等社会组织的人员侮辱、殴打教师的，应由其所在单位给予相应的行政处分。

2. 对于违反《治安管理处罚条例》殴打教师，造成轻微伤害的；公然侮辱教师的，侵犯教师人身权利，尚不够刑事处罚的，依照该条例的规定，由公安机关处以十五日以下拘留、二百元以下罚款或者警告。

3. 对于侮辱、殴打教师，造成损害的，应当依照《民法通则》的规定，由人民法院追究民事责任。其中造成人身伤害的，应当赔偿医疗费、因误工减少的收入等费用；造成教师的姓名权、肖像权、名誉权、荣誉权受到损害的，应当停止侵害，恢复名誉，消除影响，道歉，并应赔偿相应的精神损失。

4. 对于侮辱、殴打教师，情节严重，构成犯罪的，由人民法院依法追究刑事责任。

教育行政法规案例分析与思考：

一、学生状告母校的人身损害赔偿案

案情：广西永福县广福乡矮岭初中是一所实行半封闭式管理的初级中学。中午午睡时，该校初中二年级学生韦安和刘平等几名同学因说话违反学校纪律，被老师罚去打扫卫生。当天下午，韦安与刘平等几名同学一起到学校后门倒垃圾，当时，学校后门已锁上，其他几名学生去向值班老师要钥匙来开门，韦安与刘平则在门边等候。在等候过程中，韦安两次跳起攀摸门上方的水泥挡雨板，挡雨板突然脱落，韦安赶紧往后躲闪，刘平则一时没有反应过来，被约 200 公斤重的挡雨板砸中头部。见刘平被砸伤，韦安马上向老师报告，学校老师立即送刘平到村卫生室做简单包扎，后送乡卫生院处理。由于伤势严重，当天转到桂林南溪山医院住院治疗。

经法医鉴定，其颅脑损伤严重，伴有一侧不完全性面瘫，智力下降，其长时记忆中的心智能力、短时记忆中的联想及触觉记忆有所减退。其右眼失明属于七级伤残，其颅脑损伤智能减退（边缘智能）属于八级伤残，其外伤性瞳孔散大，颅骨骨折及颅底骨折、眼眶骨骨折均属于十级伤残。

刘平受伤住院期间，矮岭初中的领导和师生非常关心，老师亲自护送刘平到南溪山医院并在危重期间与家属共同守护，学校想方设法筹集了6000 元资金，解决了部分医疗费用。为给刘平治伤，父母亲向亲戚朋友借了近万元，并用房产抵押向银行贷款 5000 元。出事当天晚上，县分管教育的副县长、县教育局领导亲自到医院看望了刘平。之后，广福乡党委、政府、教育组的领导也分别到医院看望了刘平。共青团永福县委员会、永福县教育局向县直各单位、社会各界人士发出《关于为刘平同学开展捐款救助活动的倡议书》，共收得捐款 6270 元。由于刘平在入学时购买了人身保险，中国人寿保险公司永福营业部赔付了刘平保险费 16500 元。这一切，使刘平的家属备感组织的关怀和温暖，使其在协商过程中曾一度放弃要求学校赔偿精神损失费的请求。

然而，在漫长的协商过程中，学校均以经费紧张，且攀摸挡雨板的韦安同学也有一定责任为由，拒付赔偿费用。

1999 年 12 月 6 日，刘平正式向永福县人民法院递交起诉状，将自己的母校广福乡矮岭初中和同学韦安告上法庭，要求二被告赔偿医疗费、误工费、交通费等经济损失 37074 元，另赔偿精神损失费 20000 元，二被告互负连带责任。

一审审理过程中，被告矮岭初中对原告刘平所诉的事实无异议，但认为其已为刘平支付医药费 6000 元，同时积极向社会筹款和向保险公司索赔，共计已向刘平支付了 28000 多元，此款已超过刘平的医药费，对刘平伤残补助同意依法给付，但对精神损失费主张不予赔偿。另外，学校还主张韦安对事故的发生有一定责任，应当承担相应的民事赔偿责任。

韦安的法定代理人认为，韦安与刘平等同学是在服从老师布置的劳动时被学校后门的挡雨板致伤的，虽然韦安摸了水泥挡雨板，但是韦安是未成年在校学生，监护责任已转移给学校，故其不应承担赔偿责任。

永福县人民法院经审理后认为，原告刘平所述的事实基本成立，矮岭初中作为其后门的所有人和管理人，其门上的挡雨板不牢固，又由于韦安攀摸挡雨板，致使挡雨板坠落致伤原告刘平，理应承担民事赔偿责任。韦安虽然对事故发生有一定过错，但其当时是未满 14 周岁的在校学生，矮岭初中作为一所半封闭式管理的学校负有监护管理责任，赔偿责任也应由学校承担，遂于 2000 年 3 月 28 日依法作出一审判决，由矮岭初中赔偿刘平医药费、伙食补助费、残疾生活补助等各项经济损失 36819 元，精神损失费 10000 元。一审认定社会捐助款、保险赔偿款归原告刘平所有，一审宣判后，原、被告均没有提出上诉。2000 年 5 月 8 日，该案进入执行程序。

2000 年 5 月 16 日，矮岭初中向永福县人大常委会反映法院一审判案不当，请求人大监督。学校认为应由韦安承担全部赔偿责任，学校不应承担赔偿责任。

矮岭初中的理由有两点：一是原审判决认定的事实不清，认为挡雨板牢不牢是相对而言的，是有限的。该挡雨板建成至事发时已有六七年时间，从未坠落过，况且经过"普九"验收抽检和年度复查均未发现问题。其次，原审认定韦安"攀摸"挡雨板也与事实不符，事实上韦安曾连续两次"攀坠"挡雨板才导致挡雨板坠落的。二是原审适用法律不当，矮岭初中对事故的发生没有过错，不应适用《民法通则》第一百二十六条、第一百一十九条以及《最高人民法院关于适用（民法通则）若干问题的意见》第一百六十条。相反，学校本着力所能及的态度，发扬人道主义精神，已替刘平支付了 6000 元医疗费，还积极请求有关部门发出募捐倡议，共计募捐得款 6275 元。同时又积极代刘平向保险公司索赔成功，已算仁至义尽，无愧于刘平的家长和刘平本人。为此，永福县人大常委会要求县法院对此案作专题汇报。

永福县人民法院非常重视，本着尊重人大的意见的原则，于 2000 年 6 月 5 日依审判监督程序作出裁定：中止原判决执行，另行组成合议庭进行再审。2000 年 7 月 3 日，作出再审判决：撤销原审判决；判决由矮岭初中和韦安的法定代理人分别赔偿刘平医药费、残疾生活补助费等各项损失52819 元（其中精神损失费 10000 元）的 70% 和 30%。

中级人民法院作出终审判决

由于再审是按一审程序进行的，所以按照《民事诉讼法》的规定可以提起上诉。再审判决宣判后。韦安不服，向桂林市中级人民法院提起上诉。他认为，挡雨板坠落有两方面的原因，一是受害人刘平在企图用自己的钥匙捅开门不成后，即猛力拉、摇、踢校门；二是校门工程质量伪劣。请求追加校门的承建人为共同被告并承担责任。二审过程中，矮岭初中仍坚持再审时的意见，而刘平则认为造成其受伤的主要责任还是在于学校，再审判决由学校承担 70% 的责任过轻，请求二审改判。

桂林市中级人民法院审理后认为，刘平所受伤残，是因为矮岭初中的后门水泥挡雨板不牢固韦安攀摸致使水泥板落下砸伤所致。韦安虽然对事故发生有一定过错，但其当时是未满 14 周岁的学生，由于矮岭初中对学生实行半封闭管理，学生的监护任务已转移到学校，学校对学生的行为应负有监护管理责任。同时，由于矮岭初中后门的水泥挡雨板不牢固，在安全质量方面存在问题，才会出现因攀摸而坠落致伤刘平的情况，故矮岭初中应对刘平所受伤害承担全部民事赔偿责任。于是，桂林市中级人民法院作出了与永福县人民法院原审判决一样的终审判决：由矮岭初中赔偿刘平医药费、护理费、残疾生活补助费等费用 42819 元及精神损失费 10000 元，扣除已垫支的 6000 元，还应给付 46819 元。

分析与思考题：结合所学法律法规，谈一谈学校有哪些过错？

二、隐瞒病情跑百米猝死，学校有没有责任？

某校高二学生王某在入校之前，曾被医院诊断为"双膝、双肘、左臀部结节性黄色瘤；发育、营养不良，建议避免剧烈运动"。但是，王某在校就读的一年多时间里，从未将其病情告诉学校，也没有要求免上体育课。今年 6 月，王某在一次体育课中跑完 100 米后突然死亡，医院确定王某的死因是猝死。事发后，王某的家长向学校提出了巨额的赔偿要求。

分析与思考题：对于王某的意外死亡，学校是否应承担责任？

（提示：《学生伤害事故处理办法》第八条规定："学生伤害事故的责任，应当根据相关当事人的行为与损害后果之间的因果关系依法确定。因学校、学生或者其他相关当事人的过错造成的学生伤害事故，相关当事人应当根据其行为过错程度的比例及其与损害后果之间的因果关系承担相应的责任……"第十二条规定："因下列情形之一造成的学生伤害事故，学校履行相应的职责，行为并无不当的，无法律责任……学生有特异体质、特定疾病或者异常心理状态，学校不知道或者难于知道的……"尚未成年的王某在学校就读期间，王某的父母作为法定监护人，理应如实将王某的身体状况向学校反映。但是，王某的父母和王某本人从未向学校反映其身体疾病，也从未要求免修体育课，以致王某在上体育课期间受到损害，王某的父母在主观上有过错，应对自己的行为后果负责。学校在此事上不存在过错，因此不应承担赔偿责任。）

三、学生不慎坠楼，责任由谁承担？

1999 年 3 月 25 日下午 1 点左右，湖北省十堰市张湾区黄龙镇斤坪小学四年级 10 岁学生高涛，提前离家到校后，与其他同学一同在该校教学楼三楼走廊里玩"捉迷藏"游戏。期间，该校教师、高涛的班主任石九祥发现，并前往楼上制止。待石老师离开之后，高涛与其他同学又继续玩了起来。

约下午 2 点，高涛为了使一同玩"捉迷藏"的其他同学摸不着自己，即起身翻越走廊栏杆，因手未抓牢栏杆，致使其从教学楼三楼坠落到一楼地面上，造成头部、腿部及全身多处受伤。住院 39 天，共花医疗费 16607.80 元。经法医鉴定，高涛的损伤为遗留九级伤残。

高涛及其法定监护人（高涛之母）将斤坪小学和斤坪村委会告到区法院，并提出了人身损害赔偿的诉讼。索赔医疗费、住院伙食补助费、护理费、伤残补助费等费用共计 33116.60 元。

学校和村委会观点：高涛提前到校与其他同学一起玩耍，高涛的班主任上楼制止了他们。但班主任走后，他们又继续玩游戏。因高涛疏忽，不慎失手从三楼栏杆处摔至楼下受了伤。由此可见，学校没有过错，也无侵权行为，因此学校不应该承担民事赔偿责任。村委会认为，斤坪小学是国家建在村里的学校，与村委会无隶属关系，因此不应该承担民事赔偿责任。

法院判定：原告高涛的监护人未完全尽到监护职责，致使原告过早离家到校，这是导致本次事故的主要原因，因此原告高涛及其监护人应当承担主要责任，即承担 60% 责任。被告学校在学生离校期间敞开校门，应当考虑到学生会提前到校并玩耍，但其疏于管理，未采取锁校门、楼门等防范措施，且三楼教学楼栏杆未达到国家规定的标准高度，应承担 40% 的责任。原告要求斤坪村承担赔偿责任，没有法律依据，法院不予支持。

分析与思考题：为避免和减少学生在校伤害事故的发生，学校应如何加强校舍等设施的管理？

（提示：《学生伤害事故处理办法》规定"学校的校舍、场地、其他公共设施，以及学校提供给学生使用的教育教学和生活设施、设备不符合国家规定的标准，或者有明显不安全隐患的"、"学校教师或其他工作人员在负有组织、管理未成年学生的工作中发现学生行为具有危险性，但未进行必要的管理、告诫或制止的"等原因引起的伤害事故，学校应承担责任。）

四、学生课间玩耍受伤，学校是否有责任？

案情：某日下午，某小学课间期间，学生杨某在操场玩耍，被正在追逐打闹的学生李某、王某撞倒在地，并被压在身下，造成阴茎包皮挫裂伤。杨某受伤后，学校立即将其送往医院治疗，并同时通知了 3 名学生的家长。在医院，杨某做了包皮环切手术，但未住院治疗，并于 10 天后到校继续上课。其医疗费、交通费等已由李某、王某的监护人支付。经公安部门法医活体检验鉴定，该包皮环切手术属正常手术，不会对杨某的身体造成不良影响，属于轻伤。

其后，杨某的家长作为代理人，以杨某因伤害造成生殖器畸形，可能对今后生活产生影响为由，以另两个学生及该学校为被告，提起诉讼，要求三方赔偿他们误工减少的收入及精神损伤费 10 万元。

法院判决：一审法院审理认为：杨某在课间被李某、王某撞倒造成身体伤害，李某、王某均系未成年人，其在校期间，学校应当承担教育、管理的责任。因此，对杨某在校期间身体伤害，该小学有一定的过错，应承担一定责任。但由于杨某的医疗费、交通费等已由另两个学生的监护人赔付，且公安部门的鉴定已证明，杨某所受的伤害不会对其身体发育造成不良影响。因此，原告的请求于法无据，判决驳回起诉。原告认为一审法院认定小学对伤害的发生有一定的责任，却不判决其承担责任的具体方式，结果不公，遂提起上诉。

二审法院经审理认为：李某、王某作为限制民事行为能力人，在学校课间嬉戏时致杨某受伤，有过错，应承担民事赔偿责任。根据最高人民法院《关于贯彻执行＜中华人民共和国民法通则＞若干问题的意见》（试行）第一百五十九条，"被监护人造成他人损害的，有明确监护人时，由监护人承担民事责任"之规定，应由两名学生的监护人承担民事责任。在他们不慎致伤杨某的过程中，学校不存在管理过错，故不应承担民事赔偿责任。一审判决认定事实、适用法律均有错误，予以撤销。

分析与思考题：两次审理两个结果，你认为学生课间受伤学校是否应当承担一定的责任？

（提示：由于未成年学生彼此间的追逐、玩耍、打闹、玩笑等行为，而造成的学生身体受伤的情况，在中小学中是比较常见、多发的。本案就是典型的有此而引发的学生伤害事故。一旦发生了此类事故，学校是否有责任呢？根据最高人民法院《关于贯彻执行＜中华人民共和国民法通则＞若干问题的意见》（试行）第一百六十条的规定，"在幼儿园、学校生活、学习的无民事行为能力的人或在精神病院治疗的精神病人，受到伤害或者给他人造成损害，单位有过错的，可责令这些单位适当给予赔偿。"因此，在学生伤害事故中，应当按过错责任原则确定学校责任，即学校有过错的承担与其过错相应的责任，无过错的即无责任。

以本案为例，未成年的学生课间追逐打闹从孩子的天性来讲是不可避免的，从教育者的角度，也是正常的，不应当限制，学校未禁止学生的此类行为，并不属于管理的疏忽和过错。如果孩子的玩耍在正常的范围内，只是由于偶然的和难以防范的以外而发生事故，那么学校就没有管理的过错。但由于学生是未成年人，其对危险的认知和判断是有限的，学校和教师还有义务制止他们明显的危险行为，如在危险的地方玩耍、以危险的方式游戏、以危险的手段玩笑等。如果学校、教师发现了而未及时予以制止，那么就应对事故后果承担部分责任。学校、教师是否有责任，应以其是否履行了法定义务以及是否在可预见的范围内，尽到了谨慎的注意义务为判断依据。）

五、体罚学生引发国内巨额赔偿案

案情：1998 年 9 月 4 日晚 6 时许，朝阳市第二高中教学楼内，恰逢下课的时候，学生多聚集在楼内走廊，外面正下着大雨，秩序非常混乱，高二·八班的男生崔某在走廊内鼓掌喧闹，被时任副校长易淑荣撞见。易淑荣拍打崔某后背几下，说："你起哄干什么，幸灾乐祸呀！"易淑荣拽住崔某，问是哪个班的，崔某说是八班的，易淑荣又拽住崔某的衣服去八班，崔某边走边嚷："你校长凭什么打人……"高二·八班班主任许晓晨在八班教室门口见崔某与易校长拉扯着，吵吵着过来，遂上前打了崔某左面部两耳光。崔某感觉听力下降、耳鸣。事隔一天后，崔某到朝阳市第二医院检查，诊断为左耳外鼓膜穿孔，后经朝阳市公安局双塔区公安分局法医鉴定，崔某左耳被暴力打击造成外伤性鼓膜穿孔，其伤情构成轻伤。事后，崔某的行为有些异常，无法继续学习。崔某向朝阳市双塔区法院状告许晓晨故意伤害，要求被告方赔偿损失，赔礼道歉，并追究许晓晨的刑事责任及校方管理不善造成恶果的连带责任。一审、二审原告均不服，并逐级申诉。1999 年年底，辽宁省精神卫生中心得出对崔某的司法鉴定结果："崔某患有心因性精神障碍（延迟性心因反应），其发病系心理创伤所致，与1998 年 9 月 4 日被打后精神刺激有直接关系。"这个鉴定结论使崔某的父母受到极大打击。

2001 年 1 月 12 日，双塔区法院组成了和议庭，并追加易淑荣为被告。原、被告双方同意在双塔区人民法院的主持下对本案进行调解，被告人许晓晨同意承担民事赔偿责任，朝阳市第二高级中学也愿意承担相应的民事赔偿责任。崔某自愿放弃对被告人许晓晨、易淑荣的指控，被告人许晓晨、朝阳市第二高级中学赔偿崔某各项经济损失人民币 31 万元。当天，双方在调解书上签了字，校方当天便支付了赔偿款。

分析与思考题：谈谈双塔区法院作出民事赔偿判决的依据。

六、一个中学生胜诉引起的教育思考

2002 年 8 月 20 日，山东省金乡县某中学初一（3）班学生徐某，因作文迟交三天，被语文教师李某责令罚抄 24 遍。徐某回到家里，从晚上 6 点一直到深夜 12 点也没抄完 24 遍，无奈给父母留下遗言，准备离家出走，幸亏被家长及时发现，才避免了一场悲剧的发生。第二天，徐某的家长领他去学校找语文老师，然而，李老师却持有异议，理由是："罚抄"是我们学校管理学生早已形成的习惯，而且效果很好，你的孩子被"罚抄"，是不服从管教的结果……学校校长也只说了句"今后注意实效，合理使用"而已。2002 年 9 月 4 日，徐某的父母通过法律咨询，了解到学校及李某的行为违反了《教育法》和《教师法》，损害了学生的身心健康，于 2002 年 9 月 14 日把该学校和李老师告上了法庭。结果，学生家长打赢了这场官司，法院责令学校取消"罚抄"这一损害学生身心健康的行为，并要求李某向学生及家长书面道歉，学校承担法律诉讼费 100 元及学生家长往返县城的一切费用 600 元。

分析与思考题：结合以上两个案例和教育教学工作实际，谈一谈体罚和变相体罚可导致哪些后果？

（提示：体罚通常表现为教师在教育教学过程中采取暴力、强制等正常教育方式以外的手段，对学生实施可直接造成身体痛苦的惩罚，如殴打、罚站等；变相体罚则通常表现为，教师通过过度运用某种教育手段，使学生的身心感受到压力、不适甚至是痛苦的惩罚，如让学生过度地抄写课文、反复地重复同一种行为等。总之，体罚和变相体罚都是教师利用自身对学生的管理职权和所产生的心理权威，在教育过程中不正当地行使了惩戒等教育手段，使学生身心感到痛苦的行为。由于这种行为对于未成年学生的身心发育会产生严重的不良影响，因此，法律中对此行为已作了明确的禁止。此外，教师的体罚行为往往会直接造成学生受伤甚至死亡，也是造成学生伤害事故的重要原因之一。在实际中，教师体罚学生手段多种多样，但无论给学生带来了直接的伤害，还是体罚促成和直接导致了伤害后果的事件的发生，教师的体罚和变相体罚行为都是一种严重的违反法定义务并对学生的生命健康权构成侵害的侵权行为，要承担相应的民事责任。有些时候，由于教师的体罚行为导致了严重的后果，教师还可能为此承担刑事责任。)

七、遵师命当力工，小学生断三指

2001 年 3 月 26 日，沈阳市保工街第五小学某班第四节体育课，体育教师让七八个男学生把学校厕所旁边的一堆预制板抬到近百米之外的地方堆放。这些学生抬了一块后，第二块由于太重，刚抬了不远便搬不动了，在水泥板下坠时，学生魏某的右手未能及时抽出，三根手指遭重压骨折。

事发后，学校进行了积极的补救，承担了全部医疗费用，并派老师到医院和魏某家中为其补课。

分析与思考题：学校组织学生参加公益劳动等实践性活动应注意哪些问题？

（提示：《学生伤害事故处理办法》规定，"学校违反有关规定，组织或者安排未成年学生从事不宜未成年人参加的劳动、体育活动或者其他活动的"造成学生人身伤害事故，学校应当依法承担相应的责任。对于活动是否适合于未成年人参加，学校和教师既要遵循法律的原则性规范，也要有灵活的把握。根据法律的原则，学校、教师可以从如果从事活动的是自己的孩子，此活动是否有风险的角度加以考虑。如以学校开展卫生扫除，擦窗户玻璃的劳动对于未成年的学生是否适当为例，如果是高层楼房的玻璃，让孩子来完成工作，恐怕任何一位家长都会自然地产生担心，因为即使是成人从事此项劳动也存在着危险，更何况是心理和生理都不成熟的孩子。考虑到这种普遍存在的担心，学校如果仍要求学生去干此项工作，显然是处于可以预见到危险，但由于过于自信而没有避免的心理状态中，因此也就有过错。但如果是在平房或者一楼，则一般人都会认为是安全的，因此，此项劳动对于未成年学生来讲也就是适宜的。对于一项新的活动是否适合未成年人的身心特点和认知能力，学校除了依靠自身的经验和常识，在合理的范围内进行判断外，也要更多地听取有关的专业部门和专家的意见。)

八、学生离校出走，责任由谁负

9 岁的小刚是北京市海淀区厂西门小学三年三班的学生。1998 年 9 月 16 日，小刚把教室的门锁弄坏，第二天上午上学又迟到了。早操后班主任张老师把小刚叫到办公室谈话至第一节课结束，还让他把家长请来。小刚在此后至上午第三节课前的时间内离开学校。张老师在上课时发现小刚不见了，当天中午张老师就到小刚家中，将小刚离开学校一事告诉了小刚的母亲。小刚离校后既未回家，也没有再到学校上学。

1998 年 9 月 17 日厂西门小学向公安机关报案，此后学校曾组织人力寻找过小刚，并出资先后在《北京日报》和《法制日报》上刊登寻人启事。

小刚于 1998 年 9 月 16 日上午离开厂西门小学后并未回家，在北京流浪了近两个月，然后乘火车离开北京，先后到过河南省安阳市、河北省邯郸市、河南省新乡市、河南省郑州市等地。根据小刚自己回忆一路上吃了不少苦，为了生存还捡过破烂，好不容易攒了一点钱却又被人抢走。最终，小刚在山西省太原市一位好心人的帮助下与家人联系上，于 2000 年 12 月 19 日由家人从太原市接回家。2001 年 3 月，小刚的家长将学校告上法庭，要求学校赔偿小刚在外流浪所造成的伤病检查费、鉴定费、医疗费 10559 元，另有荒废学业补习费 5 万元、武术学习损失费 1 万元、寻找交通费 5 万元以及精神损失赔偿费 50 万元，总计为 620559 元。

分析与思考题：学生离校出走，学校要负责任吗？

（提示：（一）学校有无过失，该承担什么责任？

学校与学生之间的关系属于特殊民事法律关系，其特殊性主要体现在学校对学生行为所进行的管理和规范。《学生伤害事故处理办法》第五条中，对学校所负义务给予了相应的界定："学校应当对在校学生进行必要的安全教育和自护自救教育；应当按照规定，建立健全安全制度，采取相应的管理措施，预防和消除教育教学环境中存在的安全隐患；当发生伤害事故时，应当及时采取措施救助受伤害学生。学校对学生进行安全教育、管理和保护，应当针对学生年龄、认知能力和法律行为能力的不同，采用相应的内容和预防措施。"因此，学校应当建立健全安全制度，预防和消除教育教学环境中存在的安全隐患。而毫无疑问，这种义务也同时根据学生年龄、智力状况的不同而有所区别。在这个案子中，小刚只有 9 岁，属无民事行为能力人，学校在上学期间，对无民事行为能力的学生应进行特殊的教育管理，负有与其相适应的注意义务。

基于以上背景以及相关法律原则，厂西门小学与本案相关的义务具有以下两项：第一，学校应当保护学生在学校上学期间，不能未经批准轻易从学校门口出走而毫不知情；第二，在发现学生出走后，学校应当积极采取措施加以寻找。

本案中，小刚能够轻易地从厂西门小学校门口出走而未经阻拦。虽然此后厂西门小学及时了解情况，发现小刚出走一事并通知小刚家人，同时采取了登报寻人等积极的补救措施，但厂西门小学对在上学期间的无民事行为能力人这一需要特别管理和保护的群体未尽到注意义务，故此，学校对小刚能够未经批准轻易离开学校具有一定的过失。

本案中厂西门小学如何承担与其过失相应的责任，应综合考虑责任的成立、范围与责任大小，同时，从足以在今后规范学校各项管理和加强学校对特殊民事主体的保护行为的角度出发予以判定。鉴于厂西门小学已于事发当日通知小刚家人，又出资在《北京日报》和《法制日报》上刊登寻人启事，采取了必要的补救措施，厂西门小学仅应承担与其过失相适应的民事责任。从其有对特殊民事主体未尽严格的管理注意义务，使未成年人未经批准能够轻易离开学校的过失考虑，法院判定厂西门小学给予小刚经济补偿 3000 元。

（二）学校对小刚出走后的健康损害及其他损失是否应承担责任？该案有以下几个关键问题，也是需要提示学校在今后行为或发生纠纷诉讼时应予以关注的问题。

1. 学校的教育行为是否不当，法院是否审理？

小刚因老师要请家长而擅自离校属事实，法院予以认定。但法院认为在教学管理中，学校和老师为教育学生而采取相应的教育措施与方法，不属于法院主管范围。法院不能判定学校及老师应该如何进行教学，除非老师和学校的行为侵犯了学生为法律所保护的合法权利，否则学校和老师对学生正常的教育和管理，任何外人无权加以干涉。在学生未提供相应证据的前提下，应推定学校的行为并未违法，所以厂西门小学在教学管理中所采取的行为正当，并未侵犯学生小刚的合法权利。

2. 家长责任与学校责任的区别：

从过失行为与承担责任范围角度分析，学校对无民事行为能力人应予以特殊的管理、保护和教育。但学校仅应就其责任范围内的过失行为承担相应责任，而不应任意扩大学校的义务和其承担责任的范围。《中华人民共和国民法通则》明确规定："未成年人的父母是未成年人的监护人。"所以对未成年人的监护责任应由其父母承担。厂西门小学对在校期间的未成年人应负有一定范围内的管理、监督和教育的责任，但并非监护责任，同时应意识到学校对未成年人这一特殊民事主体应该特别管理与保护。本案中厂西门小学仅应对学生出入校门不善的过失行为承担相应的责任。

3. 厂西门小学是否承担小刚离校后的损害责任？

虽然厂西门小学有校门进出管理不严之过失，但此过失并非直接导致小刚擅自离校的原因，学校在正常的教育教学中实施的行为也非直接导致小刚擅自离校的原因。《学生伤害事故处理办法》第十三条规定："下列情形下发生的造成学生人身损害后果的事故，学校行为并无不当的，不承担事故责任；事故责任应当按有关法律法规或者其他有关规定认定……（二）在学生自行外出或者擅自离校期间发生的……"厂西门小学未在上课期间关闭大门，且学校工作人员无人发现小刚擅自离校，属未尽注意义务。未尽该义务，是否与小刚离校后流浪一事具有因果关系是本案关键所在。《处理办法》第八条规定："学生伤害事故的责任，应当根据相关当事人的行为与损害后果之间的因果关系依法确定。"某一原因与某结果之间的因果关系要依一般观念，在有同一条件存在情况下必然会发生同一结果，才能够认定该条件与该结果间有因果关系。小刚擅自离校后有回家与出走这两种产生不同后果的选择，对此厂西门小学无法预期，小刚的监护人亦无法预期，所以无法推断学校校门管理不善系导致小刚在离校后不回家且又离京流浪长达两年的直接原因。因此本院认定，学校管理不善的过失与小刚出走流浪的事实无必然的因果关系，对于学校的过失行为应承担相应范围的责任，但小刚流浪造成的各种损害后果，显然与学校的过失行为无必然的因果关系，所以厂西门小学不应承担上述民事责任。）

九、张贴学生分数，学校构成侵权

1998 年 12 月的一天，江西省赣州地区某中学的校门口贴出一大幅成绩单，上面列有该校初三年级（2）班全体学生的一次模拟考试的排名成绩，并对张某等排名在最后的三名同学点名批评。

成绩单贴出后，弄得张某等三人在其他同学面前抬不起头来。张某之父听说此事之后，找到学校领导，要求学校立即停止张贴成绩单的行为，并向张某赔礼道歉。几次协商未果，张某之父起诉到法院，请求法院责令学校立即停止侵权行为，并向张某赔礼道歉，并要求赔偿损失 200 元。学校辩解说公布成绩单的目的只是为了促使学生更加努力学习。

法院审理认为，学校公布学生成绩单，主观上虽没有侵害张某的故意，但客观上已侵害了张某的隐私权，造成张某名誉的损害。因此，法院判决该中学立即停止张贴排名成绩单的行为，向张某赔礼道歉，赔偿张某损失 100 元。

分析与思考题：本案例对你有哪些启示？

（提示：时下，以张贴排名成绩来促使学生努力学习的现象十分普遍，这不但造成学生压力过大，而且常导致不少学生离家出走，甚至自杀。1994 年 11 月 10 日，国家教委颁布实施的关于全面贯彻教育方针减轻中小学生过重课业负担的意见中明确规定：学校、教师不得按学生考分高低排列名次，张榜公布。本案中，该中学不但按学生考分的高低排列学生的名次，而且还将学生的排名成绩单张贴到学校的大门口，明显违反了上述规定。最高人民法院关于审理名誉权案件若干问题的解答中规定："未经他人同意，擅自公布他人的隐私材料或以书面、口头形式宣扬他人隐私，致他人名誉受到损害的，按照侵害他人名誉权处理。"本案中，张某等人并不希望别人知道自己的分数，因此，分数对他们来说是一种隐私，可该中学却未经张某等人同意，就擅自将他们的分数公布，致使张某的名誉权受到伤害，理应受到处罚。此外，根据民法通则的过错责任原则，该校应承担一定责任。）

十、李某申诉学校侵犯了他的教育教学权

李某从师范院校专科毕业后，被分配到一所中学教数学。一年后，其所教班级的数学成绩明显下降，学生对他意见很大，强烈要求学校调换教师。学校经过调查发现，李某不认真研究本专业知识，并且没有做好课前准备，不备课或备课很简单，教学效果不佳。教研组多次找他谈话，还组织有关教师听他的课，但李某不是采取积极的态度，而认为是教研组长有意抓他的"辫子"，不接受对他教学工作的检查。更有甚者，在成绩评定时，把一些对他有意见的学生的成绩评低，个别的甚至有意评不及格，这种行为很快被学校发现。于是学校根据这样的情况，经研究，认为李某不再适宜担任该科的教学工作，但又没有合适的科目给他担任，决定调他到总务处负责学校的治安、收发工作。李某不服，认为自己是教师，理应担任教学工作，学校的决定是侵犯他教育教学权利的行为，于是，向市教育局提出申诉。

分析与思考题：在该案例中，学校对李某的工作调整是否侵犯了其教育教学权？

法规附录

一、中华人民共和国教育法

（1995 年 3 月 18 日第八届全国人民代表大会第三次会议通过）

第一章 总 则

第一条 为了发展教育事业，提高全民族的素质，促进社会主义物质文明和精神文明建设，根据宪法，制定本法。

第二条 在中华人民共和国境内的各级各类教育，适用本法。

第三条 国家坚持以马克思列宁主义、毛泽东思想和建设有中国特色社会主义理论为指导，遵循宪法确定的基本原则，发展社会主义的教育事业。

第四条 教育是社会主义现代化建设的基础，国家保障教育事业优先发展。

全社会应当关心和支持教育事业的发展。

全社会应当尊重教师。

第五条 教育必须为社会主义现代化建设服务，必须与生产劳动相结合，培养德、智、体等方面全面发展的社会主义事业的建设者和接班人。

第六条 国家在受教育者中进行爱国主义、集体主义、社会主义的教育，进行理想、道德、纪律、法制、国防和民族团结的教育。

第七条 教育应当继承和弘扬中华民族优秀的历史文化传统，吸收人类文明发展的一切优秀成果。

第八条 教育活动必须符合国家和社会公共利益。

国家实行教育与宗教相分离。任何组织和个人不得利用宗教进行妨碍国家教育制度的活动。

第九条 中华人民共和国公民有受教育的权利和义务。

公民不分民族、种族、性别、职业、财产状况、宗教信仰等，依法享有平等的受教育机会。

第十条　国家根据各少数民族的特点和需要，帮助各少数民族地区发展教育事业。

国家扶持边远贫困地区发展教育事业。

国家扶持和发展残疾人教育事业。

第十一条　国家适应社会主义市场经济发展和社会进步的需要，推进教育改革，促进各级各类教育协调发展，建立和完善终身教育体系。

国家支持、鼓励和组织教育科学研究，推广教育科学研究成果，促进教育质量提高。

第十二条　汉语言文字为学校及其他教育机构的基本教学语言文字。少数民族学生为主的学校及其他教育机构，可以使用本民族或者当地民族通用的语言文字进行教学。

学校及其他教育机构进行教学，应当推广使用全国通用的普通话和规范字。

第十三条　国家对发展教育事业作出突出贡献的组织和个人，给予奖励。

第十四条　国务院和地方各级人民政府根据分级管理、分工负责的原则，领导和管理教育工作。

中等及中等以下教育在国务院领导下，由地方人民政府管理。

高等教育由国务院和省、自治区、直辖市人民政府管理。

第十五条　国务院教育行政部门主管全国教育工作，统筹规划、协调管理全国的教育事业。

县级以上地方各级人民政府教育行政部门主管本行政区域内的教育工作。

县级以上各级人民政府其他有关部门在各自的职责范围内，负责有关的教育工作。

第十六条　国务院和县级以上地方各级人民政府应当向本级人民代表大会或者其常务委员会报告教育工作和教育经费预算、决算情况，接受监督。

第二章　教育基本制度

第十七条　国家实行学前教育、初等教育、中等教育、高等教育的学校教育制度。

国家建立科学的学制系统。学制系统内的学校和其他教育机构的设置、教育形式、修业年限、招生对象、培养目标等，由国务院或者由国务院授权教育行政部门规定。

第十八条　国家实行九年制义务教育制度。

各级人民政府采取各种措施保障适龄儿童、少年就学。

适龄儿童、少年的父母或者其他监护人以及有关社会组织和个人有义务使适龄儿童、少年接受并完成规定年限的义务教育。

第十九条　国家实行职业教育制度和成人教育制度。

各级人民政府、有关行政部门以及企业事业组织应当采取措施，发展并保障公民接受职业学校教育或者各种形式的职业培训。

国家鼓励发展多种形式的成人教育，使公民接受适当形式的政治、经济、文化、科学、技术、业务教育和终身教育。

第二十条　国家实行国家教育考试制度。

国家教育考试由国务院教育行政部门确定种类，并由国家批准的实施教育考试的机构承办。

第二十一条　国家实行学业证书制度。

经国家批准设立或者认可的学校及其他教育机构按照国家有关规定，颁发学历证书或者其他学业证书。

第二十二条　国家实行学位制度。

学位授予单位依法对达到一定学术水平或者专业技术水平的人员授予相应的学位，颁发学位证书。

第二十三条　各级人民政府、基层群众性自治组织和企业事业组织应当采取各种措施，开展扫除文盲的教育工作。

按照国家规定具有接受扫除文盲教育能力的公民，应当接受扫除文盲的教育。

第二十四条　国家实行教育督导制度和学校及其他教育机构教育评估制度。

第三章　学校及其他教育机构

第二十五条　国家制定教育发展规划，并举办学校及其他教育机构。

国家鼓励企业事业组织、社会团体、其他社会组织及公民个人依法举办学校及其他教育机构。

任何组织和个人不得以营利为目的举办学校及其他教育机构。

第二十六条　设立学校及其他教育机构，必须具备下列基本条件：

（一）　有组织机构和章程；

（二）　有合格的教师；

（三）　有符合规定标准的教学场所及设施、设备等；

（四）　有必备的办学资金和稳定的经费来源。

第二十七条　学校及其他教育机构的设立、变更和终止，应当按照国家有关规定办理审核、批准、注册或者备案手续。

第二十八条　学校及其他教育机构行使下列权利：

（一）　按照章程自主管理；

（二）　组织实施教育教学活动；

（三）　招收学生或者其他受教育者；

（四）　对受教育者进行学籍管理，实施奖励或者处分；

（五）　对受教育者颁发相应的学业证书；

（六）　其聘任教师及其他职工，实施奖励或者处分；

（七）　管理、使用本单位的设施和经费；

（八）　拒绝任何组织和个人对教育教学活动的非法干涉；

（九）　法律、法规规定的其他权利。

国家保护学校及其他教育机构的合法权益不受侵犯。

第二十九条　学校及其他教育机构应当履行下列义务：

（一）　遵守法律、法规；

（二）　贯彻国家的教育方针，执行国家教育教学标准，保证教育教学质量；

（三）　维护受教育者、教师及其他职工的合法权益；

（四）　以适当方式为受教育者及其监护人了解受教育者的学业成绩及其他有关情况提供便利；

（五）　遵照国家有关规定收取费用并公开收费项目；

（六）　依法接受监督。

第三十条　学校及其他教育机构的举办者按照国家有关规定，确定其所举办的学校或者其他教育机构的管理体制。

学校及其他教育机构的校长或者主要行政负责人必须由具有中华人民共和国国籍、在中国境内定居、并具备国家规定任职条件的公民担任，其任免按照国家有关规定办理。学校的教学及其他行政管理，由校长负责。

学校及其他教育机构应当按照国家有关规定，通过以教师为主体的教职工代表大会等组织形式，保障教职工参与民主管理和监督。

第三十一条　学校及其他教育机构具备法人条件的，自批准设立或者登记注册之日起取得法人资格。

学校及其他教育机构在民事活动中依法享有民事权利，承担民事责任。

学校及其他教育机构中的国有资产属于国家所有。

学校及其他教育机构兴办的校办产业独立承担民事责任。

第四章　教师和其他教育工作者

第三十二条　教师享有法律规定的权利，履行法律规定的义务，忠诚于人民的教育事业。

第三十三条　国家保护教师的合法权益，改善教师的工作条件和生活条件，提高教师的社会地位。

教师的工资报酬、福利待遇，依照法律、法规的规定办理。

第三十四条　国家实行教师资格、职务、聘任制度，通过考核、奖励、培养和培训，提高教师素质，加强教师队伍建设。

第三十五条　学校及其他教育机构中的管理人员，实行教育职员制度。

学校及其他教育机构中的教学辅助人员和其他专业技术人员，实行专业技术职务聘任制度。

第五章　受教育者

第三十六条　受教育者在入学、升学、就业等方面依法享有平等权利。

学校和有关行政部门应当按照国家有关规定，保障女子在入学、升学、就业、授予学位、派出留学等方面享有同男子平等的权利。

第三十七条　国家、社会对符合入学条件、家庭经济困难的儿童、少年、青年，提供各种形式的资助。

第三十八条　国家、社会、学校及其他教育机构应当根据残疾人身心特性和需要实施教育，并为其提供帮助和便利。

第三十九条 国家、社会、家庭、学校及其他教育机构应当为有违法犯罪行为的未成年人接受教育创造条件。

第四十条 从业人员有依法接受职业培训和继续教育的权利和义务。

国家机关、企业事业组织和其他社会组织，应当为本单位职工的学习和培训提供条件和便利。

第四十一条 国家鼓励学校及其他教育机构、社会组织采取措施，为公民接受终身教育创造条件。

第四十二条 受教育者享有下列权利：

（一）参加教育教学规划安排的各种活动，使用教育教学设施、设备、图书资料；

（二）按照国家有关规定获得奖学金、贷学金、助学金；

（三）在学业成绩和品行上获得公正评价，完成规定的学业后获得相应的学业证书，学位证书；

（四）对学校给予的处分不服向有关部门提出申诉，对学校、教师侵犯其人身权、财产权等合法权益，提出申诉或者依法提起诉讼；

（五）法律、法规规定的其他权利。

第四十三条 受教育者应当履行下列义务：

（一）遵守法律、法规；

（二）遵守学生行为规范，尊敬师长，养成良好的思想品德和行为习惯；

（三）努力学习，完成规定的学习任务；

（四）遵守所在学校或者其他教育机构的管理制度。

第四十四条 教育、体育、卫生行政部门和学校及其他教育机构应当完善体育、卫生保健设施，保护学生的身心健康。

第六章 教育与社会

第四十五条 国家机关、军队、企业事业组织、社会团体及其他社会组织和个人，应当依法为儿童、少年、青年学生的身心健康成长创造良好的社会环境。

第四十六条 国家鼓励企业事业组织、社会团体及其他社会组织同高等学校、中等职业学校在教学、科研、技术开发和推广等方面进行多种形式的合作。

企业事业组织、社会团体及其他社会组织和个人，可以通过适当形式，支持学校的建设，参与学校管理。

第四十七条　国家机关、军队、企业事业组织及其他社会组织应当为学校组织的学生实习、社会实践活动提供帮助和便利。

第四十八条　学校及其他教育机构在不影响正常教育教学活动的前提下，应当积极参加当地的社会公益活动。

第四十九条　未成年人的父母或者其他监护人应当为其未成年子女或者其他被监护人受教育提供必要条件。

未成年人的父母或者其他监护人应当配合学校及其他教育机构，对其未成年子女或者其他被监护人进行教育。

学校、教师可以对学生家长提供家庭教育指导。

第五十条　图书馆、博物馆、科技馆、文化馆、美术馆、体育馆（场）等社会公共文化体育设施，以及历史文化古迹和革命纪念馆（地），应当对教师、学生实行优待，为受教育者接受教育提供便利。

广播、电视台（站）应当开设教育节目，促进受教育者思想品德、文化和科学技术素质的提高。

第五十一条　国家、社会建立和发展对未成年人进行校外教育的设施。

学校及其他教育机构应当同基层群众性自治组织、企业事业组织、社会团体互相配合，加强对未成年人的校外教育工作。

第五十二条　国家鼓励社会团体、社会文化机构及其他社会组织和个人开展有利于受教育者身心健康的社会文化教育活动。

第七章　教育投入与条件保障

第五十三条　国家建立以财政拨款为主、其他多种渠道筹措教育经费为辅的体制，逐步增加对教育的投入，保证国家举办的学校教育经费的稳定来源。

企业事业组织、社会团体及其他社会组织和个人依法举办的学校及其他教育机构，办学经费由举办者负责筹措，各级人民政府可以给予适当支持。

第五十四条　国家财政性教育经费支出占国民生产总值的比例应当随着国民经济的发展和财政收入的增长逐步提高。具体比例和实施步骤由国务院规定。

全国各级财政支出总额中教育经费所占比例应当随着国民经济的发展逐步提高。

第五十五条 各级人民政府的教育经费支出，按照事权和财权相统一的原则，在财政预算中单独列项。

各级人民政府教育财政拨款的增长应当高于财政经常性收入的增长，并使按在校学生人数平均的教育费用逐步增长，保证教师工资和学生人均公用经费逐步增长。

第五十六条 国务院及县级以上地方各级人民政府应当设立教育专项资金，重点扶持边远贫困地区、少数民族地区实施义务教育。

第五十七条 税务机关依法足额征收教育费附加，由教育行政部门统筹管理，主要用于实施义务教育。

省、自治区、直辖市人民政府根据国务院的有关规定，可以决定开征用于教育的地方附加费，专款专用。

农村乡统筹中的教育费附加，由乡人民政府组织收取，由县级人民政府教育行政部门代为管理或者由乡人民政府管理，用于本乡范围内乡、村两级教育事业。农村教育费附加在乡统筹中所占具体比例和具体管理办法，由省、自治区、直辖市人民政府规定。

第五十八条 国家采取优惠措施，鼓励和扶持学校在不影响正常教育教学的前提下开展勤工俭学和社会服务，兴办校办产业。

第五十九条 经县级人民政府批准，乡、民族乡、镇的人民政府根据自愿、量力的原则，可以在本行政区域内集资办学，用于实施义务教育学校的危房改造和修缮、新建校舍，不得挪作他用。

第六十条 国家鼓励境内、境外社会组织和个人捐资助学。

第六十一条 国家财政性教育经费、社会组织和个人对教育的捐赠，必须用于教育，不得挪用、克扣。

第六十二条 国家鼓励运用金融、信贷手段，支持教育事业的发展。

第六十三条 各级人民政府及其教育行政部门应当加强对学校及其他教育机构教育经费的监督管理，提高教育投资效益。

第六十四条 地方各级人民政府及其有关行政部门必须把学校的基本建设纳入城乡建设规划，统筹安排学校的基本建设用地及所需物资，按照国家有关规定实行优先、优惠政策。

第六十五条　各级人民政府对教科书及教学用图书资料的出版发行，对教学仪器、设备的生产和供应，对用于学校教育教学和科学研究的图书资料、教学仪器、设备的进口，按照国家有关规定实行优先、优惠政策。

第六十六条　县级以上人民政府应当发展卫星电视教育和其他现代化教学手段，有关行政部门应当优先安排，给予扶持。

国家鼓励学校及其他教育机构推广运用现代化教学手段。

第八章　教育对外交流与合作

第六十七条　国家鼓励开展教育对外交流与合作。

教育对外交流与合作坚持独立自主、平等互利、相互尊重的原则，不得违反中国法律，不得损害国家主权、安全和社会公共利益。

第六十八条　中国境内公民出国留学、研究、进行学术交流或者任教，依照国家有关规定办理。

第六十九条　中国境外个人符合国家规定的条件并办理有关手续后，可以进入中国境内学校及其他教育机构学习、研究、进行学术交流或者任教，其合法权益受国家保护。

第七十条　中国对境外教育机构颁发的学位证书、学历证书及其他学业证书的承认，依照中华人民共和国缔结或者加入的国际条约办理，或者按照国家有关规定办理。

第九章　法律责任

第七十一条　违反国家有关规定，不按照预算核拨教育经费的，由同级人民政府限其核拨；情节严重的，对直接负责的主管人员和其他直接责任人员，依法给予行政处分。

违反国家财政制度、财务制度，挪用、克扣教育经费的，由上级机关责令限其归还被挪用、克扣的经费，并对直接负责的主管人员和其他直接责任人员，依法给予行政处分；构成犯罪的，依法追究刑事责任。

第七十二条　结伙斗殴、寻衅滋事，扰乱学校及其他教育机构教育教学秩序或者破坏校舍、场地及其他财产的，由公安机关给予治安管理处罚；构成犯罪的，依法追究刑事责任。

侵占学校及其他教育机构的校舍、场地及其他财产的，依法承担民事责任。

第七十三条 明知校舍或者教育教学设施有危险，而不采取措施，造成人员伤亡或者重大财产损失的，对直接负责的主管人员和其他直接责任人员，依法追究刑事责任。

第七十四条 违反国家有关规定，向学校或者其他教育机构收取费用的，由政府责令退还所收费用；对直接负责的主管人员和其他直接责任人员，依法给予行政处分。

第七十五条 违反国家有关规定，举办学校或者其他教育机构的，由教育行政部门予以撤销；有违法所得的，没收违法所得；对直接负责的主管人员和其他直接责任人员，依法给予行政处分。

第七十六条 违反国家有关规定招收学员的，由教育行政部门责令退回招收的学员，退还所收费用；对直接负责的主管人员和其他直接责任人员，依法给予行政处分。

第七十七条 在招收学生工作中徇私舞弊的，由教育行政部门责令退回招收的人员；对直接负责的主管人员和其他直接责任人员，依法给予行政处分；构成犯罪的，依法追究刑事责任。

第七十八条 学校及其他教育机构违反国家有关规定向受教育者收取费用的，由教育行政部门责令退还所收费用；对直接负责的主管人员和其他直接责任人员，依法给予行政处分。

第七十九条 在国家教育考试中作弊的，由教育行政部门宣布考试无效，对直接负责的主管人员和其他直接责任人员，依法给予行政处分。

非法举办国家教育考试的，由教育行政部门宣布考试无效；有违法所得的，没收违法所得；对直接负责的主管人员和其他直接责任人员，依法给予行政处分。

第八十条 违反本法规定，颁发学位证书、学历证书或者其他学业证书的，由教育行政部门宣布证书无效，责令收回或者予以没收；有违法所得的，没收违法所得；情节严重的，取消其颁发证书的资格。

第八十一条 违反本法规定，侵犯教师、受教育者、学校或者其他教育机构的合法权益，造成损失、损害的，应当依法承担民事责任。

第十章 附 则

第八十二条 军事学校教育由中央军事委员会根据本法的原则规定。
宗教学校教育由国务院另行规定。

第八十三条　境外的组织和个人在中国境内办学和合作办学的办法，由国务院规定。

第八十四条　本法自 1995 年 9 月 1 日起施行。

二、中华人民共和国教师法

（1993 年 10 月 31 日第八届全国人民代表大会常务委员会第四次会议通过）

第一章　总　则

第一条　为了保障教师的合法权益，建设具有良好思想品德修养和业务素质的教师队伍，促进社会主义教育事业的发展，制定本法。

第二条　本法适用于在各级各类学校和其他教育机构中专门从事教育教学工作的教师。

第三条　教师是履行教育教学职责的专业人员，承担教书育人、培养社会主义事业建设者和接班人、提高民族素质的使命。教师应当忠诚于人民的教育事业。

第四条　各级人民政府应当采取措施，加强教师的思想政治教育和业务培训，改善教师的工作条件和生活条件，保障教师的合法权益，提高教师的社会地位。

全社会都应当尊重教师。

第五条　国务院教育行政部门主管全国的教师工作。

国务院有关部门在各自职权范围内负责有关教师的工作。

学校和其他教育机构根据国家规定，自主进行教师管理工作。

第六条　每年九月十日为教师节。

第二章　权利和义务

第七条　教师享有下列权利：

（一）　进行教育教学活动，开展教育教学改革和实验；

（二）　从事科学研究、学术交流，参加专业的学术团体，在学术活动中充分发表意见；

（三）　指导学生的学习和发展，评定学生的品行和学业成绩；

（四）　按时获取工资报酬，享受国家规定的福利待遇以及寒暑假期的带薪休假；

（五）　对学校教育教学、管理工作和教育行政部门的工作提出意见和建议，通过教职工代表大会或者其他形式，参与学校的民主管理；

（六）　参加进修或者其他方式的培训。

第八条　教师应当履行下列义务：

（一）　遵守宪法、法律和职业道德，为人师表；

（二）　贯彻国家的教育方针，遵守规章制度，执行学校的教学计划，履行教师聘约，完成教育教学工作任务；

（三）　对学生进行宪法所确定的基本原则的教育和爱国主义、民族团结的教育，法制教育以及思想品德、文化科学技术教育，组织、带领学生开展有益的社会活动；

（四）　关心、爱护全体学生，尊重学生人格，促进学生在品德、智力、体质等方面全面发展；

（五）　制止有害于学生的行为或者其他侵犯学生合法权益的行为，批评和抵制有害于学生健康成长的现象；

（六）　不断提高思想政治觉悟和教育教学业务水平。

第九条　为保障教师完成教育教学任务，各级人民政府、教育行政部门、有关部门、学校和其他教育机构应当履行下列职责：

（一）　提供符合国家安全标准的教育教学设施和设备；

（二）　提供必需的图书、资料及其他教育教学用品；

（三）　对教师在教育教学、科学研究中的创造性工作给以鼓励和帮助；

（四）　支持教师制止有害于学生的行为或者其他侵犯学生合法权益行为。

第三章　资格和任用

第十条　国家实行教师资格制度。

中国公民凡遵守宪法和法律，热爱教育事业，具有良好的思想品德，具备本法规定的学历或者经国家教师资格考试合格，有教育教学能力，经认定合格的，可以取得教师资格。

第十一条　取得教师资格应当具备的相应学历是：

（一）　取得幼儿园教师资格，应当具备幼儿师范学校毕业及其以上学历；

（二）　取得小学教师资格，应当具备中等师范学校毕业及其以上学历；

（三）　取得初级中学教师、初级职业学校文化、专业课教师资格，应当具备高等师范专科学校或者其他大学专科毕业及其以上学历；

（四）　取得高级中学教师资格和中等专业学校、技工学校、职业高中文化课、专业课教师资格，应当具备高等师范院校本科或者其他大学本科毕业及其以上学历；取得中等专业学校、技工学校和职业高中学生实习指导教师资格应当具备的学历，由国务院教育行政部门规定；

（五）　取得高等学校教师资格，应当具备研究生或者大学本科毕业学历；

（六）　取得成人教育教师资格，应当按照成人教育的层次、类别，分别具备高等、中等学校毕业及其以上学历。

不具备本法规定的教师资格学历的公民，申请获取教师资格，必须通过国家教师资格考试。国家教师资格考试制度由国务院规定。

第十二条　本法实施前已经在学校或者其他教育机构中任教的教师，未具备本法规定学历的，由国务院教育行政部门规定教师资格过渡办法。

第十三条　中小学教师资格由县级以上地方人民政府教育行政部门认定。中等专业学校、技工学校的教师资格由县级以上地方人民政府教育行政部门组织有关主管部门认定。普通高等学校的教师资格由国务院或者省、自治区、直辖市教育行政部门或者由其委托的学校认定。

具备本法规定的学历或者经国家教师资格考试合格的公民，要求有关部门认定其教师资格的，有关部门应当依照本法规定的条件予以认定。

取得教师资格的人员首次任教时，应当有试用期。

第十四条　受到剥夺政治权利或者故意犯罪受到有期徒刑以上刑事处罚的，不能取得教师资格；已经取得教师资格的，应取消教师资格。

第十五条　各级师范学校毕业生，应当按照国家有关规定从事教育教学工作。国家鼓励非师范高等学校毕业生到中小学或者职业学校任教。

第十六条　国家实行教师职务制度，具体办法由国务院规定。

第十七条　学校和其他教育机构应当逐步实行教师聘任制。教师的聘任应当遵循双方地位平等的原则，由学校和教师签订聘任合同，明确规定双方的权利、义务和责任。

实施教师聘任制的步骤、办法由国务院教育行政部门规定。

第四章　培养和培训

第十八条　各级人民政府和有关部门应当办好师范教育，并采取措施，鼓励优秀青年进入各级师范学校学习。各级教师进修学校承担培训中小学教师的任务。

非师范学校应当承担培养和培训中小学教师的任务。

各级师范学校学生享受专业奖学金。

第十九条　各级人民政府教育行政部门、学校主管部门和学校应当制定教师培训规划，对教师进行多种形式的思想政治、业务培训。

第二十条　国家机关、企业事业单位和其他社会组织应当为教师的社会调查和社会实践提供方便，给予协助。

第二十一条　各级人民政府应当采取措施，为少数民族地区和边远贫困地区培养、培训教师。

第五章　考　核

第二十二条　学校或者其他教育机构应当对教师的政治思想、业务水平、工作态度和工作成绩进行考核。

教育行政部门对教师的考核工作进行指导、监督。

第二十三条　考核应当客观、公正、准确，充分听取教师本人、其他教师以及学生的意见。

第二十四条　教师考核结果是受聘任教、晋升工资、实施奖惩的依据。

第六章　待　遇

第二十五条　教师的平均工资水平应当不低于或者高于国家公务员的平均工资水平，并逐步提高。建立正常晋级增薪制度，具体办法由国务院规定。

第二十六条　中小学教师和职业学校教师享受教龄津贴和其他津贴，

具体办法由国务院教育行政部门会同有关部门制定。

第二十七条　地方各级人民政府对教师以及具有中专以上学历的毕业生到少数民族地区和边远贫困地区从事教育教学工作的，应当予以补贴。

第二十八条　地方各级人民政府和国务院有关部门，对城市教师住房的建设、租赁、出售实行优先、优惠。

县、乡两级人民政府应当为农村中小学教师解决住房提供方便。

第二十九条　教师的医疗同当地国家公务员享受同等的待遇；定期对教师进行身体健康检查，并因地制宜安排教师进行休养。

医疗机构应当对当地教师的医疗提供方便。

第三十条　教师退休或者退职后，享受国家规定的退休或者退职待遇。

县级以上地方人民政府可以适当提高长期从事教育教学工作的中小学退休教师的退休金比例。

第三十一条　各级人民政府应当采取措施，改善国家补助、集体支付工资的中小学教师的待遇，逐步做到在工资收入上与国家支付工资的教师同工同酬，具体办法由地方各级人民政府根据本地区的实际情况规定。

第三十二条　社会力量所办学校的教师的待遇，由举办者自行确定并予以保障。

第七章　奖　励

第三十三条　教师在教育教学、培养人才、科学研究、教学改革、学校建设、社会服务、勤工俭学等方面成绩优异的，由所在学校予以表彰、奖励。

国务院和地方各级人民政府及其有关部门对有突出贡献的教师，应当予以表彰、奖励。

对有重大贡献的教师，依照国家有关规定授予荣誉称号。

第三十四条　国家支持和鼓励社会组织或者个人向依法成立的奖励教师的基金组织捐助资金，对教师进行奖励。

第八章　法律责任

第三十五条　侮辱、殴打教师的，根据不同情况，分别给予行政处分或者行政处罚；造成损害的，责令赔偿损失；情节严重，构成犯罪的，依法追究刑事责任。

第三十六条 对依法提出申诉、控告、检举的教师进行打击报复的，由其所在单位或者上级机关责令改正；情节严重的，可以根据具体情况给予行政处分。

国家工作人员对教师打击报复构成犯罪的，依照刑法第一百四十六条的规定追究刑事责任。

第三十七条 教师有下列情形之一的，由所在学校、其他教育机构或者教育行政部门给予行政处分或者解聘：

（一）故意不完成教育教学任务给教育教学工作造成损失的；

（二）体罚学生，经教育不改的；

（三）品行不良侮辱学生，影响恶劣的。

教师有前款第（二）项、第（三）项所列情形之一，情节严重，构成犯罪的，依法追究刑事责任。

第三十八条 地方人民政府对违反本法规定，拖欠教师工资或者侵犯教师其他合法权益的，应当责令其限期改正。

违反国家财政制度、财务制度，挪用国家财政用于教育的经费，严重妨碍教育教学工作，拖欠教师工资，损害教师合法权益的，由上级机关责令限期归还被挪用的经费，并对直接责任人给予行政处分；情节严重，构成犯罪的，依法追究刑事责任。

第三十九条 教师对学校或者其他教育机构侵犯其合法权益的，或者对学校或者其他教育机构作出的处理不服的，可以向教育行政部门提出申诉，教育行政部门应当在接到申诉的三十日内，作出处理。

教师认为当地人民政府有关行政部门侵犯其根据本法规定享有的权利的，可以向同级人民政府或者上一级人民政府有关部门提出申诉，同级人民政府或者上一级人民政府有关部门应当作出处理。

第九章 附 则

第四十条 本法下列用语的含义是：

（一）各级各类学校，是指实施学前教育、普通初等教育、普通中等教育、职业教育、普通高等教育以及特殊教育、成人教育的学校。

（二）其他教育机构，是指少年宫以及地方教研室、电化教育机构等。

（三）中小学教师，是指幼儿园、特殊教育机构、普通中小学、成人初等中等教育机构、职业中学以及其他教育机构的教师。

第四十一条　学校和其他教育机构中的教育教学辅助人员，其他类型的学校的教师和教育教学辅助人员，可以根据实际情况参照本法的有关规定执行。

军队所属院校的教师和教育教学辅助人员，由中央军事委员会依照本法制定有关规定。

第四十二条　外籍教师的聘任办法由国务院教育行政部门规定。

第四十三条　本法自 1994 年 1 月 1 日起施行。

三、中华人民共和国义务教育法实施细则（节选）

第四章　教育教学

第十九条　实施义务教育必须贯彻国家的教育方针，坚持社会主义方向，实行教育与生产劳动相结合，对学生进行德育、智育、体育、美育和劳动教育。

第二十条　实施义务教育的学校必须按照国务院教育主管部门发布的指导性教学计划、教学大纲和省级教育主管部门制定的教学计划，进行教育教学活动。

第二十一条　实施义务教育的学校应当选用经国务院教育主管部门审定或者其授权的省级教育主管部门审定的教科书。非经审定的教科书不得使用。但国家另有规定的除外。

第二十二条　实施义务教育学校的教育教学工作，应当适应全体学生身心发展的需要。

学校和教师不得对学生实施体罚、变相体罚或者其他侮辱人格尊严的行为；对品行有缺陷、学习有困难的儿童、少年应当给予帮助，不得歧视。

第二十三条　实施义务教育的学校可根据城乡经济、社会发展和学生自身发展的实际情况，有计划地对学生进行职业指导教育和职业预备教育或者劳动技艺教育。

第二十四条　实施义务教育的学校在教育教学和各种活动中，应当推广使用全国通用的普通话。

师范院校的教育教学和各种活动应当使用普通话。

第二十五条　民族自治地方应当按照义务教育法及其他有关法律规定组织实施本地区的义务教育。实施义务教育学校的设置、学制、办学形式、教学内容、教学用语，由民族自治地方的自治机关依照有关法律决定。

用少数民族通用的语言文字教学的学校，应当在小学高年级或者中学开设汉语文课程，也可以根据实际情况适当提前开设。

第七章　罚　则

第三十八条　有下列情形之一的，由地方人民政府或者有关部门依照管理权限对有关责任人员给予行政处分：

（一）因工作失职未能如期实现义务教育实施规划目标的；

（二）无特殊原因，未能如期达到实施义务教育学校办学条件要求的；

（三）对学生辍学未采取必要措施加以解决的；

（四）无正当理由拒绝接收应当在该地区或者该学校接受义务教育的适龄儿童、少年就学的；

（五）将学校校舍、场地出租、出让或者移作他用，妨碍义务教育实施的；

（六）使用未经依法审定的教科书，造成不良影响的；

（七）其他妨碍义务教育实施的。

第三十九条　有下列情形之一的，由地方人民政府或者有关部门依照管理权限对有关责任人员给予行政处分；情节严重，构成犯罪的，依法追究刑事责任：

（一）侵占、克扣、挪用义务教育款项的；

（二）玩忽职守致使校舍倒塌，造成师生伤亡事故的。

第四十条　适龄儿童、少年的父母或者其他监护人未按规定送子女或者其他被监护人就学接受义务教育的，城市由市、市辖区人民政府或者其指定机构，农村由乡级人民政府，进行批评教育；经教育仍拒不送其子女或者其他被监护人就学的，可视具体情况处以罚款，并采取其他措施使其子女或者其他被监护人就学。

第四十一条　招用应当接受义务教育的适龄儿童、少年做工、经商或者从事其他雇佣性劳动的，按照国家有关禁止使用童工的规定处罚。

第四十二条　有下列行为之一的，由有关部门给予行政处分；违反《中华人民共和国治安管理处罚条例》的，由公安机关给予行政处罚；构成犯罪的，依法追究刑事责任：

（一）扰乱实施义务教育学校秩序的；

（二）侮辱、殴打教师、学生的；

（三）体罚学生情节严重的；

（四）侵占或者破坏学校校舍、场地和设备的。

第四十三条　当事人对行政处罚决定不服的，可以依照法律、法规的规定申请复议。当事人对复议决定不服的，可以依照法律、法规的规定向人民法院提起诉讼。当事人在规定的期限内不申请复议，也不向人民法院提起诉讼，又不履行处罚决定的，由作出处罚决定的机关申请人民法院强制执行，或者依法强制执行。

四、中华人民共和国预防未成年人犯罪法（节选）

（1999 年 6 月 28 日第九届全国人民代表大会常务委员会第十次会议通过）

第二章　预防未成年人犯罪的教育

第六条　对未成年人应当加强理想、道德、法制和爱国主义、集体主义、社会主义教育。对于达到义务教育年龄的未成年人，在进行上述教育的同时，应当进行预防犯罪的教育。

预防未成年人犯罪的教育的目的，是增强未成年人的法制观念，使未成年人懂得违法和犯罪行为对个人、家庭、社会造成的危害，违法和犯罪行为应当承担的法律责任，树立遵纪守法和防范违法犯罪的意识。

第七条　教育行政部门、学校应当将预防犯罪的教育作为法制教育的内容纳入学校教育教学计划，结合常见多发的未成年人犯罪，对不同年龄的未成年人进行有针对性的预防犯罪教育。

第八条　司法行政部门、教育行政部门、共产主义青年团、少年先锋队应当结合实际，组织、举办展览会、报告会、演讲会等多种形式的预防未成年人犯罪的法制宣传活动。

学校应当结合实际举办以预防未成年人犯罪的教育为主要内容的活动。教育行政部门应当将预防未成年人犯罪教育的工作效果作为考核学校工作的一项重要内容。

第九条　学校应当聘任从事法制教育的专职或者兼职教师。学校根据条件可以聘请校外法律辅导员。

第十条　未成年人的父母或者其他监护人对未成年人的法制教育负有直接责任。学校在对学生进行预防犯罪教育时，应当将教育计划告知未成年人的父母或者其他监护人，未成年人的父母或者其他监护人应当结合学校的计划，针对具体情况进行教育。

第十一条　少年宫、青少年活动中心等校外活动场所应当把预防未成年人犯罪的教育作为一项重要的工作内容，开展多种形式的宣传教育活动。

第十二条　对于已满十六周岁不满十八周岁准备就业的未成年人，职业教育培训机构、用人单位应当将法律知识和预防犯罪教育纳入职业培训的内容。

第十三条　城市居民委员会、农村村民委员会应当积极开展有针对性的预防未成年人犯罪的法制宣传活动。

第三章　对未成年人不良行为的预防

第十四条　未成年人的父母或者其他监护人和学校应当教育未成年人不得有下列不良行为：

（一）旷课、夜不归宿；

（二）携带管制刀具；

（三）打架斗殴、辱骂他人；

（四）强行向他人索要财物；

（五）偷窃、故意毁坏财物；

（六）参与赌博或者变相赌博；

（七）观看、收听色情、淫秽的音像制品、读物等；

（八）进入法律、法规规定未成年人不适宜进入的营业性歌舞厅等场所；

（九）其他严重违背社会公德的不良行为。

第十五条　未成年人的父母或者其他监护人和学校应当教育未成年人不得吸烟、酗酒。任何经营场所不得向未成年人出售烟酒。

第十六条　中小学生旷课的，学校应当及时与其父母或者其他监护人取得联系。

未成年人擅自外出夜不归宿的，其父母或者其他监护人、其所在的寄宿制学校应当及时查找，或者向公安机关请求帮助。收留夜不归宿的未成年人的，应当征得其父母或者其他监护人的同意，或者在二十四小时内及时通知其父母或者其他监护人、所在学校或者及时向公安机关报告。

第十七条　未成年人的父母或者其他监护人和学校发现未成年人组织或者参加实施不良行为的团伙的，应当及时予以制止。发现该团伙有违法犯罪行为的，应当向公安机关报告。

第十八条　未成年人的父母或者其他监护人和学校发现有人教唆、胁迫、引诱未成年人违法犯罪的，应当向公安机关报告。公安机关接到报告后，应当及时依法查处，对未成年人人身安全受到威胁的，应当及时采取有效措施，保护其人身安全。

第十九条　未成年人的父母或者其他监护人，不得让不满十六周岁的未成年人脱离监护单独居住。

第二十条　未成年人的父母或者其他监护人对未成年人不得放任不管，不得迫使其离家出走，放弃监护职责。

未成年人离家出走的，其父母或者其他监护人应当及时查找，或者向公安机关请求帮助。

第二十一条　未成年人的父母离异的，离异双方对子女都有教育的义务，任何一方都不得因离异而不履行教育子女的义务。

第二十二条　继父母、养父母对受其抚养教育的未成年继子女、养子女，应当履行本法规定的父母对未成年子女在预防犯罪方面的职责。

第二十三条　学校对有不良行为的未成年人应当加强教育、管理，不得歧视。

第二十四条　教育行政部门、学校应当举办各种形式的讲座、座谈、培训等活动，针对未成年人不同时期的生理、心理特点，介绍良好有效的教育方法，指导教师、未成年人的父母和其他监护人有效地防止、矫治未成年人的不良行为。

第二十五条　对于教唆、胁迫、引诱未成年人实施不良行为或者品行不良，影响恶劣，不适宜在学校工作的教职员工，教育行政部门、学校应当予以解聘或者辞退；构成犯罪的，依法追究刑事责任。

第二十六条　禁止在中小学校附近开办营业性歌舞厅、营业性电子游戏场所以及其他未成年人不适宜进入的场所。禁止开办上述场所的具体范围由省、自治区、直辖市人民政府规定。

对本法施行前已在中小学校附近开办上述场所的，应当限期迁移或者停业。

第二十七条　公安机关应当加强中小学周围环境的治安管理，及时制止、处理中小学校周围发生的违法犯罪行为。城市居民委员会、农村村民委员会应当协助公安机关做好维护中小学校周围治安的工作。

第二十八条　公安派出所、城市居民委员会、农村村民委员会应当掌握本辖区内暂住人口中未成年人的就学、就业情况。对于暂住人口中未成年人实施不良行为的，应当督促其父母或者其他监护人进行有效的教育、制止。

第二十九条　任何人不得教唆、胁迫、引诱未成年人实施本法规定的不良行为，或者为未成年人实施不良行为提供条件。

第三十条　以未成年人为对象的出版物，不得含有诱发未成年人违法犯罪的内容，不得含有渲染暴力、色情、赌博、恐怖活动等危害未成年人身心健康的内容。

第三十一条　任何单位和个人不得向未成年人出售、出租含有诱发未成年人违法犯罪以及渲染暴力、色情、赌博、恐怖活动等危害未成年人身心健康内容的读物、音像制品或者电子出版物。

任何单位和个人不得利用通讯、计算机网络等方式提供前款规定的危害未成年人身心健康的内容及其信息。

第三十二条　广播、电影、电视、戏剧节目，不得有渲染暴力、色情、赌博、恐怖活动等危害未成年人身心健康的内容。

广播电影电视行政部门、文化行政部门必须加强对广播、电影、电视、戏剧节目以及各类演播场所的管理。

第三十三条　营业性歌舞厅以及其他未成年人不适宜进入的场所，应当设置明显的未成年人禁止进入标志，不得允许未成年人进入。营业性电子游戏场所在国家法定节假日外，不得允许未成年人进入，并应当设置明显的未成年人禁止进入标志。对于难以判明是否已成年的，上述场所的工作人员可以要求其出示身份证件。

第四章　对未成年人严重不良行为的矫治

第三十四条本法所称"严重不良行为"，是指下列严重危害社会，尚不够刑事处罚的违法行为：

（一）纠集他人结伙滋事，扰乱治安；

（二）携带管制刀具，屡教不改；

（三）多次拦截殴打他人或者强行索要他人财物；

（四）传播淫秽的读物或者音像制品等；

（五）进行淫乱或者色情、卖淫活动；

（六）多次偷窃；

（七）参与赌博，屡教不改；

（八）吸食、注射毒品；

（九）其他严重危害社会的行为。

第三十五条　对未成年人实施本法规定的严重不良行为的，应当及时予以制止。

对本法规定有严重不良行为的未成年人，其父母或者其他监护人和学校应当相互配合，采取措施严加管教，也可以送工读学校进行矫治和接受教育。

对未成年人送工读学校进行矫治和接受教育，应当由其父母或者其他监护人，或者原所在学校提出申请，经教育行政部门批准。

第三十六条　工读学校对就读的未成年人应当严格管理和教育。工读学校除按照义务教育法的要求，在课程设置上与普通学校相同外，应当加强法制教育的内容，针对未成年人严重不良行为产生的原因以及有严重不良行为的未成年人的心理特点，开展矫治工作。

家庭、学校应当关心、爱护在工读学校就读的未成年人，尊重他们的人格尊严，不得体罚、虐待和歧视。工读学校毕业的未成年人在升学、就业等方面，同普通学校毕业的学生享有同等的权利，任何单位和个人不得歧视。

第三十七条 未成年人有本法规定严重不良行为，构成违反治安管理行为的，由公安机关依法予以治安处罚。因不满十四周岁或者情节特别轻微免予处罚的，可以予以训诫。

第三十八条 未成年人因不满十六周岁不予刑事处罚的，责令他的父母或者其他监护人严加管教；在必要的时候，也可以由政府依法收容教养。

第三十九条 未成年人在被收容教养期间，执行机关应当保证其继续接受文化知识、法律知识或者职业技术教育；对没有完成义务教育的未成年人，执行机关应当保证其继续接受义务教育。

解除收容教养、劳动教养的未成年人，在复学、升学、就业等方面与其他未成年人享有同等权利，任何单位和个人不得歧视。

第六章 对未成年人重新犯罪的预防

第四十四条 对犯罪的未成年人追究刑事责任，实行教育、感化、挽救方针，坚持教育为主、惩罚为辅的原则。

对于被采取刑事强制措施的未成年学生，在人民法院的判决生效以前，不得取消其学籍。

第四十七条 未成年人的父母或者其他监护人和学校、城市居民委员会、农村村民委员会，对因不满十六周岁而不予刑事处罚、免予刑事处罚的未成年人，或者被判处非监禁刑罚、被判处刑罚宣告缓刑、被假释的未成年人，应当采取有效的帮教措施，协助司法机关做好对未成年人的教育、挽救工作。

第四十八条 依法免予刑事处罚、判处非监禁刑罚、判处刑罚宣告缓刑、假释或者刑罚执行完毕的未成年人，在复学、升学、就业等方面与其他未成年人享有同等权利，任何单位和个人不得歧视。

五、中华人民共和国未成年人保护法（节选）

（1991年9月4日第七届全国人民代表大会常务委员会第二十一次会议通过）

第一章 总 则

第一条 为了保护未成年人的身心健康，保障未成年人的合法权益，促进未成年人在品德、智力、体质等方面全面发展，把他们培养成为有理想、有道德、有文化、有纪律的社会主义事业接班人，根据宪法，制定本法。

第二条 本法所称未成年人是指未满十八周岁的公民。

第三条 国家、社会、学校和家庭对未成年人进行理想教育、道德教育、文化教育、纪律和法制教育，进行爱国主义、集体主义和国际主义、共产主义的教育，提倡爱祖国、爱人民、爱劳动、爱科学、爱社会主义的公德，反对资本主义的、封建主义的和其他的腐朽思想的侵蚀。

第四条 保护未成年人的工作，应当遵循下列原则：

（一）保障未成年人的合法权益；

（二）尊重未成年人的人格尊严；

（三）适应未成年人身心发展的特点；

（四）教育与保护相结合。

第五条 国家保障未成年人的人身、财产和其他合法权益不受侵犯。

保护未成年人，是国家机关、武装力量、政党、社会团体、企业事业组织、城乡基层群众性自治组织、未成年人的监护人和其他成年公民的共同责任。

对侵犯未成年人合法权益的行为，任何组织和个人都有权予以劝阻、制止或者向有关部门提出检举或者控告。

国家、社会、学校和家庭应当教育和帮助未成年人运用法律手段，维护自己的合法权益。

第六条 中央和地方各级国家机关应当在各自的职责范围内做好未成年人保护工作。

国务院和省、自治区、直辖市的人民政府根据需要，采取组织措施，协调有关部门做好未成年人保护工作。

共产主义青年团、妇女联合会、工会、青年联合会、学生联合会、少年先锋队及其他有关的社会团体，协助各级人民政府做好未成年人保护工作，维护未成年人的合法权益。

第七条 各级人民政府和有关部门对保护未成年人有显著成绩的组织和个人，给予奖励。

第三章　学校保护

第十三条　学校应当全面贯彻国家的教育方针，对未成年学生进行德育、智育、体育、美育、劳动教育以及社会生活指导和青春期教育。

学校应当关心、爱护学生；对其行为有缺点、学习有困难的学生，应当耐心教育、帮助，不得歧视。

第十四条　学校应当尊重未成年学生的受教育权，不得随意开除未成年学生。

第十五条　学校、幼儿园的教职员应当尊重未成年人的人格尊严，不得对未成年学生和儿童实施体罚、变相体罚或者其他侮辱人格尊严的行为。

第十六条　学校不得使未成年学生在危及人身安全、健康的校舍和其他教育教学设施中活动。

任何组织和个人不得扰乱教学秩序，不得侵占、破坏学校的场地、房屋和设备。

第十七条　学校和幼儿园安排未成年学生和儿童参加集会、文化娱乐、社会实践等集体活动，应当有利于未成年人的健康成长，防止发生人身安全事故。

第十八条　按照国家有关规定送工读学校接受义务教育的未成年人，工读学校应当对其进行思想教育、文化教育、劳动技术教育和职业教育。

工读学校的教职员应当关心、爱护、尊重学生，不得歧视、厌弃。

第十九条　幼儿园应当做好保育、教育工作，促进幼儿在体质、智力、品德等方面和谐发展。

第六章　法律责任

第四十六条　未成年人的合法权益受到侵害的，被侵害人或者其监护人有权要求有关主管部门处理，或者依法向人民法院提起诉讼。

第四十七条　侵害未成年人的合法权益，对其造成财产损失或者其他损失、损害的，应当依法赔偿或者承担其他民事责任。

第四十八条　学校、幼儿园、托儿所的教职员对未成年学生和儿童实施体罚或者变相体罚，情节严重的，由其所在单位或者上级机关给予行政处分。

第四十九条　企业事业组织、个体工商户非法招用未满十六周岁的未成年人的，由劳动部门责令改正，处以罚款；情节严重的，由工商行政管理部门吊销营业执照。

第五十条　营业性舞厅等不适宜未成年人活动的场所允许未成年人进入的，由有关主管部门责令改正，可以处以罚款。

第五十一条　向未成年人出售、出租或者以其他方式传播淫秽的图书、报刊、音像制品等出版物的，依法从重处罚。

第五十二条　侵犯未成年人的人身权利或者其他合法权利，构成犯罪的，依法追究刑事责任。

虐待未成年的家庭成员，情节恶劣的，依照刑法第一百八十二条的规定追究刑事责任。

司法工作人员违反监管法规，对被监管的未成年人实行体罚虐待的，依照刑法第一百八十九条（二百八十四条）的规定追究刑事责任。

对未成年人负有抚养义务而拒绝抚养，情节恶劣的，依照刑法第一百八十三条（二百六十一条）的规定追究刑事责任。

溺婴的，依照刑法第一百三十二条（二百三十二条）的规定追究刑事责任。

明知校舍有倒塌的危险而不采取措施，致使校舍倒塌，造成伤亡的，依照刑法第一百八十七条的规定追究刑事责任。

第五十三条　教唆未成年人违法犯罪的，依法从重处罚。

引诱、教唆或者强迫未成年人吸食、注射毒品或者卖淫的，依法从重处罚。

第五十四条　当事人对依照本法作出的行政处罚决定不服的，可以先向上一级行政机关或者有关法律、法规规定的行政机关申请复议，对复议决定不服的，再向人民法院提起诉讼；也可以直接向人民法院提起诉讼。有关法律、法规规定应当先向行政机关申请复议，对复议决定不服再向人民法院提起诉讼的，依照有关法律、法规的规定办理。

当事人对行政处罚决定在法定期限内不申请复议，也不向人民法院提起诉讼，又不履行的，作出处罚决定的机关申请人民法院强制执行，或者依法强制执行。

六、学生伤害事故处理办法

（教育部令第 12 号 2002 年 6 月 25 日）

第一章 总 则

第一条 为积极预防、妥善处理在校学生伤害事故，保护学生、学校的合法权益，根据《中华人民共和国教育法》、《中华人民共和国未成年人保护法》和其他相关法律、行政法规及有关规定，制定本办法。

第二条 在学校实施的教育教学活动或者学校组织的校外活动中，以及在学校负有管理责任的校舍、场地、其他教育教学设施、生活设施内发生的，造成在校学生人身损害后果的事故的处理，适用本办法。

第三条 学生伤害事故应当遵循依法、客观公正、合理适当的原则，及时、妥善地处理。

第四条 学校的举办者应当提供符合安全标准的校舍、场地、其他教育教学设施和生活设施。

教育行政部门应当加强学校安全工作，指导学校落实预防学生伤害事故的措施，指导、协助学校妥善处理学生伤害事故，维护学校正常的教育教学秩序。

第五条 学校应当对在校学生进行必要的安全教育和自护自救教育；应当按照规定，建立健全安全制度，采取相应的管理措施，预防和消除教育教学环境中存在的安全隐患；当发生伤害事故时，应当及时采取措施救助受伤害学生。

学校对学生进行安全教育、管理和保护，应当针对学生年龄、认知能力和法律行为能力的不同，采用相应的内容和预防措施。

第六条 学生应当遵守学校的规章制度和纪律；在不同的受教育阶段，应当根据自身的年龄、认知能力和法律行为能力，避免和消除相应的危险。

第七条 未成年学生的父母或者其他监护人（以下称为监护人）应当依法履行监护职责，配合学校对学生进行安全教育、管理和保护工作。

学校对未成年学生不承担监护职责，但法律有规定的或者学校依法接受委托承担相应监护职责的情形除外。

第二章　事故与责任

第八条　学生伤害事故的责任，应当根据相关当事人的行为与损害后果之间的因果关系依法确定。

因学校、学生或者其他相关当事人的过错造成的学生伤害事故，相关当事人应当根据其行为过错程度的比例及其与损害后果之间的因果关系承担相应的责任。当事人的行为是损害后果发生的主要原因，应当承担主要责任；当事人的行为是损害后果发生的非主要原因，承担相应的责任。

第九条　因下列情形之一造成的学生伤害事故，学校应当依法承担相应的责任：

（一）　学校的校舍、场地、其他公共设施，以及学校提供给学生使用的学具、教育教学和生活设施、设备不符合国家规定的标准，或者有明显不安全因素的；

（二）　学校的安全保卫、消防、设施设备管理等安全管理制度有明显疏漏，或者管理混乱，存在重大安全隐患，而未及时采取措施的；

（三）　学校向学生提供的药品、食品、饮用水等不符合国家或者行业的有关标准、要求的；

（四）　学校组织学生参加教育教学活动或者校外活动，未对学生进行相应的安全教育，并未在可预见的范围内采取必要的安全措施的；

（五）　学校知道教师或者其他工作人员患有不适宜担任教育教学工作的疾病，但未采取必要措施的；

（六）　学校违反有关规定，组织或者安排未成年学生从事不宜未成年人参加的劳动、体育运动或者其他活动的；

（七）　学生有特异体质或者特定疾病，不宜参加某种教育教学活动，学校知道或者应当知道，但未予以必要的注意的；

（八）　学生在校期间突发疾病或者受到伤害，学校发现，但未根据实际情况及时采取相应措施，导致不良后果加重的；

（九）　学校教师或者其他工作人员体罚或者变相体罚学生，或者在履行职责过程中违反工作要求、操作规程、职业道德或者其他有关规定的；

（十）　学校教师或者其他工作人员在负有组织、管理未成年学生的职责期间，发现学生行为具有危险性，但未进行必要的管理、告诫或者制止的；

（十一）　对未成年学生擅自离校等与学生人身安全直接相关的信息，学校发现或者知道，但未及时告知未成年学生的监护人，导致未成年学生因脱离监护人的保护而发生伤害的；

（十二）　学校有未依法履行职责的其他情形的。

第十条　学生或者未成年学生监护人由于过错，有下列情形之一，造成学生伤害事故，应当依法承担相应的责任：

（一）　学生违反法律法规的规定，违反社会公共行为准则、学校的规章制度或者纪律，实施按其年龄和认知能力应当知道具有危险或者可能危及他人的行为的；

（二）　学生行为具有危险性，学校、教师已经告诫、纠正，但学生不听劝阻、拒不改正的；

（三）　学生或者其监护人知道学生有特异体质，或者患有特定疾病，但未告知学校的；

（四）　未成年学生的身体状况、行为、情绪等有异常情况，监护人知道或者已被学校告知，但未履行相应监护职责的；

（五）　学生或者未成年学生监护人有其他过错的。

第十一条　学校安排学生参加活动，因提供场地、设备、交通工具、食品及其他消费与服务的经营者，或者学校以外的活动组织者的过错造成的学生伤害事故，有过错的当事人应当依法承担相应的责任。

第十二条　因下列情形之一造成的学生伤害事故，学校已履行了相应职责，行为并无不当的，无法律责任：

（一）　地震、雷击、台风、洪水等不可抗拒的自然因素造成的；

（二）　来自学校外部的突发性、偶发性侵害造成的；

（三）　学生有特异体质、特定疾病或者异常心理状态，学校不知道或者难于知道的；

（四）　学生自杀、自伤的；

（五）　在对抗性或者具有风险性的体育竞赛活动中发生意外伤害的；

（六）　其他意外因素造成的。

第十三条　下列情形下发生的造成学生人身损害后果的事故，学校行为并无不当的，不承担事故责任；事故责任应当按有关法律法规或者其他有关规定认定：

（一）　在学生自行上学、放学、返校、离校途中发生的；

（二）　在学生自行外出或者擅自离校期间发生的；

（三）　在放学后、节假日或者假期等学校工作时间以外，学生自行滞留学校或者自行到校发生的；

（四）　其他在学校管理职责范围外发生的。

第十四条　因学校教师或者其他工作人员与其职务无关的个人行为，或者因学生、教师及其他个人故意实施的违法犯罪行为，造成学生人身损害的，由致害人依法承担相应的责任。

第三章　事故处理程序

第十五条　发生学生伤害事故，学校应当及时救助受伤害学生，并应当及时告知未成年学生的监护人；有条件的，应当采取紧急救援等方式救助。

第十六条　发生学生伤害事故，情形严重的，学校应当及时向主管教育行政部门及有关部门报告；属于重大伤亡事故的，教育行政部门应当按照有关规定及时向同级人民政府和上一级教育行政部门报告。

第十七条　学校的主管教育行政部门应学校要求或者认为必要，可以指导、协助学校进行事故的处理工作，尽快恢复学校正常的教育教学秩序。

第十八条　发生学生伤害事故，学校与受伤害学生或者学生家长可以通过协商方式解决；双方自愿，可以书面请求主管教育行政部门进行调解。成年学生或者未成年学生的监护人也可以依法直接提起诉讼。

第十九条　教育行政部门收到调解申请，认为必要的，可以指定专门人员进行调解，并应当在受理申请之日起 60 日内完成调解。

第二十条　经教育行政部门调解，双方就事故处理达成一致意见的，应当在调解人员的见证下签订调解协议，结束调解；在调解期限内，双方不能达成一致意见，或者调解过程中一方提起诉讼，人民法院已经受理的，应当终止调解。调解结束或者终止，教育行政部门应当书面通知当事人。

第二十一条　对经调解达成的协议，一方当事人不履行或者反悔的，对方可以依法提起诉讼。

第二十二条　事故处理结束，学校应当将事故处理结果书面报告主管的教育行政部门；重大伤亡事故的处理结果，学校主管的教育行政部门应当向同级人民政府和上一级教育行政部门报告。

第四章　事故损害的赔偿

第二十三条　对发生学生伤害事故负有责任的组织或者个人，应当按照法律法规的有关规定，承担相应的损害赔偿责任。

第二十四条　学生伤害事故赔偿的范围与标准，按照有关行政法规、地方性法规或者最高人民法院司法解释中的有关规定确定。

教育行政部门进行调解时，认为学校有责任的，可以依照有关法律法规及国家有关规定，提出相应的调解方案。

第二十五条　对受伤害学生的伤残程度存在争议的，可以委托当地具有相应鉴定资格的医院或者有关机构，依据国家规定的人体伤残标准进行鉴定。

第二十六条　学校对学生伤害事故负有责任的，根据责任大小，适当予以经济赔偿，但不承担解决户口、住房、就业等与救助受伤害学生、赔偿相应经济损失无直接关系的其他事项。

学校无责任的，如果有条件，可以根据实际情况，本着自愿和可能的原则，对受伤害学生给予适当的帮助。

第二十七条　因学校教师或者其他工作人员在履行职务中的故意或者重大过失造成的学生伤害事故，学校予以赔偿后，可以向有关责任人员追偿。

第二十八条　未成年学生对学生伤害事故负有责任的，由其监护人依法承担相应的赔偿责任。

学生的行为侵害学校教师及其他工作人员以及其他组织、个人的合法权益，造成损失的，成年学生或者未成年学生的监护人应当依法予以赔偿。

第二十九条　根据双方达成的协议、经调解形成的协议或者人民法院的生效判决，应当由学校负担的赔偿金，学校应当负责筹措；学校无力完全筹措的，由学校的主管部门或者举办者协助筹措。

第三十条　县级以上人民政府教育行政部门或者学校举办者有条件

的，可以通过设立学生伤害赔偿准备金等多种形式，依法筹措伤害赔偿金。

第三十一条　学校有条件的，应当依据保险法的有关规定，参加学校责任保险。

教育行政部门可以根据实际情况，鼓励中小学生参加学校责任保险。

提倡学生自愿参加意外伤害保险。在尊重学生意愿的前提下，学校可以为学生参加意外伤害保险创造便利条件，但不得从中收取任何费用。

第五章　事故责任者的处理

第三十二条　发生学生伤害事故，学校负有责任且情节严重的，教育行政部门应当根据有关规定，对学校的直接负责的主管人员和其他直接责任人员，分别给予相应的行政处分；有关责任人的行为触犯刑律的，应当移送司法机关依法追究刑事责任。

第三十三条　学校管理混乱，存在重大安全隐患的，主管的教育行政部门或者其他有关部门应当责令其限期整顿；对情节严重或者拒不改正的，应当依据法律法规的有关规定，给予相应的行政处罚。

第三十四条　教育行政部门未履行相应职责，对学生伤害事故的发生负有责任的，由有关部门对直接负责的主管人员和其他直接责任人员分别给予相应的行政处分；有关责任人的行为触犯刑律的，应当移送司法机关依法追究刑事责任。

第三十五条　违反学校纪律，对造成学生伤害事故负有责任的学生，学校可以给予相应的处分；触犯刑律的，由司法机关依法追究刑事责任。

第三十六条　受伤害学生的监护人、亲属或者其他有关人员，在事故处理过程中无理取闹，扰乱学校正常教育教学秩序，或者侵犯学校、学校教师或者其他工作人员的合法权益的，学校应当报告公安机关依法处理；造成损失的，可以依法要求赔偿。

第六章　附　则

第三十七条　本办法所称学校，是指国家或者社会力量举办的全日制的中小学（含特殊教育学校）、各类中等职业学校、高等学校。本办法所称学生是指在上述学校中全日制就读的受教育者。

第三十八条　幼儿园发生的幼儿伤害事故，应当根据幼儿为完全无行为能力人的特点，参照本办法处理。

第三十九条　其他教育机构发生的学生伤害事故，参照本办法处理。

在学校注册的其他受教育者在学校管理范围内发生的伤害事故，参照本办法处理。

第四十条　本办法自 2002 年 9 月 1 日起实施，原国家教委、教育部颁布的与学生人身安全事故处理有关的规定，与本办法不符的，以本办法为准。

在本办法实施之前已处理完毕的学生伤害事故不再重新处理。

七、教师资格条例

（1995 年 12 月 12 日国务院令第 188 号发布）

第一章　总　则

第一条　为了提高教师素质，加强教师队伍建设，依据《中华人民共和国教师法》（以下简称教师法），制定本条例。

第二条　中国公民在各级各类学校和其他教育机构中专门从事教育教学工作，应当依法取得教师资格。

第三条　国务院教育行政部门主管全国教师资格工作。

第二章　教师资格分类与适用

第四条　教师资格分为：

（一）　幼儿园教师资格；

（二）　小学教师资格；

（三）　初级中学教师和初级职业学校文化课、专业课教师资格（以下统称初级中学教师资格）；

（四）　高级中学教师资格；

（五）　中等专业学校、技工学校、职业高级中学文化课、专业课教师资格（以下统称中等职业学校教师资格）；

（六）　中等专业学校、技工学校、职业高级中学实习指导教师资格

（以下统称中等职业学校实习指导教师资格）；

（七）　高等学校教师资格。

成人教育的教师资格，按照成人教育的层次，依照上款规定确定类别。

第五条　取得教师资格的公民，可以在本级及其以下等级的各类学校和其他教育机构担任教师；但是，取得中等职业学校实习指导教师资格的公民只能在中等专业学校、技工学校、职业高级中学或者初级职业学校担任实习指导教师。

高级中学教师资格与中等职业学校教师资格相互通用。

第三章　教师资格条件

第六条　教师资格条件依照教师法第十条第二款的规定执行，其中"有教育教学能力"应当包括符合国家规定的从事教育教学工作的身体条件。

第七条　取得教师资格应当具备的相应学历，依照教师法第十一条的规定执行。

取得中等职业学校实习指导教师资格，应当具备国务院教育行政部门规定的学历，并应当具有相当助理工程师以上专业技术职务或者中级以上工人技术等级。

第四章　教师资格考试

第八条　不具备教师法规定的教师资格学历的公民，申请获得教师资格，应当通过国家举办的或者认可的教师资格考试。

第九条　教师资格考试科目、标准和考试大纲由国务院教育行政部门审定。

教师资格考试试卷的编制、考务工作和考试成绩证明的发放，属于幼儿园、小学、初级中学、高级中学、中等职业学校教师资格考试和中等职业学校实习指导教师资格考试的，由县级以上人民政府教育行政部门组织实施；属于高等学校教师资格考试的，由国务院教育行政部门或者省、自治区、直辖市人民政府教育行政部门委托的高等学校组织实施。

第十条　幼儿园、小学、初级中学、高级中学、中等职业学校的教师资格考试和中等职业学校实习指导教师资格考试，每年进行一次。

参加前款所列教师资格考试,考试科目全部及格的,发给教师资格考试合格证明;当年考试不及格的科目,可以在下一年度补考;经补考仍有一门或者一门以上科目不及格的,应当重新参加全部考试科目的考试。

第十一条 高等学校教师资格考试根据需要举行。

申请参加高等学校教师资格考试的,应当学有专长,并有两名相关专业的教授或者副教授推荐。

第五章 教师资格认定

第十二条 具备教师法规定的学历或者经教师资格考试合格的公民,可以依照本条例的规定申请认定其教师资格。

第十三条 幼儿园、小学和初级中学教师资格,由申请人户籍所在地或者申请人任教学校所在地的县级人民政府教育行政部门认定。高级中学教师资格,由申请人户籍所在地或者申请人任教学校所在地的县级人民政府教育行政部门审查后,报上一级教育行政部门认定。中等职业学校教师资格和中等职业学校实习指导教师资格,由申请人户籍所在地或者申请人任教学校所在地的县级人民政府教育行政部门审查后,报上一级教育行政部门认定或者组织有关部门认定。

受国务院教育行政部门或者省、自治区、直辖市人民政府教育行政部门委托的高等学校,负责认定在本校任职的人员和拟聘人员的高等学校教师资格。

在未受国务院教育行政部门或者省、自治区、直辖市人民政府教育行政部门委托的高等学校任职的人员和拟聘人员的高等学校教师资格,按照学校行政隶属关系,由国务院教育行政部门认定或者由学校所在地的省、自治区、直辖市人民政府教育行政部门认定。

第十四条 认定教师资格,应当由本人提出申请。

教育行政部门和受委托的高等学校每年春季、秋季各受理一次教师资格认定申请。具体受理期限由教育行政部门或者受委托的高等学校规定,并以适当形式公布。申请人应当在规定的受理期限内提出申请。

第十五条 申请认定教师资格,应当提交教师资格认定申请表和下列证明或者材料:

(一) 身份证明;

(二) 学历证书或者教师资格考试合格证明;

（三） 教育行政部门或者受委托的高等学校指定的医院出具的体格检查证明；

（四） 户籍所在地的街道办事处、乡人民政府或者工作单位、所毕业的学校对其思想品德、有无犯罪记录等方面情况的鉴定及证明材料。

申请人提交的证明或者材料不全的，教育行政部门或者受委托的高等学校应当及时通知申请人于受理期限终止前补齐。

教师资格认定申请表由国务院教育行政部门统一格式。

第十六条 教育行政部门或者受委托的高等学校在接到公民的教师资格认定申请后，应当对申请人的条件进行审查；对符合认定条件的，应当在受理期限终止之日起30日内颁发相应的教师资格证书；对不符合认定条件的，应当在受理期限终止之日起30日内将认定结论通知本人。

非师范院校毕业或者教师资格考试合格的公民申请认定幼儿园、小学或者其他教师资格的，应当进行面试和试讲，考察其教育教学能力；根据实际情况和需要，教育行政部门或者受委托的高等学校可以要求申请人补修教育学、心理学等课程。

教师资格证书在全国范围内适用。教师资格证书由国务院教育行政部门统一印制。

第十七条 已取得教师资格的公民拟取得更高等级学校或者其他教育机构教师资格的，应当通过相应的教师资格考试或者取得教师法规定的相应学历，并依照本章规定，经认定合格后，由教育行政部门或者受委托的高等学校颁发相应的教师资格证书。

第六章 罚 则

第十八条 依照教师法第十四条的规定丧失教师资格的，不能重新取得教师资格，其教师资格证书由县级以上人民政府教育行政部门收缴。

第十九条 有下列情形之一的，由县级以上人民政府教育行政部门撤销其教师资格：

（一） 弄虚作假、骗取教师资格的；

（二） 品行不良、侮辱学生，影响恶劣的。

被撤销教师资格的，自撤销之日起五年内不得重新申请认定教师资格，其教师资格证书由县级以上人民政府教育行政部门收缴。

第二十条 参加教师资格考试有作弊行为的，其考试成绩作废，三年内不得再次参加教师资格考试。

第二十一条　教师资格考试命题人员和其他有关人员违反保密规定，造成试题、参考答案及评分标准泄露的，依法追究法律责任。

第二十二条　在教师资格认定工作中玩忽职守、徇私舞弊，对教师资格认定工作造成损失的，由教育行政部门依法给予行政处分；构成犯罪的，依法追究刑事责任。

第七章　附　则

第二十三条本条例自发布之日起施行。

八、中小学教师继续教育规定

（1999年9月12日，教育部令）

第一章　总　则

第一条　为了提高中小学教师队伍整体素质，适应基础教育改革发展和全面推进素质教育的需要，根据《中华人民共和国教育法》和《中华人民共和国教师法》，制定本规定。

第二条　本规定适用于国家和社会力量举办的中小学在职教师的继续教育工作。

第三条　中小学教师继续教育，是指对取得教师资格的中小学在职教师为提高思想政治和业务素质进行的培训。

第四条　参加继续教育是中小学教师的权利和义务。

第五条　各级人民政府教育行政部门管理中小学教师继续教育工作，应当采取措施，依法保障中小学教师继续教育工作的实施。

第六条　中小学教师继续教育应坚持因地制宜、分类指导、按需施教、学用结合的原则，采取多种形式，注重质量和实效。

第七条　中小学教师继续教育原则上每五年为一个培训周期。

第二章 内容与类别

第八条 中小学教师继续教育要以提高教师实施素质教育的能力和水平为重点。中小学教师继续教育的内容主要包括：思想政治教育和师德修养、专业知识及更新与扩展、现代教育理论与实践、教育科学研究、教育教学技能训练和现代教育技术、现代科技与人文社会科学知识等。

第九条 中小学教师继续教育分为非学历教育和学历教育。（一）非学历教育包括：新任教师培训：为新任教师在试用期内适应教育教学工作需要而设置的培训。培训时间应不少于 120 学时。教师岗位培训：为教师适应岗位要求而设置的培训。培训时间每五年累计不少于 240 学时。骨干教师培训：对有培养前途的中青年教师按教育教学骨干的要求和对现有骨干教师按更高标准进行的培训。（二）学历教育：对具备合格学历的教师进行的提高学历层次的培训。

第三章 组织管理

第十条 国务院教育行政部门宏观管理全国中小学教师继续教育工作；制定有关方针、政策；制定中小学教师继续教育教学基本文件，组织审定统编教材；建立中小学教师继续教育评估体系；指导各省、自治区、直辖市中小学教师继续教育工作。

第十一条 省、自治区、直辖市人民政府教育行政部门主管本地区中小学教师继续教育工作；制定本地区中小学教师继续教育配套政策和规划；全面负责本地区中小学教师继续教育的实施、检查和评估工作。市（地、州、盟）、县（区、市、旗）人民政府教育行政部门在省级人民政府教育行政部门指导下，负责管理本地区中小学教师继续教育工作。

第十二条 各级教师进修院校和普通师范院校在主管教育行政部门领导下，具体实施中小学教师继续教育的教育教学工作。中小学校应有计划地安排教师参加继续教育，并组织开展校内多种形式的培训。综合性高等学校、非师范类高等学校和其他教育机构，经教育行政部门批准，可参与中小学教师继续教育工作。经主管教育行政部门批准，社会力量可以举办中小学教师继续教育机构，但要符合国家规定的办学标准，保证中小学教师继续教育质量。

第四章　条件保障

第十三条　中小学教师继续教育经费以政府财政拨款为主，多渠道筹措，在地方教育事业费中专项列支。地方教育费附加应有一定比例用于义务教育阶段的教师培训。省、自治区、直辖市人民政府教育行政部门要制定中小学教师继续教育人均基本费用标准。中小学教师继续教育经费由县级以上教育行政部门统一管理，不得截留或挪用。社会力量举办的中小学和其他教育机构教师的继续教育经费，由举办者自筹。

第十四条　地方各级人民政府教育行政部门要按照国家规定的办学标准，保证对中小学教师培训机构的投入。

第十五条　地方各级人民政府教育行政部门要加强中小学教师培训机构的教师队伍建设。

第十六条　经教育行政部门和学校批准参加继续教育的中小学教师，学习期间享受国家规定的工资福利待遇。学费、差旅费按各地有关规定支付。

第十七条　各级人民政府教育行政部门应当采取措施，大力扶持少数民族地区和边远贫困地区的中小学教师继续教育工作。

第五章　考核与奖惩

第十八条　地方各级人民政府教育行政部门要建立中小学教师继续教育考核和成绩登记制度。考核成绩作为教师职务聘任、晋级的依据之一。

第十九条　各级人民政府教育行政部门要对中小学教师继续教育工作成绩优异的单位和个人，予以表彰和奖励。

第二十条　违反本规定，无正当理由拒不参加继续教育的中小学教师，所在学校应督促其改正，并视情节给予批评教育。

第二十一条　对中小学教师继续教育质量达不到规定要求的，教育行政主管部门应责令其限期改正。对未按规定办理审批手续而举办中小学教师继续教育活动的，教育行政主管部门应责令其补办手续或停止其举办中小学教师继续教育活动。

第六章　附　则

第二十二条　本规定所称中小学教师，是指幼儿园，特殊教育机构，普通中小学，成人初等、中等教育机构，职业中学以及其他教育机构的教师。

第二十三条　各省、自治区、直辖市可根据本地区的实际情况，制定具体实施办法。

第二十四条　本规定自发布之日起施行。

九、幼儿园教育指导纲要（试行）（节选）

（中华人民共和国教育部制定）

第二部分　教育内容与要求

幼儿园的教育内容是全面的、启蒙性的，可以相对划分为健康、语言、社会、科学、艺术五个领域，也可作其他不同的划分。各领域的内容相互渗透，从不同的角度促进幼儿情感、态度、能力、知识、技能等方面的发展。

一、健康

（一）　目标

1. 身体健康，在集体生活中情绪安定、愉快；

2. 生活、卫生习惯良好，有基本的生活自理能力；

3. 知道必要的安全保健常识，学会保护自己；

4. 喜欢参加体育活动，动作协调、灵活。

（二）　内容与要求

1. 建立良好的师生、同伴关系，让幼儿在集体生活中感到温暖，心情愉快，形成安全感、信赖感。

2. 与家长配合，根据幼儿的需要建立科学的生活常规。培养幼儿良好的饮食、睡眠、盥洗、排泄等生活习惯和生活自理能力。

3. 教育幼儿爱清洁、讲卫生，注意保持个人和生活场所的整洁和卫生。

4. 密切结合幼儿的生活进行安全、营养和保健教育，提高幼儿的自我保护意识和能力。

5. 开展丰富多彩的户外游戏和体育活动，培养幼儿参加体育活动的兴趣和习惯，增强体质，提高对环境的适应能力。

6. 用幼儿感兴趣的方式发展基本动作，提高动作的协调性、灵活性。

7. 在体育活动中，培养幼儿坚强、勇敢、不怕困难的意志品质和主动、乐观、合作的态度。

（三） 指导要点

1. 幼儿园必须把保护幼儿的生命和促进幼儿的健康放在工作的首位。树立正确的健康观念，在重视幼儿身体健康的同时，要高度重视幼儿的心理健康。

2. 既要高度重视和满足幼儿受保护、受照顾的需要，又要尊重和满足他们不断增长的独立要求，避免过度保护和包办代替，鼓励并指导幼儿自理、自立的尝试。

3. 健康领域的活动要充分尊重幼儿生长发育的规律，严禁以任何名义进行有损幼儿健康的比赛、表演或训练等。

4. 培养幼儿对体育活动的兴趣是幼儿园体育的重要目标，要根据幼儿的特点组织生动有趣、形式多样的体育活动，吸引幼儿主动参与。

二、语言

（一） 目标

1. 乐意与人交谈，讲话礼貌；

2. 注意倾听对方讲话，能理解日常用语；

3. 能清楚地说出自己想说的事；

4. 喜欢听故事、看图书；

5. 能听懂和会说普通话。

（二） 内容与要求

1. 创造一个自由、宽松的语言交往环境，支持、鼓励、吸引幼儿与教师、同伴或其他人交谈，体验语言交流的乐趣，学习使用适当的、礼貌的语言交往。

2. 养成幼儿注意倾听的习惯，发展语言理解能力。

3. 鼓励幼儿大胆、清楚地表达自己的想法和感受，尝试说明、描述简单的事物或过程，发展语言表达能力和思维能力。

4. 引导幼儿接触优秀的儿童文学作品，使之感受语言的丰富和优美，并通过多种活动帮助幼儿加深对作品的体验和理解。

5. 培养幼儿对生活中常见的简单标记和文字符号的兴趣。

6. 利用图书、绘画和其他多种方式，引发幼儿对书籍、阅读和书写的兴趣，培养阅读和书写技能。

7. 提供普通话的语言环境，帮助幼儿熟悉、听懂并学说普通话。少数民族地区还应帮助幼儿学习本民族语言。

（三）　指导要点

1. 语言能力是在运用的过程中发展起来的，发展幼儿语言的关键是创设一个能使他们想说、敢说、喜欢说、有机会说并能得到积极应答的环境。

2. 幼儿语言的发展与其情感、经验、思维、社会效能力等其他方面的发展密切相关，因此，发展幼儿语言的重要途径是通过互相渗透的各领域的教育，在丰富多彩的活动中去扩展幼儿的经验，提供促进语言发展的条件。

3. 幼儿的语言学习具有个别化的特点，教师与幼儿的个别交流、幼儿之间有自由交谈等，对幼儿语言发展具有特殊意义。

4. 对有语言障碍的儿童要给予特别关注，要与家长和有关方面密切配合，积极地帮助他们提高语言能力。

三、社会

（一）　目标

1. 能主动地参与各项活动，有自信心；

2. 乐意与人交往，学习互助、合作和分享，有同情心；

3. 理解并遵守日常生活中基本的社会行为规则；

4. 能努力做好力所能及的事，不怕困难，有初步的责任感；

5. 爱父母长辈、老师和同伴，爱集体、爱家乡、爱祖国。

（二）　内容与要求

1. 引导幼儿参加各种集体活动，体验与教师、同伴等共同生活的乐趣，帮助他们正确认识自己和他人，养成对他人、社会亲近、合作的态度，学习初步的人际交往技能。

2. 为每个幼儿提供表现自己长处和获得成功的机会，增强其自尊心和自信心。

3. 提供自由活动的机会，支持幼儿自主地选择、计划活动，鼓励他们能经过多方面的努力解决问题，不轻易放弃克服困难的尝试。

4. 在共同的生活和活动中，以多种方式引导幼儿认识、体验并理解基本的社会行为规则，学习自律和尊重他人。

5. 教育幼儿爱护玩具和其他物品，爱护公物和公共环境。

6. 与家庭、社区合作，引导幼儿了解自己的亲人以及与自己生活有关的各行各业人们的劳动，培养其对劳动者的热爱和对劳动成果的尊重。

7. 充分利用社会资源，引导幼儿实际感受祖国文化的丰富与优秀，感受家乡的变化和发展，激发幼儿爱家乡、爱祖国的情感。

8. 适当向幼儿介绍我国各民族和世界其他国家、民族的文化，使其感知人类文化的多样性和差异性，培养理解、尊重、平等的态度。

（三）　指导要点

1. 社会领域的教育具有潜移默化的特点。幼儿社会态度和社会情感的培养尤应渗透在多种活动和一日生活的各个环节之中，要创设一个能使幼儿感受到接纳、关爱和支持的良好环境，避免单一呆板的言语说教。

2. 幼儿与成人、同伴之间的共同生活、交往、探索、游戏等，是其社会学习的重要途径。应为幼儿提供人际间相互交往和共同活动的机会和条件，并加以指导。

3. 社会学习是一个漫长的积累过程，需要幼儿园、家庭和社会密切合作，协调一致，共同促进幼儿良好社会性品质的形成。

四、科学

（一）　目标

1. 对周围的事物、现象感兴趣，有好奇心和求知欲；

2. 能运用各种感官，动手动脑，探究问题；

3. 能用适当的方式表达、交流探索的过程和结果；

4. 能从生活和游戏中感受事物的数量关系并体验到数学的重要和有趣；

5. 爱护动植物，关心周围环境，亲近大自然，珍惜自然资源，有初步的环保意识。

（二）　内容与要求

1. 引导幼儿对身边常见的事物和现象的特点、变化规律产生兴趣和探究的欲望。

2. 为幼儿的探究活动创造宽松的环境，让每个幼儿都有机会参与尝试，支持、鼓励他们大胆提出问题，发表不同意见，学会尊重别人的观点和经验。

3. 提供丰富的可操作的材料，为每个幼儿都能运用多种感官、多种方式进行探索提供活动的条件。

4. 通过引导幼儿积极参加小组讨论、探索等方式，培养幼儿合作学习的意识和能力，学习用多种方式表现、交流、分享探索的过程和结果。

5. 引导幼儿对周围环境中的数、量、形、时间和空间等现象产生兴趣，建构初步的数概念，并学习用简单的数学方法解决生活和游戏中某些简单的问题。

6. 从生活或媒体中幼儿熟悉的科技成果入手，引导幼儿感觉科学技术对生活的影响，培养他们对科学的兴趣和对科学家的崇敬。

7. 在幼儿生活经验的基础上，帮助幼儿了解自然、环境与人类生活的关系。从身边的小事入手，培养初步的环保意识和行为。

（三） 指导要点

1. 幼儿的科学教育是科学启蒙教育，重在激发幼儿的认识兴趣和探究欲望。

2. 要尽量创造条件让幼儿实际参加探究活动，使他们感受科学探究的过程和方法，体验发现的乐趣。

3. 科学教育应密切联系幼儿的实际生活进行，利用身边的事物与现象作为科学探索的对象。

五、艺术

（一） 目标

1. 能初步感受并喜爱环境、生活和艺术中的美；

2. 喜欢参加艺术活动，并能大胆地表现自己的情感和体验；

3. 能用自己喜欢的方式进行艺术表现活动。

（二） 内容与要求

1. 引导幼儿接触周围环境和生活中美好的人、事、物，丰富他们的感性经验和审美情感，激发他们表现美、创造美的情趣。

2. 在艺术活动中面向全体幼儿，要针对他们不同特点和需要，让每个幼儿都得到美的熏陶和培养。对有艺术天赋的幼儿要注意发展他们的艺术潜能。

3. 提供自由表现的机会，鼓励幼儿用不同艺术形式大胆地表达自己的情感、理解和想象，尊重每个幼儿的想法和创造，肯定和接纳他们独特的审美感受和表现方式，分享他们创造的快乐。

4. 在支持、鼓励幼儿积极参加各种艺术活动并大胆表现的同时，帮助他们提高表现的技能和能力。

5. 指导幼儿利用身边的物品或废旧材料制作玩具、手工艺品等来美化自己的生活或开展其他活动。

6. 为幼儿创设展示自己作品的条件，引导幼儿相互交流、相互欣赏、共同提高。

（三）　指导要点

1. 艺术是实施美育的主要途径，应充分发挥艺术的情感教育功能，促进幼儿健全人格的形成。要避免仅仅重视表现技能或艺术活动的结果，而忽视幼儿在活动过程中的情感体验和态度的倾向。

2. 幼儿的创作过程和作品是他们表达自己的认识和情感的重要方式，应支持幼儿富有个性和创造性的表达，克服过分强调技能技巧和标准化要求的倾向。

3. 幼儿艺术活动的能力是在大胆表现的过程中逐渐发展起来的，教师的作用应主要在于激发幼儿感受美、表现美的情趣，丰富他们的审美经验，使之体验自由表达和创造的快乐。在此基础上，根据幼儿的发展状况和需要，对表现方式和技能技巧给予适时、适当的指导。

第三部分　组织与实施

一、幼儿园的教育是为所有在园幼儿的健康成长服务的，要为每一个儿童，包括有特殊需要的儿童提供积极的支持和帮助。

二、幼儿园的教育活动，是教师以多种形式有目的、有计划地引导幼儿生动、活泼、主动活动的教育过程。

三、教育活动的组织与实施过程是教师创造性地开展工作的过程。教师要根据本《纲要》，从本地、本园的条件出发，结合本班幼儿的实际情况，制定切实可行的工作计划并灵活地执行。

四、教育活动目标要以《幼儿园工作规程》和本《纲要》所提出的各领域目标为指导，结合本班幼儿的发展水平、经验和需要来确定。

五、教育活动内容的选择应遵照本《纲要》第二部分有关条款进行，同时体现以下原则：

（一）　既适合幼儿的现有水平，又有一定的挑战性。

（二）　既符合幼儿的现实需要，又有利于其长远发展。

（三） 既贴近幼儿的生活来选择幼儿感兴趣的事物和问题，又有助于拓展幼儿的经验和视野。

六、教育活动内容的组织应充分考虑幼儿的学习特点和认识规律，各领域的内容要有机联系，相互渗透，注重综合性、趣味性、活动性，寓教育于生活、游戏之中。

七、教育活动的组织形式应根据需要合理安排，因时、因地、因内容、因材料灵活地运用。

八、环境是重要的教育资源，应通过环境的创设和利用，有效地促进幼儿的发展。

（一） 幼儿园的空间、设施、活动材料和常规要求等应有利于引发、支持幼儿的游戏和各种探索活动，有利于引发、支持幼儿与周围环境之间积极的相互作用。

（二） 幼儿同伴群体及幼儿园教师集体是宝贵的教育资源，应充分发挥这一资源的作用。

（三） 教师的态度和管理方式应有助于形成安全、温馨的心理环境；言行举止应成为幼儿学习的良好榜样。

（四） 家庭是幼儿园重要的合作伙伴。应本着尊重、平等、合作的原则，争取家长的理解、支持和主动参与，并积极支持、帮助家长提高教育能力。

（五） 充分利用自然环境和社区的教育资源，扩展幼儿生活和学习的空间。幼儿园同时应为社区早期教育提供服务。

九、科学、合理地安排和组织一日生活。

（一） 时间安排应有相对的稳定性与灵活性，既有利于形成秩序，又能满足幼儿的合理需要，照顾到个体差异。

（二） 教师直接指导的活动和间接指导的活动相结合，保证幼儿每天有适当的自主选择和自由活动时间。教师直接指导的集体活动要能保证幼儿的积极参与，避免时间的隐性浪费。

（三） 尽量减少不必要的集体行动和过渡环节，减少和消除消极等待现象。

（四） 建立良好的常规，避免不必要的管理行为，逐步引导幼儿学习自我管理。

十、教师应成为幼儿学习活动的支持者、合作者、引导者。

（一）　以关怀、接纳、尊重的态度与幼儿交往。耐心倾听，努力理解幼儿的想法与感受，支持、鼓励他们大胆探索与表达。

（二）　善于发现幼儿感兴趣的事物、游戏和偶发事件中所隐含的教育价值，把握时机，积极引导。

（三）　关注幼儿在活动中的表现和反应，敏感地察觉他们的需要，及时以适当的方式应答，形成合作探究式的师生互动。

（四）　尊重幼儿在发展水平、能力、经验、学习方式等方面的个体差异，因人施教，努力使每一个幼儿都能获得满足和成功。

（五）　关注幼儿的特殊需要，包括各种发展潜能和不同发展障碍，与家庭密切配合，共同促进幼儿健康成长。

十一、幼儿园教育要与 0～3 岁儿童的保育教育以及小学教育相互衔接。

第四部分　教育评价

一、教育评价是幼儿园教育工作的重要组成部分，是了解教育的适宜性、有效性，调整和改进工作，促进每一个幼儿发展，提高教育质量的必要手段。

二、管理人员、教师、幼儿及家长均是幼儿园教育评价工作的参与者。评价过程是各方共同参与、相互支持与合作的过程。

三、评价的过程，是教师运用专业知识审视教育实践，发现、分析、研究、解决问题的过程，也是其自我成长的重要途径。

四、幼儿园教育工作评价实行以教师自评为主，园长以及有关管理人员、其他教师和家长等参与评价的制度。

五、评价应自然地伴随着整个教育过程进行。综合采用观察、谈话、作品分析等多种方法。

六、幼儿的行为表现和发展变化具有重要的评价意义，教师应视之为重要的评价信息和改进工作的依据。

七、教育工作评价宜重点考察以下方面：

（一）　教育计划和教育活动的目标是否建立在了解本班幼儿现状的基础上。

（二）　教育的内容、方式、策略、环境条件是否能调动幼儿学习的积极性。

（三）　教育过程是否能为幼儿提供有益的学习经验，并符合其发展需要。

（四）　教育内容、要求能否兼顾群体需要和个体差异，使每个幼儿都能得到发展，都有成功感。

（五）　教师的指导是否有利于幼儿主动、有效地学习。

八、对幼儿发展状况的评估，要注意：

（一）　明确评价的目的是了解幼儿的发展需要，以便提供更加适宜的帮助和指导。

（二）　全面了解幼儿的发展状况，防止片面性，尤其要避免只重知识和技能，忽略情感、社会性实际能力的倾向。

（三）　在日常活动与教育教学过程中采用自然的方法进行。平时观察所获的具有典型意义的幼儿行为表现和所积累的各种作品等，是评价的重要依据。

（四）　承认和关注幼儿的个体差异，避免用划一的标准评价不同的幼儿，在幼儿面前慎用横向的比较。

（五）　以发展的眼光看待幼儿，既要了解现有水平，更要关注其发展的速度、特点和倾向等。

十、国务院关于基础教育改革与发展的决定（摘要）

国发［2001］21 号（2001 年 5 月 29 日）

一、确立基础教育在社会主义现代化建设中的战略地位，坚持基础教育优先发展

1. 高举邓小平理论伟大旗帜，以邓小平同志"教育要面向现代化，面向世界，面向未来"和江泽民同志"三个代表"的重要思想为指导，坚持教育必须为社会主义现代化建设服务，为人民服务，必须与生产劳动和社会实践相结合，培养德智体美等全面发展的社会主义事业建设者和接班人。

基础教育是科教兴国的奠基工程，对提高中华民族素质、培养各级各类人才，促进社会主义现代化建设具有全局性、基础性和先导性作用。

2. "十五"期间，地方各级人民政府要坚持将普及九年义务教育和扫

除青壮年文盲作为教育工作的"重中之重",进一步扩大九年义务教育人口覆盖范围,初中阶段入学率达到90%以上,青壮年非文盲率保持在95%以上;高中阶段入学率达到60%左右,学前教育进一步发展。

3. "十五"期间,基础教育改革进一步深化,素质教育取得明显成效。德育工作的针对性、实效性和主动性进一步增强,青少年学生健康成长的社会环境进一步优化。形成适应时代发展要求的新的基础教育课程体系及国家基本要求指导下的教材多样化格局,建立并进一步完善适应素质教育要求的考试评价制度和招生选拔制度,有条件的地方要取得新的突破。全国乡(镇)以上有条件的中小学基本普及信息技术教育。初步形成适应基础教育改革和发展的教师教育体系,中小学人事制度改革取得显著进展,教师队伍的职业道德和业务水平明显提高。农村教育管理体制进一步完善,基础教育尤其是农村义务教育投入和按时足额发放中小学教师工资的保障机制进一步落实,社会力量办学进一步发展和规范。

4. 大力发展高中阶段教育,促进高中阶段教育协调发展。有步骤地在大中城市和经济发达地区普及高中阶段教育。

5. 重视和发展学前教育。大力发展以社区为依托,公办与民办相结合的多种形式的学前教育和儿童早期教育。加强乡(镇)中心幼儿园建设并发挥其对村办幼儿园(班)的指导作用。

二、完善管理体制,保障经费投入,推进农村义务教育持续健康发展

6. 加强农村义务教育是涉及农村经济社会发展全局的一项战略任务。

7. 进一步完善农村义务教育管理体制。实行在国务院领导下,由地方政府负责、分级管理、以县为主的体制。

8. 确保农村中小学教师工资发放是地方各级人民政府的责任。

9. 各地要依据《中华人民共和国教育法》、《中华人民共和国义务教育法》规定,继续做好农村教育费附加征收和管理工作。

10. 地方各级人民政府要把农村学校建设列入基础设施建设的统一规划,高度重视农村中小学危房的改造,统筹安排相应的校舍建设资金。乡(镇)、村对新建、扩建校舍所必需的土地,应按有关规定进行划拨。

合理安排农村中小学正常运转所需经费。

11. 采取有力措施,坚决刹住一些地方和学校的乱收费现象,控制学校收费标准,切实减轻学生家长特别是农村学生家长的负担。在国家扶贫开发工作重点县等农村贫困地区义务教育阶段,实行由中央有关部门规定

杂费、书本费标准的"一费制"收费制度；对其他地区，由省级人民政府按照国家有关规定，结合当地实际，确定本地区杂费、书本费的标准。杂费收入应全部用于补充学校公用经费的不足，不得用于教师工资、津贴、福利、基建等开支。地方各级人民政府和任何单位不得截留、平调和挪用农村中小学收费资金；严禁借收费搞不正之风和腐败行为。

进一步加强监管和检查，完善举报制度，对违反规定乱收费和挪用挤占中小学收费资金的行为，要及时严肃查处。政府有关部门和学校要进一步加强财务管理，努力提高经费使用效益。

12. 针对薄弱环节，采取有力措施，巩固普及九年义务教育成果。地方各级人民政府要把农村初中义务教育作为普及九年义务教育巩固提高的重点，努力满足初中学龄人口高峰期的就学需求，并采取措施切实降低农村初中辍学率。将残疾少年儿童的义务教育作为普及九年义务教育巩固提高工作的重要任务。要重视解决流动人口子女接受义务教育问题，以流入地区政府管理为主，以全日制公办中小学为主，采取多种形式，依法保障流动人口子女接受义务教育的权利。继续抓好农村女童教育。

13. 因地制宜调整农村义务教育学校布局。

14. 规范义务教育学制。"十五"期间，国家将整体设置九年义务教育课程。现实行"五三"学制的地区，2005年基本完成向"六三"学制过渡。有条件的地方，可以实行九年一贯制。

15. 抓住西部大开发有利时机，推动贫困地区和少数民族地区义务教育发展。加大对贫困地区和少数民族地区义务教育的投入力度。重视加强边境地区义务教育。

各级人民政府要完善并落实中小学助学金制度。从2001年开始，对贫困地区家庭经济困难的中小学生进行免费提供教科书制度的试点，在农村地区推广使用经济适用型教材。采取减免杂费、书本费、寄宿费等办法，减轻家庭经济困难学生的负担。

16. 巩固扩大扫除青壮年文盲成果。

三、深化教育教学改革，扎实推进素质教育

17. 实施素质教育，必须全面贯彻党的教育方针，认真落实《中共中央国务院关于深化教育改革全面推进素质教育的决定》，端正教育思想，转变教育观念，面向全体学生，加强学生思想品德教育，重视培养学生的创新精神和实践能力，为学生全面发展和终身发展奠定基础。

实施素质教育，促进学生德智体美等全面发展，应当体现时代要求。要使学生具有爱国主义、集体主义精神，热爱社会主义，继承和发扬中华民族的优良传统和革命传统；具有社会主义民主法制意识，遵守国家法律和社会公德；逐步形成正确的世界观、人生观和价值观；具有社会责任感，努力为人民服务；具有初步的创新精神、实践能力、科学和人文素养以及环境意识；具有适应终身学习的基础知识、基本技能和方法；具有健壮的体魄和良好的心理素质，养成健康的审美情趣和生活方式，成为有理想、有道德、有文化、有纪律的一代新人。

18. 切实增强德育工作的针对性、实效性和主动性。加强爱国主义、集体主义和社会主义教育，加强中华民族优良传统、革命传统教育和国防教育，加强思想品质和道德教育并贯穿于教育的全过程。主动适应新形势的要求，针对不同年龄学生的特点，调整和充实德育内容，改进德育工作的方式方法。

小学从行为习惯养成入手，重点进行社会公德教育，进行爱祖国、爱人民、爱劳动、爱科学、爱社会主义教育，联系实际对学生进行热爱家乡、热爱集体以及社会、生活常识教育。初中加强国情教育、法制教育、纪律教育和品格修养。高中阶段注重进行马列主义、毛泽东思想和邓小平理论基本观点教育。对中学生进行正确的世界观、人生观、价值观教育。要对中小学生进行民族团结教育。加强中小学生的心理健康教育。

丰富多彩的教育活动和社会实践活动是中小学德育的重要载体。小学以生动活泼的课内外教育教学活动为主，中学要加强社会实践环节。中小学校要设置多种服务岗位，让更多学生得到实践锻炼的机会。要将青少年校外活动场所建设纳入社区建设规划。各地要多渠道筹集资金，建设一批青少年学生活动场所和社会实践基地。建立健全各级青少年学生校外教育联席会议或相应机构，加强对青少年学生校外教育工作的统筹和协调。大力加强校园文化建设，优化校园育人环境，使中小学成为弘扬正气，团结友爱，生动活泼，秩序井然的精神文明建设基地。

19. 加快构建符合素质教育要求的新的基础教育课程体系。适应社会发展和科技进步，根据不同年龄学生的认知规律，优化课程结构，调整课程门类，更新课程内容，引导学生积极主动学习。小学加强综合课程，初中分科课程与综合课程相结合，高中以分科课程为主。从小学起逐步按地区统一开设外语课，中小学增设信息技术教育课和综合实践活动，中学设置选修课。普通高中要设置技术类课程。中小学都要积极开展科学技术普及活动。加强劳动教育,积极组织中小学生参加力所能及的社会公益劳动,培养学生热爱劳动、热爱劳动人民的情感,掌握一定的劳动技能。

农村中学的课程设置要根据现代农业发展和农村产业结构调整的需要,深化"农科教相结合"和基础教育、职业教育、成人教育的"三教统筹"等项改革,试行"绿色证书"教育并与农业科技推广等结合。

实行国家、地方、学校三级课程管理。国家制定中小学课程发展总体规划,确定国家课程门类和课时,制定国家课程标准,宏观指导中小学课程实施。在保证实施国家课程的基础上,鼓励地方开发适应本地区的地方课程,学校可开发或选用适合本校特点的课程。探索课程持续发展的机制,组织专家、学者和经验丰富的中小学教师参与基础教育课程改革。

20. 贯彻"健康第一"的思想,切实提高学生体质和健康水平。增加体育课时并保证学生每天参加一小时体育活动。开展经常性小型多样的学生体育比赛,培养学生团队精神和顽强意志。加强传染病预防工作和学校饮食卫生管理,防止传染病流行和食物中毒事件发生。制定并实施学生体质健康标准。有条件的地区要推行"学生饮用奶计划"。

21. 中小学要按照国家规定开设艺术课程,提高艺术教育教学质量。充分挖掘社会艺术教育资源,因地制宜地开展经常性的、丰富多彩的校内外艺术活动。各级人民政府和有关部门要重视艺术教育教师队伍建设、场地建设和器材配备工作,保证学校艺术教育的必要条件。

22. 教材编写核准、教材审查实行国务院教育行政部门和省级教育行政部门两级管理,实行国家基本要求指导下的教材多样化。

23. 积极开展教育教学改革和教育科学研究。继续重视基础知识、基本技能的教学并关注情感、态度的培养;充分利用各种课程资源,培养学生收集、处理和利用信息的能力;开展研究性学习,培养学生提出问题、研究问题、解决问题的能力;鼓励合作学习,促进学生之间相互交流、共同发展,促进师生教学相长。各地要建立教育教学改革实验区和实验学校,探索、实验并推广新课程教材和先进的教学方法。各地要建设一批实施素质教育的示范性普通高中。有条件的普通高中可与高等学校合作,探索创新人才培养的途径。

广大教师要积极参加教学实验和教育科研,教研机构要充分发挥教学研究、指导和服务等作用。高等师范院校、教育科研院所要积极参与基础教育课程教材改革和教学实验。注意借鉴国外教学改革的先进经验。奖励并推广基础教育教学改革优秀成果。

24. 继续减轻中小学生过重的课业负担，尊重学生人格，遵循学生身心发展规律，保证中小学生身心健康成长。要加强教学管理，改进教学方法，提高教学质量。要丰富学生课余生活，组织好学生课外活动。

进一步加强对滥发学生用书、学具及其他学生用品的治理。任何部门和单位不得向学校搭售或强迫学校订购教辅材料，中小学校不得组织学生统一购买各种形式的教辅材料。

25. 改革考试评价和招生选拔制度。探索科学的评价办法，发现和发展学生的潜能，帮助学生树立自信心，促进学生积极主动地发展。改革考试内容和方法，小学成绩评定应实行等级制；中学部分学科实行开卷考试，重视实验操作能力考查。学校和教师不得公布学生考试成绩和按考试结果公开排队。推动各地积极改革省级普通高中毕业会考。要按照有助于高等学校选拔人才、有助于中学实施素质教育、有助于扩大高等学校办学自主权的原则，加强对学生能力和素质的考查，改革高等学校招生考试内容，探索多次机会、双向选择、综合评价的考试、选拔方式，推进高等学校招生考试和选拔制度改革。在科学研究、发明创造及其他方面有特殊才能并取得突出成绩的学生，免试进入高等学校学习。

26. 大力普及信息技术教育，以信息化带动教育现代化。各地要科学规划，全面推进，因地制宜，注重实效，以多种方式逐步实施中小学"校校通"工程。努力为学校配备多媒体教学设备、教育软件和接收我国卫星传送的教育节目的设备。有条件的地区要统筹规划，实现学校与互联网的连接，开设信息技术课程，推进信息技术在教育教学中的应用。开发、建设共享的中小学教育资源库。加强学校信息网络管理，提供文明健康、积极向上的网络环境。积极支持农村学校开展信息技术教育，国家将重点支持中西部贫困地区开展信息技术教育。支持鼓励企业和社会各界对中小学教育信息化的投入。

27. 要认真贯彻实施《中华人民共和国国家通用语言文字法》，进一步加强中小学推广普通话、用字规范化工作，推广普及国家通用语言文字，把普及普通话、用字规范化纳入教育教学要求，提高学生语言文字应用能力和规范意识。

四、完善教师教育体系，深化人事制度改革，大力加强中小学教师队

伍建设

28. 建设一支高素质的教师队伍是扎实推进素质教育的关键。制定适应中小学实施素质教育需要的师资培养规格与课程计划，探索新的培养模式，加强教学实践环节，增强师范毕业生的教育教学与终身发展能力。

以转变教育观念，提高职业道德和教育教学水平为重点，紧密结合基础教育课程改革，加强中小学教师继续教育工作，健全教师培训制度，加强培训基地建设。加大信息技术、外语、艺术类和综合类课程师资的培训力度，应用优秀的教学软件，开展多媒体辅助教学。加强中青年教师的培训工作。在教师培训中，要充分利用远程教育的方式，就地就近进行，以节省开支。对贫困地区教师应实行免费培训。

29. 加强骨干教师队伍建设。

30. 加强中小学教师编制管理。

大力推进中小学人事制度改革。全面实施教师资格制度，严把教师进口关。优先录用师范院校毕业生到义务教育学校任教。高中教师的补充，在录用师范院校毕业生任教的同时，注意吸收具有教师资格的其他高等学校毕业生。推行教师聘任制，建立"能进能出、能上能下"的教师任用新机制。根据中小学教师的职业特点，实现教师职务聘任和岗位聘任的统一。建立激励机制，健全和完善考核制度，辞退不能履行职责的教师。

调整优化教师队伍。实施教师资格准入制度，严格教师资格条件，坚决辞退不具备教师资格的人员，逐步清退代课人员，精简、压缩中小学非教学人员。政府部门和事业单位不得占用或变相占用中小学教职工编制，清理各类"在编不在岗"人员。

31. 依法完善中小学教师和校长的管理体制。落实《中华人民共和国教师法》规定的中小学教师的管理权限。县级以上教育行政部门依法履行中小学教师的资格认定、招聘录用、职务评聘、培养培训和考核等管理职能。

改革中小学校长的选拔任用和管理制度。高级中学和完全中学校长一般由县级以上教育行政部门提名、考察或参与考察，按干部管理权限任用和聘任；其他中小学校长由县级教育行政部门选拔任用并归口管理。推行中小学校长聘任制，明确校长的任职资格，逐步建立校长公开招聘、竞争上岗的机制。实行校长任期制，可以连聘连任。积极推进校长职级制。

五、推进办学体制改革，促进社会力量办学健康发展

32. 基础教育以政府办学为主，积极鼓励社会力量办学。

33. 积极鼓励企业、社会团体和公民个人对基础教育捐赠。

34. 稳妥地搞好国有企业中小学分离工作。

35. 加强对公办学校办学体制改革试验的领导和管理。

六、加强领导，动员全社会关心支持，保障基础教育改革与发展的顺利进行。

36. 各级人民政府要努力实践"三个代表"的重要思想和实施科教兴国战略，宁可在别的方面忍耐一点，也要保证教育尤其是基础教育优先发展。

37. 坚持依法治教，完善基础教育法制建设。

将依法治教与以德治教紧密结合。各级教育行政部门和全体教育工作者，要提高以德治教的自觉性，不断加强职业道德建设，为人师表，教书育人，管理育人，服务育人，环境育人。学校教育要坚持把德育工作摆在素质教育的首要位置，以科学的理论武装人，以正确的舆论引导人，以高尚的精神塑造人，以优秀的作品鼓舞人，把学校建成社会主义精神文明建设的重要阵地。

38. 切实加强学校安全工作。各级人民政府及有关部门和学校要以对人民高度负责的态度，从维护社会稳定的大局出发，牢固树立"安全第一"的意识，建立健全确保师生安全的各项规章制度。严格学校管理，狠抓落实，采取积极的预防措施，重点防范危及师生安全的危房倒塌、食物中毒、交通、溺水等事故。要重视和加强对师生的安全教育，增强安全防范意识和自我保护能力。尽快制定中小学生伤害事故处理的有关法规，建立健全中小学安全工作责任制和事故责任追究制，确保师生人身安全和学校教育教学活动正常进行。切实维护学校及周边治安秩序，加强群防群治，警民合作，严厉打击扰乱学校治安的违法犯罪活动。

39. 加强和完善教育督导制度。

40. 重视家庭教育。

学校要加强和社区的沟通与合作，充分利用社区资源，开展丰富多彩、文明健康的教育活动，营造有利于青少年学生健康成长的社区环境。

基础教育是全社会的共同事业。继续支持开展"希望工程"、"春蕾计划"及城镇居民对农村贫困学生进行"一帮一"等多种形式的助学活动。新闻媒体要进一步加大对实施科教兴国战略，推进基础教育改革与发展的宣传力度。国家机关、企事业单位、社会团体等要发挥各自优势。共同努力，形成全社会关心、支持基础教育的良好社会氛围。

参考文献

1. 成有信主编：　《教育学》，高等教育出版社，1998 年版。

2. 袁振国主编：　《当代教育学》，教育科学出版社，1998 年版。

3. 翟天山主编：　《小学班主任》，北京师范大学出版社，1999 年版。

4. 吴松、吴芳和主编：　《WTO 与中国教育发展》，北京理工大学出版社，2001 年版。

5. 朱小蔓主编：　《中小学德育专题》，南京师范大学出版社，2002 年版。

6. 王铁军主编：　《中小学教育科学研究与应用》，南京师范大学出版社，2002 年版。

7. 杨丽珠主编：　《教育科学研究方法》，辽宁师范大学出版社，1998 年版。

8. 谷力：　《WTO 对教育的影响及中心城市基础教育发展思路》，《中国教育学刊》，2002 年第二期，8～9。

9. 徐广宇：　《从"人世"承诺审视我国民办教育立法》，《中国教育学刊》，2002 年第二期，11～12。

10. 张肇丰：　《谈教育案例》，《中国教育学刊》，2002 年第二期，45～47。

11. 中共教育部党组：　《学习贯彻十六大精神，开创教育改革发展新局面》，《人民教育》，2003 年第一期，5～6。

12. 潘涌：　《基础教育课程改革与教师角色创新》，《中小学教育》，人大复印资料，2002 年第十一期，18～21。

13. 李建平：　《课程改革对教师提出全新挑战》，《中小学教育》，2002 年第五期，65～70。

14. 蔡静文：　《现代学校德育方法创新初探》，《中小学教育》，2002 年第五期，68～70。

15. 巩福利：　《现代新型师生关系的研究与构建》，《中小学教育》，2002 年第五期，62～64。

16. 杨大兴：　《中学生诚信道德的问题及教育对策》，《中小学教育》，2002 年第五期，71～73。

17. 苏振武：《增强德育实效性》，《中小学管理》，2001 年第十一期，25。

18. 陈宝祥：《关于中小学德育实效性的思考》，《中小学教育》，2002 年第五期，91～92。

19. 迟雅、邱连波主编：《德育新导向》，白山出版社，2001 年版。

20 姬庆生主编：《现代学前教育理论专题》，辽宁大学出版社，1999 年版。

21. 安宝生主编：《中小学教师信息技术培训教材》，北京师范大学音像出版社，2000 年版。

22. 叶金霞主编：《教育信息技术基础》，辽宁大学出版社，2000 年版。

23. 朱幕菊主编：《走进新课程》，北京师范大学出版社，2002 年 4 月。

24. 教育部师范教育司编：《更新培训观念变革培训模式》，东北师范大学出版社 2002 年 4 月。

25. 郭景扬主编：《现代课堂教学与管理》，中国矿业大学出版社 2000 年 8 月。国家基础教育课程改革"促进教师成长和学生发展的评价体系的研究"项目《建立促进学生、教师和学校发展的评价体系实施要点》2002 年。

26. 周卫勇主编：《走向发展性课程评价》，北京大学出版社，2002 年 6 月。

27. 杨平、周广强主编：《谁来决定我们学校的课程》，北京大学出版社 2002 年 10 月。

28. 靳玉乐等主编：《新教材将会给教师带来些什么》，北京大学出版社，2002 年 7 月。

29. 任长松著：《课程的反思与重建》，北京大学出版社，2002 年 7 月。

30. 周小山主编：《教师教学究竟靠什么》，北京大学出版社，2002 年 6 月。

31. 徐世贵著：《怎样听课评课》，辽宁民族出版社，2000 年 4 月。

32. 阎承利编著：《素质教育课堂优化模式》 教育科学出版社，

2001 年 8 月。

33. 张晖、单肖天主编：　《主体性教学概论》，教育科学出版社，2001 年 8 月。

34. 商继宗主编：　《教学方法——现代化的研究》，华东师范大学出版社，2001 年。

35. 成有信主编：　《教育学》，高等教育出版社，1998 年。

36. 张厚粲主编：　《心理学》，南开大学出版社，2002 年。

37. 韩永昌主编：　《心理学》，华东师范大学出版社，1993 年。

38. 郑雪主编：　《人格心理学》，暨南大学出版社，2001 年。

39. 张大均主编：　《教育心理学》，人民教育出版社，2002 年。

40. 皮连生主编：　《学与教的心理学》，华东师范大学出版社，2001 年。

41. 俞文钊著：　《管理心理学》，东方出版中心，2002 年。

42. 杨丽珠主编：　《儿童心理学纲要》，社会科学文献出版社，1996 年。

43. 吴恒山著：　《学校领导艺术》，辽宁师范大学出版社，1996 年。

44. 路海东主编：　《学校教育心理学》，东北师范大学出版社，2000 年。

45. 张爱卿著：　《现代教育心理学》，安徽人民出版社，2001 年。

46. 石中英、王卫东主编：　《情感教育》，教育科学出版社，2002 年。

47. 郑日昌、陈永胜著：　《学校心理咨询》，人民教育出版社，1995 年。

48. 贾晓波主编：　《心理健康教育与教师心理素质》，中国和平出版社，2001 年。

49. 李百珍主编：　《中小学生心理健康教育》，科学普及出版社，2002 年。

50. 陈帼眉、冯晓霞、庞丽娟著：　《学前儿童发展心理学》，北京师范大学出版社，1998 年。

51. 傅宏主编：　《学前儿童心理健康》，南京师范大学出版社，2002 年。

52. 胡振开主编：　《教育心理学》，辽宁师范大学出版社，1998 年。

53. 《人民教育》，2002 年 1～12 期。

54. 人大复印资料 《中小学教育》，2002 年 1～12 期。

55. 人大复印资料 《心理学》，2002 年 1～12 期，

56. 人大复印资料 《教育学》，2002 年 1～12 期。

57. 《全球教育展望》，2002 年 1～12 期。

58. 《教育研究》，2002 年 1～12 期。

59. 《教育理论与实践》，2002 年～2003 年。

60. 《教育发展研究》，2002～2003 年。

61. 《上海教育》，2002 年 1～12 期。

62. 《外国中小学教育》，2002～2003 年。

63. 《教育科学研究》，2002～2003 年。

64. 《中国教育学刊》，2002 年。

65. 《人本主义学习理论述评》，《心理学》，人大复印资料，2002 年，6，23～26。

66. 《自信的概念，心理机制与功能研究》，《心理学》，人大复印资料，8，11～14。

67. 《奥苏伯尔的有意义学习理论对课堂教学改革的启示》，人大复印资料，8，57～59。

68. 吴志宏著： 《高校管理理论与实践》，北京师范大学出版社，2002 年。

69. 陈孝彬、程凤春著： 《学校管理专题》，北京师范大学出版社，2002 年。

70. 柳海民著： 《当代教育理论专题》，东北师范大学出版社，2002 年 3 月。

71. 张来著： 《普通学校管理学》，华文出版社，1998 年 3 月。

72. 周在人、刘朝章著： 《中小学管理案例》，科学普及出版社，1999 年。

73. 卢元锴著：《校长学》，华文出版社，1999 年 5 月。

74. 安文铸著： 《学校管理研究专题》，科学普及出版社，1997 年 3 月。

75. 吴昕著： 《学校管理概论》，辽海出版社，2002 年 10 月。

76. 卢元锴著： 《普通学校实用管理学》，文化艺术出版社，1991

年7月。

77. 褚宏启主编：《教育法规基础》，北京师范大学出版社，2002年版。

78. 李连宁、孙葆森主编：《学校教育法规基础》，教育科学出版社，1997年。

79. 谢志东著：《教育法规讲读》，北京大学出版社，1999年版。

80. 黄才华主编：《依法治教概论》，教育科学出版社，2002年版。

81. 马军：《对离校出走的学生，学校要负责任吗?》，《人民教育》，2003年第二期，22~23。

后 记

　　读过清样，心情并未轻松。深知以此书三十多万字的容量要囊括教育学、心理学、学校管理、教育政策法规诸多知识领域的内容，并且要尽量照顾知识体系的完整性，尽量容纳各学科领域的最新研究成果，是非常困难的。限于我们的学术水平与眼界，难免挂一漏万，这是必须向读者朋友诚恳说明的。

　　我们幸逢盛世，新学术成果沛然泉涌。就在我们编辑成书的过程中，不知又有多少新的研究成果诞生，所以此书只是在它成书之前一个阶段性的有关学科的成果荟集。对于业内读者它只是一个具有时效性的阶梯。有志者当踏此阶梯奋然前行，去攀登更高的理论峰巅。

　　书中第一编与第二编内容同归于《教育学》，体系上有些驳杂。另外，第二编中的学习方式与教育评价两部分内容较多，在学科体系格局上显得比例失调。但是为了配合新课程改革，强化新学习方式的运用，强化教育评价的引导作用，这是我们有意为之。希望不至于贻笑方家。